普拉提康复训练

损伤恢复、疼痛消除的针对性练习和方案

[澳]萨曼莎·伍德（Samantha Wood）著 汪敏加 张婷 译

人民邮电出版社

北 京

图书在版编目（CIP）数据

普拉提康复训练：损伤恢复、疼痛消除的针对性练习和方案 /（澳）萨曼莎·伍德（Samantha Wood）著；汪敏加，张婷译. -- 北京：人民邮电出版社，2020.10
ISBN 978-7-115-53957-1

Ⅰ. ①普… Ⅱ. ①萨… ②汪… ③张… Ⅲ. ①健身运动 Ⅳ. ①G883

中国版本图书馆CIP数据核字(2020)第079708号

内 容 提 要

当个体的运动表现受到损伤或慢性疼痛的影响时，应进行系统、有效的康复训练，而普拉提作为一种全身训练方法，将有效帮助个体解决损伤和疼痛问题，进而达成运动表现目标。本书作者基于多年的学习、研究和实践经验，详细地介绍了非常有助于损伤康复、功能性力量提升、动作优化和疼痛管理的普拉提练习和方案，包括普拉提垫上练习、器械练习及其变式、进阶式的分步图文指导（涉及练习的主要参与肌肉、运动目标、注意事项、动作指导和技术提示等），以及常见损伤的症状、注意事项、训练目标和康复方案。任何想要使用普拉提这一已被研究和实践证明有效的康复方法来帮助个体解决功能障碍问题的物理治疗师、康复师等均将受益于本书的内容。

- ◆ 著　　　　[澳] 萨曼莎·伍德（Samantha Wood）
　　译　　　　汪敏加　张　婷
　　责任编辑　王若璇
　　责任印制　周昇亮
- ◆ 人民邮电出版社出版发行　　北京市丰台区成寿寺路 11 号
　　邮编　100164　　电子邮件　315@ptpress.com.cn
　　网址　https://www.ptpress.com.cn
　　廊坊市印艺阁数字科技有限公司印刷
- ◆ 开本：700×1000　1/16
　　印张：18　　　　　　　　　2020 年 10 月第 1 版
　　字数：322 千字　　　　　　2025 年 7 月河北第 26 次印刷
　　著作权合同登记号　图字：01-2018-7364 号

定价：99.00 元

读者服务热线：**(010)81055296**　印装质量热线：**(010)81055316**
反盗版热线：**(010)81055315**

谨以此书献给我的母亲——乔尼·格雷（Joni Gray）。她始终相信，只要认真专心，就能完成任何事情。她是勇敢、力量和爱的化身。她是我最忠实的支持者，她总是兴奋地告诉每个人，她的女儿要出书了！非常遗憾的是，她没能亲眼看到这本书的出版。希望我是她的骄傲。

　　我也要把此书献给我的良师益友——雷尔·伊萨科维茨（Rael Isacowitz）。没有他的教导、鼓励和支持，就不会有这本书的出版。伊萨科维茨精通普拉提，并在他的课程和书中大方地分享自己的知识和经验，这些都带给了我很多写作的灵感。他慷慨地允许我在实践和此书中引用他的原创练习和令人信服的言辞，我将永远对此心存感激。跟着他学习及与他共事是我的荣幸。我期盼我们未来的共同旅程。

目录

第 1 部分　普拉提介绍

1 普拉提康复训练的科学原理　　　2
最新研究表明，普拉提是促进伤病康复的有效工具。

2 普拉提的指导原则　　　14
通过探索普拉提的基本原则，了解普拉提这一调节心理和身体的独特方法。

3 普拉提与康复的整合　　　22
通过普拉提来优化身体排列并建立正确的运动模式，从而指导患者从接受物理治疗的早期康复阶段进入长期的身体训练阶段。

4 有效练习需要的方法与器械　　　36
理解普拉提方法与治疗理念相结合的方式，以及使用不同器械使运动潜能实现最大化。

扫描右方二维码添加企业微信。

1. 首次添加企业微信，即刻领取免费电子资源。

2. 加入体育爱好者交流群。

3. 不定期获取更多图书、课程、讲座等知识服务产品信息，以及参与直播互动、在线答疑和与专业导师直接对话的机会。

推荐序

我从 20 世纪 70 年代后期开始研究普拉提，但我当时并没有成为这一运动的忠实拥护者，而是在几年以后才开始认可该运动。不过，我当时就发现了普拉提的惊人效果。我在早年参与了一些体育运动，包括游泳、瑜伽和舞蹈。我一直热衷户外运动，如冲浪、帆板冲浪、户外骑行、双板滑雪、单板滑雪等。我最近还迷上了风筝冲浪和站立划艇。我在温盖特研究所获得体育教育学学士学位，当时的研究方向是运动生理学和生物力学，后来我在那里执教数年。我对人体运动科学有浓厚的兴趣，这种兴趣驱使我持续研究。后来我逐步投入舞蹈和艺术活动，这使我成为一名专业舞者，并在萨里大学取得了舞蹈研究相关的硕士学位。20 世纪 80 年代中期，我开始意识到普拉提对各类人群都具有非常显著和独特的价值。正是这一认识激发了我的无限遐想。和其他人一样，我在 21 世纪初，见证了普拉提迅猛的发展。

1989 年，我从英国迁居澳大利亚。在度过了一段几乎只与舞者共事的时光后，我开始与其他领域的顶级运动员展开密切的合作。我在职业道路上顺理成章地遇到了为舞者和运动员做治疗的物理治疗师、医生、正骨师和按摩治疗师。普拉提成为公认的综合性练习方案。我在工作中与物理治疗师形成了非常密切的工作联系。

1991 年，我接受一位矫形外科医生的邀请来到美国，继续致力于研究普拉提这种有助于实现身心健康的令人兴奋的多层次运动。然而，我发现了一个有趣而又有些令人不安的发展趋势。物理治疗师使用了普拉提，并将它与物理治疗整合（因为普拉提太过流行），但物理治疗师并未使用这个训练体系本身，只是使用了某些器械，并只从大量的普拉提练习中选取了部分独立的练习，便自称在教授普拉提。有些人甚至声称，需要先成为一名合格的物理治疗师，才能研究和练习某种"独特"的普拉提。但普拉提练习的开创者约瑟夫·普拉提（Joseph Pilates）并不是物理治疗师，我曾经有幸追随学习的那些才华横溢的第一代普拉提老师们也都不是物理治疗师。

我一直渴望与技艺高超、受过良好教育的物理治疗师合作，在普拉提从业者和物理治疗师之间搭建一座双向桥梁。一方面，随着普拉提的不断普及，普拉提从业者对伤病和病理学知识的需求也在增加。关于如何使用这几百种练习并为满足特定需求设计有效的方案，普拉提从业者过去需要指导，现在也需要。另一方面，物理治疗师需要学习整个庞大的训练体系，而不仅仅是选择训练体系中的一些内容。分解普拉提会使其失去原本吸引物理治疗师和医疗从业者的首要特性——综合性。

20世纪90年代中期，经我的妻子介绍，我有幸结识了萨曼莎·伍德（Samantha Wood）。没过多久我就发现萨姆（Sam，Samantha的缩写）非常聪明、技术娴熟，并受过极好的教育。但让我印象最为深刻的是萨姆从零基础开始学习普拉提的动力，她并没有因为自己是一名物理治疗师而假定自己已经了解普拉提。萨姆还花费数年时间学习瑜伽，以丰富自己的经验，在这一点上我们很相似。她还理解国际形体艺术科学学院（Body Arts and Science International, BASI）方法的核心：普拉提的整体观念即整合身体、精神与心理——正如约瑟夫·普拉提先生希望的那样。身体的力量是有限的，但精神的力量是无限的。

我与萨姆详尽地讨论了我的观点，最后它也成了我们共同的愿景。她毫不迟疑地决定参与其中，并完成了严谨而苛刻的BASI普拉提综合训练。之后，她又完成了BASI普拉提教师训练的后续项目。像当初学习物理治疗技能一样，萨姆同样花费了几年时间来雕琢她的普拉提技艺。然后她对这两个学科进行了迄今为止我见过的最完美的整合，结果不言自明。

萨姆（在我的指导和帮助下）创建了一门名为"损伤与病理学"的高级课程，这也是我们愿景中的一部分。萨姆在世界各地讲授这门课程，得到了如潮的好评和极高的赞誉。课程中介绍的练习改编自我们方案中的大量身体练习，包括经典普拉提练习和很多我的原创练习。萨姆巧妙地将这些练习，甚至是最高级的练习，进行了改编，以满足她面对的某些特定人群的需求。

因此，当曾经出版过我两本书*Pilates*和*Pilates Anatomy*［与卡伦·克利平格（Karen Clippinger）合著］的美国人体运动出版社找到我，让我推荐一位作者来撰写针对损伤与病理学的普拉提书时，我立刻就推荐了我的朋友兼同事——萨曼莎·伍德。

BASI普拉提是约瑟夫·普拉提和克拉拉·普拉提（Clara Pilates）赠予我们的、针对现象系统的现代循证方法——这一调节身心的方法触动并改变了许多人。如果要问它是如何做到的，我们只想说："它很有效。但我们不知道为什么，我们也无须知道为什么；只要你去做，就能看到结果！"不过，事实上我们确实需要努力去理解其中的因果关系。我们需要从从事前沿的科学研究和工作在一线的物理治疗师处收集信息，我们需要汇集从业者们数百年来积累的经验及全球各地的大学所培养的无数年轻学者的学术知识。

普拉提是一种综合方法，其终极目标是帮助练习者达到身心健康。约瑟夫·普拉提几乎从未说过普拉提仅仅是练习。练习是达成身体、精神和心理健康三者和谐这一终极目标的手段，忽略了这一整体观念就等于忽略了普拉提的根本和原则。萨姆整合了她多年来在物理治疗领域积累的经验和她广博的人体科学知识来创作这本书，书中非常推崇这种整体观念。无论你是物理治疗师、普拉提从业者、普拉提的忠实拥护者，还是运动员，再或者你仅仅是想要将普拉提成功地纳入治疗领域，你都将毫无疑问地从这本内容丰富的书中获益良多。

——雷尔·伊萨科维茨

致谢

感谢美国人体运动出版社团队中每一位在本书的出版过程中帮助过我的人。尤其感谢我的策划编辑米歇尔·马洛尼（Michelle Maloney），感谢她的耐心指导、真诚鼓励和宝贵建议。我之前从未遇到过如此善良的人。感谢我的执行编辑安·金德斯（Ann Gindes），感谢她对本书的坚定信念及在编辑过程中提供的改进意见。

感谢所有优秀而聪明的模特：阿朗佐·坎农（Alonzo Cannon）、埃娜·基里玛（Ena Kirima）、谢丽·朗（Sheri Long）及杰夫·罗兹克（Jeff Rozic）。感谢他们为本书贡献的技术、时间和热情。

感谢柯克·菲齐克（Kirk Fitzik），感谢他拍摄的精彩照片。他与普拉提教师共事的丰富经验非常宝贵。感谢他的专业能力、善于发掘艺术的双眼及有益的建议，它们让拍摄如此顺利。

感谢 BASI 普拉提国际总部（BASI Pilates International Headquarters）允许我们使用他们精致的工作室和极佳的 BASI 普拉提器械。感谢斯特拉·赫尔－兰普金（Stella Hull－Lampkin）在后勤方面为我们提供的帮助。

感谢帮助我验证和微调本书中各项练习的许多人士：愿意让我使用普拉提来帮助他们恢复健康的患者及多年以来参与我课程和研讨会的普拉提指导教练和康复专家。与他们一起工作并从他们那里学习是我的荣幸——他们是这本书的灵感来源！

特别感谢我的业务搭档和朋友，瑞秋·克拉克（Rachel Clark），感谢她帮助我分担健康中心的工作，从而让我能够为本书投入更多的时间；感谢她的耐心、善良、支持和鼓励；感谢她愿意与我分享知识并提供很多宝贵的改进建议。

最后，非常感谢我的家庭成员——杰夫（Jeff）和卡伊（Kai）的支持，是他们让我在整个写作过程中保持清醒。感谢他们每一天给予我的耐心和爱。

前言

作为一名擅长基于普拉提的康复疗法的物理治疗师，我一般不接收以健身为目标的患者，来找我的患者都是因为特定伤病限制了他们的活动。在位于加利福尼亚州的健康中心，16 年以来，我坚持将普拉提融入患者的治疗，这种坚持也取得了显著的成果。只要使用得当，普拉提可以成为一种非常有效的治疗工具，我的实践经验和很多学者的科学研究都支持这个结论。普拉提的练习和原则能够帮助患者从伤病和手术中恢复，并能优化慢性疾病患者的运动功能。普拉提则可帮助很多患者控制疼痛和改善不良的运动功能，普拉提与传统物理治疗或其他康复技术结合使用时，效果尤佳。

为什么会有这样的结果？因为普拉提不仅是一个身体练习的过程，同时还是一种调节身心的方式。我曾目睹很多患者将心理调节融入动作练习和神经肌肉再训练的过程，并发挥出了巨大的作用。普拉提不是一种简单的练习，而是一种优化人类运动的综合方法（Isacowitz，2014）。普拉提具有通用性和适应性，因此几乎适用于所有患者或客户。它能为所有需要提高身体灵活性和健康水平的人提供解决方案——无论是患有骨质疏松症且进行过全髋关节置换手术的 93 岁老妇人，还是进行过前交叉韧带重建术的专业运动员。无论是男性还是女性，都乐于练习普拉提。只要利用得当，普拉提对任何年龄的人都是安全的。

普拉提是什么？它是基于约瑟夫·普拉提的创造而发展起来的一种练习方法。约瑟夫在创建普拉提器械和练习时的指导思想是：通过全身练习获得健康。使用每一种器械都能进行大量练习，从初级到高级。这些器械利用弹簧和滑轮产生渐增的阻力，有助于肌肉产生模拟功能性动作的向心收缩和离心收缩。与此同时，稳定肌被激活，产生等长运动，以维持正确的姿势和身体排列。

澳大利亚物理治疗与普拉提研究所（Australian Physiotherapy and Pilates Institute）的创始人格伦·威瑟斯（Glenn Withers）表示，约瑟夫·普拉提相信伤病是由身体的失衡和运动的代偿模式引起的；如果人体中存在虚弱或错位的区域，另一个区域便会过度代偿或过度激活，以完成所需要的功能性运动。约瑟夫认为矫正错位和进行身体再训练是预防伤病复发的关键所在。在这一观点提出的 50 年后，肌肉失衡理论已经被物理治疗界广泛接受（Withers & Bryant，2011）。

约瑟夫·普拉提显然是一个超越时代的人。1883 年，他生于德国的杜塞尔多夫，年幼时得过佝偻病、哮喘和风湿热。为了战胜这些疾病，他尝试过很多锻炼方法：健美、体操、跳水、武术和瑜伽。他在第一次世界大战期间教授并实践他的体能训练计划，并开始发明器械以辅助患者或客户从残疾和疾病中康复。

战后，他遇到了克拉拉，克拉拉后来成了他的妻子。1926 年，约瑟夫和克拉拉在纽约市开设了第一家普拉提工作室。约瑟夫在他的职业生涯中针对自己发明的各种器械开发出 600 多种练习。他设计的器械让人能够通过使用不同的位置和动作来调节全身，矫正身体的排列，并提高身体的平衡性。约瑟夫希望能在每所学校教授他的方法（他称之为"控制术"），他认为医疗行业应当认同他的工作成果所带来的身心益处（Isacowitz，2014）。不幸的是，在 1967 年，他在他的方法为大众所了解和广泛接受之前就去世了。

10 年之后，提倡将普拉提应用于康复治疗的大量文章刊登于医学期刊。普拉提最常被提及的两个主要益处是改善内在核心的神经肌肉控制力和提升运动表现水平。作为物理治疗师，我始终在寻求一种系统，这种系统能够让患者的身体从康复的早期阶段开始改善，最终达到有效运作的目标。而普拉提就是这个系统！其他康复专业人员经常问我，为什么会如此信奉普拉提，第 3 章将会对此进行详细讨论。以下是对这一方法的优势的总结。

- 普拉提关注核心肌肉（也被称为能量来源）。
- 普拉提练习同时强调稳定性和灵活性。
- 普拉提练习既包含闭链练习，又包含开链练习。
- 普拉提练习包含静态和动态的肌肉练习，同时强调肌肉的向心收缩和离心收缩。
- 普拉提练习是功能性练习。
- 普拉提强调恰当呼吸的重要性。
- 普拉提是一种调节身心的方式。
- 普拉提适用于不同的患者群体。
- 普拉提的器械安全且易操作（需经过正确的训练）。
- 对于希望扩展健康服务的企业和个人来说，普拉提是一项明智的商业选择。

如果你对这一方法并不熟悉，但看过一些人做许多经典的普拉提动作，你可能会怀疑这些动作怎么会有助于伤病康复。确实，如果以康复为目的——在某些伤病严重的情况下，很多练习都需要被修改。面对这类患者我采用以下方法：根据这些患者的特殊需求来选择练习并对其进行排序，同时努力维持这些练习的整体性。就适合伤病康复的练习而言，不应改变它们以迁就人们原有的习惯；相反，人们需要适应被教授的正确动作模式。所以此时普拉提练习的目标应为形成个人的最佳姿势、功能强度和平衡性及恢复伤病。

本书的目的是让骨科康复专业人员熟悉普拉提原理，并向他们讲述如何将普拉提作为特殊患者群体的治疗性练习。无论是健身爱好者、精英运动员、伏案工作者，还是老年患者，普拉提都能使他们受益。的确，普拉提可用于伤病的康复和治疗，但它也可以改善整体健康状况、提升运动表现水平，并能在高强度运动休整期提供安全、高效的交叉训练。

本书的方法与理念及所展现的大部分练习，全部来自雷尔·伊萨科维茨的成果及 BASI 普拉提的课程。我于 1999 年参加伊萨科维茨的普拉提训练课程；然后完成了 BASI 普拉提的所有项目，包括伊萨科维茨的后续项目（包含教师课程、一级大师课程和二级大师课程）。本书的练习都基于经典普拉提，但很多都来自伊萨科维茨的练习，我对其进行了修改，使其适用于伤病康复。

本书的第 1 部分主要讲解了普拉提康复训练的基础原理及其与传统普拉提练习的区别。这一部分概述了普拉提的指导原则，检验了普拉提的理论，并解释了普拉提为何及如何能够成为康复专业人员诸多工具中极为宝贵的一种工具。

第 2 部分展示了不同类型的普拉提练习。经典普拉提有超过 600 种练习，我只精选了对常见骨科伤病康复最有益的一些。每一种练习都有相对应的病理上的适应证和禁忌证、主要参与肌肉及生物力学和神经肌肉方面的注意事项。书中对练习动作进行了详细的指导性描述，并酌情进行了适当的修改和升级。

第 3 部分综合了第 1 部分和第 2 部分的内容，提供了针对特定伤病的练习方案。这部分内容以解剖区域为框架来组织，从颈椎与胸椎、腰椎、肩部、髋部、膝部和足踝几个方面展开讲解。

本书为物理治疗师、按摩师、运动防护师、私人教练和普拉提教师提供了普拉提的相关资源。尽管我高度推荐在声誉较好的学校接受综合普拉提教育，但是你读完本书后，仍会获得将普拉提纳入你为患者制订的高效治疗计划的工具。

普拉提介绍

1

普拉提康复训练的科学原理

在过去的 15 年中，医学期刊上发表了越来越多的提倡在物理治疗领域将普拉提作为伤病康复保守治疗的一种有效方法的文章。普拉提的作用包括增强核心力量（Emery et al., 2010; Kloubec, 2010）、提升肌肉力量和整体柔韧性（Kao et al., 2015; Kloubec, 2010; Campos de Oliveira, Goncalves de Oliveria & Pires-Oliveria, 2015; Sekendiz et al., 2007; Segal, Hein & Basford, 2004）、提升动作的有效性（Emery et al., 2010; Herrington & Davies, 2005）、改善体态、增强姿势平衡性（Alves de Araujo et al., 2012; Emery et al., 2010; Natour et al., 2015; Campos de Oliveira, Goncalves de Oliveria & Pires-Oliveria, 2015）、恢复运动功能和帮助控制疼痛（Campos de Oliveira, Goncalves de Oliveria & Pires-Oliveria 2015; Rydeard et al., 2006; Wells et al., 2014）。有些读者想要了解练习普拉提的益处的科学依据，以下概述了一部分迄今为止发表的优秀作品。

针对核心的普拉提

由于所有运动的动力都源自身体的中心或核心（后面详细讨论），此处也就成了合理的论证起点。文献和临床实践都已经证实最深层的腹肌——腹横肌（transversus abdominis, TrA）作为脊柱稳定器的重要性。对于下背部疼痛的患者，其四肢向各个方向运动时，通常会发现 TrA 运动延迟启动，并且无论具体的病理学原因，这种 TrA 控制的变化都会发生（Hodges & Richardson, 1996, 1998）。因此，在腰椎 - 骨盆疼痛康复领域，为了提升脊柱的稳定性，对 TrA 进行再训练是一个被广泛认可的理念（Comerford & Mottram, 2001; Hodges & Richardson, 1999）。除了 TrA，还有一些直接附着于躯干并提供稳定力量的深层肌肉（通常被称为"局部稳定肌"），它们是腰部多裂肌、膈肌和盆底肌。

近年来，越来越多的人开始从运动控制的角度，而不是单纯从力量角度来处理慢性下背部疼痛。朱尔和理查森（Jull & Richardson，2000）在 *Journal of Manipulative Physiological Therapy* 上发表了他们的研究成果，并提出治疗性练习的新方向——这一新方向的发现是基于下背部疼痛患者的肌肉功能障碍及其所导致的躯干和背部深层肌肉损伤。他们认为，这些肌肉在提升脊柱节段性稳定性和控制脊柱方面发挥了功能性作用，且脊柱疼痛患者的肌肉损伤源自运动控制，而非肌肉力量。他们提出的特定练习方法最初的重点是对附着于脊柱的深层肌肉进行协同收缩再训练。结果表明，这一方法能有效减少神经肌肉损伤，并能控制患者下背部的急性和慢性疼痛。

我们如何激活躯干的这些深层肌肉呢？在针对下背部疼痛的传统稳定方案中，腹部牵引练习（abdominal drawing-in maneuver，ADIM）是一项基本练习。ADIM 通常用于促进神经肌肉控制机制的再训练，该机制由深层局部稳定肌组成（Richardson，Jull & Hodges，2004；Urquhart et al.，2005）。在腹部牵引模式中多裂肌与 TrA 协同收缩已被证实（Richardson et al.，2002）。希德兹和同事（Hides et al.，2011）的研究表明，TrA 收缩无力可能与多裂肌收缩能力较差有关，因此，与 TrA 收缩无力的患者相比，TrA 收缩有力患者的多裂肌收缩有力的可能性要高 4.5 倍。另外，萨普斯福德和同事（Sapsford et al.，2001）进行的肌电图研究表明，在盆底肌无功能障碍的情况下，用次最大等距腹部练习激活盆底肌，腹部肌肉活动是盆底肌练习的正常反应。由此可见，激活这些肌肉的关键点在于 TrA。

那所有这一切与普拉提有什么关系呢？普拉提练习通过骨盆后倾动作激活躯干深层的局部稳定肌。虽然可能名称不同，但这一动作基本与 ADIM 相同。这些腹部牵引练习已经被证实可以在脊柱稳定性训练中激活 TrA。并且，普拉提练习能够有效地稳定腰椎，使用这些牵引动作或骨盆后倾动作来改善这些深层肌肉中的神经控制肌肉的能力，可有效治疗腰椎 - 骨盆疼痛。这一观点是否有证据支持呢？普拉提练习中的骨盆后倾动作能够激活深层腹部肌肉吗？是的，可以，我们用以下研究来解释。

普拉提研究回顾：针对核心

普拉提和深层腹肌激活

恩德曼和克里奇利（Endleman & Critchley，2008）的研究首次证明，特定的普拉提练习能够激活更深层次的腹肌。在测试对象做经典的普拉提动作（骨盆后倾、百次拍击、卷腹、垫上踩踏车和重组训练器上百次拍击）时，研究人员使用超声波成像技术测量其 TrA 和腹内斜肌的厚度。研究人员发现，与仰卧休息时相比，在正确进行普拉提练习时，TrA 和腹内斜肌的厚度都有明显的增加，这表明肌肉被激活。

另一个有趣的发现是，在百次拍击（第 67 页）中，TrA 的厚度大于在垫上练习时的厚度，这表明在重组训练器上进行某些练习时，TrA 的激活效果更佳。

（源自：Endleman, I. and D. J. Critchley. 2008. Transversus abdominis and obliquus internus activity during Pilates exercises: Measurement with ultrasound scanning. *Archives of Physical Medicine and Reha bilitation* 89: 2205-12.）

普拉提与腰椎 – 骨盆控制

赫林顿和戴维斯（Herrington & Davies, 2005）进行的研究证明，相较于常规卷腹练习和腹部肌肉未参与的练习，普拉提训练项目能够更好地使 TrA 收缩，并更好地维持腰椎 – 骨盆的控制能力。研究人员将压力生物反馈装置连接至 TrA，同时让以下 3 组无症状的女性受试者做收腹动作（TrA 独立测试）且下肢负重（腰椎 – 骨盆稳定性测试）：12 名受试者进行普拉提训练，12 名进行常规卷腹练习，其余 12 名受试者为未进行训练的对照组。

在 17 位通过 TrA 独立测试的受试者中，有 10 名来自普拉提训练组（通过率约为83%），4 名来自常规卷腹练习组（通过率约为 33%），还有 3 名来自对照组（通过率为 25%）。36 名受试者中仅有 5 名（通过约率为 14%）通过了腰椎 – 骨盆稳定性测试，他们全部来自普拉提训练组！来自常规卷腹练习组和对照组的受试者全部未能通过腰椎 – 骨盆稳定性测试。

［源自：Herrington, L., and R. Davies. 2005. The influence of Pilates training on the ability to contract the transversus abdominis muscle in asymptomatic individuals. *Journal of Bodywork and Movement Therapies* 9（1）: 52-57.］

针对非特异性慢性下背部疼痛的普拉提

目前为止我们所回顾的研究结果表明，普拉提练习能有效激活无症状个体的深层脊柱稳定肌。但普拉提练习对具有下背部疼痛的人能起到同样的作用吗？

普拉提研究回顾：针对非特异性慢性下背部疼痛

治疗慢性下背部疼痛的普拉提

瑞迪尔德、莱杰和史密斯（Rydeard, Leger & Smith, 2006）进行了一项随机控制实验，该实验针对非特异性慢性下背部疼痛群体的疼痛和功能性缺陷，研究基于普拉提的治疗性练习的效果。

这项研究中有 39 名积极运动的受试者，年龄为 20 ～ 55 岁，他们被随机分配至普拉提组和对照组。普拉提组实施为期 4 周的治疗方案，包括每周 3 天在诊所特定的垫上和重组训练器上进行的普拉提练习，以及每周进行 6 天的 15 分钟家庭练习。对照组不进行任何特定的练习，仅在必要时根据治疗师和其他专家的建议，继续进行常规护理，并可继续进行之前的身体活动。

在为期 4 周的治疗干预期结束后，普拉提组明显比对照组表现出更低的功能缺陷水平和更小的平均疼痛程度。在接下来的时间里，普拉提组所获得的功能缺陷分数维持了 12 个月。这一研究的主要发现在于，通过将普拉提组和对照组进行对比，基于普拉提的神经肌肉再训练的特定练习方案，在降低疼痛程度和功能缺陷水平上更加有效。然而，需要注意到的很有趣的一点是，参与这项实验研究的所有受试者都曾经接受过下背部疼痛治疗。他们中的大多数人（90%）尝试过物理治疗，其中74% 的人进行过某种类型的练习治疗。因此虽然该研究中没有特别的调查和证据，但仍有理由说明，对于非特异性慢性下背部疼痛的典型群体来说，在减轻疼痛和弥补功能性缺陷方面，基于普拉提的练习比其他类型的练习和治疗更加有效。

[源自：Rydeard R., A. Leger, and D. Smith. 2006. Pilates-based therapeutic exercise: Effect on subjects with nonspecific chronic low back pain and functional disability: A randomized controlled trial. *Journal of Orthopaedic & Sports Physical Therapy* 36（7）：472-84.]

普拉提与慢性下背部疼痛患者的生活质量

Clinical Rehabilitation 在 2015 年刊登了另一个实验研究，该研究以慢性非特异性下背部疼痛患者为研究对象，评估普拉提对其疼痛、功能性和生活质量的影响效果。研究人员从物理治疗等候选名单中挑选了 60 位患者，并将其随机分配至普拉提组和对照组。两组患者都持续进行医学治疗，并使用非甾体抗炎药（nonsteroidal anti-inflammatory drugs, NSAIDs）。普拉提组每周在普拉提工作室上两次课，持续 90 天。

在研究的 4 个时间点（基线、45 天、90 天和 180 天），研究人员对以下参数进行盲审评估：疼痛程度、功能性、生活质量、治疗满意度、柔韧性及NSAIDs 摄取量。经过一段时间后，两组的对比结果显示，在疼痛程度、功能性和一些生活质量领域，普拉提组和对照组有明显的差异。普拉提组的患者使用的药物更少，并在逐渐减少摄取量，而对照组的患者在研究结束时，NSAIDs 的摄取量与研究之前相同。

根据这些结果，纳图尔等人（Natour et al., 2015）得出结论，普拉提能够有效缓解慢性非特异性下背部疼痛患者的疼痛，并改善其功能性和生活质量。而且，他们进一步指出，普拉提练习不会加剧普拉提组的疼痛，这意味着进行普拉提练习不存在不良影响，这为普拉提是适合下背部疼痛患者的安全练习这一观点提供了有力支撑。

［源自：Natour, J., L. Araujo Cazotti, L. H. Ribeiro, A. S. Baptista, and A. Jones. 2015. Pilates improves pain,function and quality of life in patients with chronic low back pain: A randomized controlled trial. *Clinical Rehabilitation* 29（1）：59-68.］

针对特异性下背部伤病的普拉提

上述研究表明，普拉提对慢性下背部疼痛具有疗效，但它对滑椎等特异性创伤性损伤是否也有效呢？

普拉提研究回顾：针对特异性下背部伤病

案例研究：创伤性 L4 ～ L5 滑椎

2016 年，奥利维拉等人（Oliveira et al., 2016）进行了一项案例研究，调查了普拉提方法对创伤性 L4 ～ L5 滑椎患者的作用。滑椎是一种罕见疾病，是指一节椎骨（常见的为 L5 ～ S1）在另一节之上向前或向后滑移。对于该疾病，通常建议采用手术治疗，但若患者的脊柱仍具有稳定的支撑作用（Wells et al., 2014），则可考虑采用能够改善腰椎 - 骨盆稳定性的保守治疗方法，如普拉提方法。

该研究中，一名 45 岁的男性受试者，每周进行 3 次特定的普拉提练习，持续12 周，练习中使用梯桶、多功能器械训练台和重组训练器，每次锻炼时长为 60 分钟。该患者在教练的指导下进行练习，并遵循普拉提指导原则（第 2 章）。在实验前、后分别评估其躯干屈肌和伸肌的抗阻能力，膝关节屈肌和伸肌的力量，髋关节和躯干处的柔韧性，姿势平衡性及疼痛水平。

12 周后，测试结果表明，受试者除姿势平衡性仅有少量提升以外，其他指标均有显著提升。研究者得出结论：对创伤性 L4 ～ L5 滑椎患者而言，普拉提方法能够有效提高其肌肉抗阻能力和力量、柔韧性和姿势平衡性，并减轻疼痛。他们还指出，普拉提方法是保守且花费较低的治疗方法，对患有创伤性滑椎，但其脊柱仍具有稳定的支撑作用的人而言，是一项良好的治疗选择。

［源自：Oliveira, L. C., C.A. Guedes, F.J. Jassi, F.A.N. Martini, and R.G. Oliveira. 2016. Effects of the Pilatesmethod on variables related to functionality of a patient with traumatic spondylolisthesis at L4-L5: A case study. *Journal of Bodywork and Movement Therapies* 20（1）：123-31.］

针对上肢的普拉提

以上的研究主要集中于脊柱下部，以及普拉提对腰椎－骨盆功能障碍伤病康复的作用。那么对于上肢呢？普拉提练习对颈椎或肩部病变患者是否也有益处？尽管目前关于普拉提用于头颈肩带部位的科学研究，少于关于普拉提用于下部核心（腰椎－骨盆区域）部位的研究，但最近已经有越来越多的相关研究相继发表，这是很令人振奋的现象。大多数研究人员相信，普拉提对头颈肩带伤病患者具有积极影响。遵循普拉提关于呼吸和核心肌群激活等方面的指导原则（第 2 章）能提高患者颈椎的稳定性，改善姿势。

慢性颈部疼痛影响着 11% ~ 20% 的职场人士（Cote et al.，2008），且其患病率和慢性颈部疼痛的影响不断提高（Hoy et al.，2014）。颈部疼痛与颈椎稳定肌［深层颈屈肌（deep neck flexors，DNF）］效率低下有关。颈椎稳定肌的效率低下，会提升颈部与肩带表层肌肉的使用率和使用强度，导致代偿（Moffett & McClean，2006）。头颈肩带或颈椎稳定肌的无力或功能障碍，会在持续低负重情况下（如计算机前久坐或长时间低头看智能手机）引起肌肉疲劳。事实已经证明，颈椎稳定练习可改善颈椎肌肉的无力和功能障碍情况，并缓解颈部疼痛和头痛症状（Jull et al.，2002）。

一些研究还指出，除 DNF 受抑制和无力外，胸部姿势不良、肩部生物力学机制不良，以及肩胛骨不稳定也是造成肩颈问题的原因（Emery et al.，2010）。肩胛肌肉的稳定性对手臂和颈部的有效练习至关重要。使用特定的稳定性练习，如普拉提，可对脊柱和肩带处的姿态肌肉进行再训练（Moffett & McClean，2006）。

普拉提研究回顾：针对上肢

治疗头颈前倾姿势的普拉提

2016 年，*Journal of Physical Therapy Science* 刊登了一项研究成果，普拉提应当作为治疗和预防头颈前倾姿势（forward head posture，FHP）的适当方法并推广。随着人们在智能手机、平板电脑和计算机等电子产品上花费的时间越来越多，FHP 患者也越来越多。FHP 在临床上被定义为头颈前倾，会引发颈部疼痛、紧张性头痛、疲劳、肌肉失衡及颈椎柔韧性降低。它通常是颈椎间盘突出、慢性下背部疼痛和颞下颌关节功能障碍的前兆。郭、塔里和加利亚（Guo，Tully & Galea，2009）在此前有一项研究，认为普拉提能够改善老年人的胸椎后凸畸形，并认为练习普拉提可能会缓解 FHP，改善颈椎健康。

　　该研究的受试者中有 28 名经常久坐不动的女性受试者，年龄为 23 ～ 39 岁，均患有 FHP，他们被随机分配至普拉提组和综合练习组。两组成员都进行每周 3 天、每天 50 分钟的练习，每周都增加负荷，持续 10 周。普拉提组练习方案的重点是拉伸颈伸肌和胸肌，强化深层颈屈肌、肩部牵缩肌、背肌和腹肌，以及通过呼吸技术激活核心肌群。而综合练习组的方案由拉伸和肌肉强化练习组成，主要用于改善姿势，但不包括核心肌群的激活。

　　为了量化每一位受试者的 FHP 程度，该研究利用颈椎 X 光片测量受试者颅椎骨角度，并分别在实验前后对其颈部活动范围（range of motion，ROM）、上斜方肌的肌肉疲劳程度、C4 椎旁肌，以及通过表面肌电图观测的胸锁乳突肌（sternocleidomastoid，SCM）疲劳程度，利用视觉模拟量表和颈部障碍指数问卷所获得的主观疼痛和障碍等指标，进行了测量。

　　10 周之后，两组受试者均报告主观疼痛和障碍水平降低，但是，只有普拉提组受试者的颅椎骨角度和颈部 ROM 有显著改善。此外，普拉提组受试者的 SCM 疲劳程度明显降低，而综合练习组受试者没有任何肌肉在测量中体现出肌肉疲劳程度的降低，事实上，其上斜方肌疲劳程度还有所上升。

　　研究者得出结论，相较于综合性的拉伸和肌肉强化练习，普拉提更能有效地改善颅椎骨角度（由此缓解 FHP），增加颈部 ROM 和降低肌肉的疲劳程度。他们认为，正是由于普拉提着重于增强核心肌肉的力量，改善了整体姿势并提升了姿势意识，由此才增强了全身和局部的稳定性。

〔源自：Lee S., C. Lee, D. O'Sullivan, J. Jung, and J. Park. Clinical effectiveness of a Pilates treatment for forward head posture. *Journal of Physical Therapy Science* 28（7）：2009-13.〕

针对慢性颈部疼痛的普拉提

　　2016 年，*Physiotherapy* 刊登了一篇论文，该论文以慢性颈部疼痛患者为研究对象，比较了普拉提与瑜伽练习在缓解颈部疼痛方面的作用。作者指出，两种方法都强调身心联系，而身心联系正是慢性疼痛控制的一部分（Lumley et al.，2011）。而该研究中使用的方法均具有成本优势。

　　该研究的实验中，56 名慢性（3 个月以上）颈部疼痛患者被随机分配至 3 个小组：对照组、普拉提组和瑜伽组。普拉提组和瑜伽组连续 12 周进行 12 次小组课程。在接受过高级训练的物理治疗师（physical therapist，PT）的监督下，对课程内容进行修改和升级。受试者分别在实验开始前、实验第 6 周和第 12 周接受结果测量，并在课程完成后的第 6 周接受后续测试。主要结果测量为采用颈部障碍指数问卷来评估其功能性能力，其他结果测量包括疼痛评分、ROM 和姿势测评。

在这项为期 12 周的团体练习课程结束之后，与对照组相比，普拉提组和瑜伽组受试者的颈部障碍和疼痛水平都有了明显的改善，且这些改善一直维持到实验完成后的第 6 周。因此，论文作者得出结论：普拉提和瑜伽练习可能是安全有效的缓解慢性颈部疼痛的短期方法。但是他们强调，这项方案必须在合格的专业人士的监督下进行，包括对动作进行恰当的修改，并对其进行严格的筛选，以确保团体课程适合所有参与者。

（源自：Dunleavey, K., K. Kava, A. Goldberg, M. H. Malek, S.A. Talley, V. Tutag-Lehr, and J. Hildreth. 2016. Comparative effectiveness of Pilates and yoga group exercise interventions for chronic mechanical neck pain: Quasi-randomised parallel controlled study. *Physiotherapy* 102: 236-42.）

预防肩颈疾病的普拉提

2010 年的一项研究考察了普拉提对肩颈区域的姿势、肌肉力量、柔韧性和生物力学机制的影响。基于之前的研究结果（普拉提对脊柱和下肢排列的生物力学机制特性有积极的影响），作者假设为期 12 周的实验方案能够改善姿势、运动和手臂－躯干肌肉模式。

在该项实验中，19 名健康受试者被随机分配至普拉提组和对照组，并分别接受两次评估：基础值和 12 周后的值。评估内容包括坐立姿势、腹部力量、肩部 ROM 及肩部屈曲的最大限度，因此颈部、肩部和躯干的运动情况和 16 块肌肉的活性被记录。普拉提组受试者每周接受 2 次、每次 1 小时的私人课程，课程中使用垫子、重组训练器和多功能器械训练台；而对照组不做任何体育运动。

经过训练后，普拉提组受试者在坐立时胸椎后凸程度更小、腹部力量更大。并且这些受试者能够以更小幅度的肩带和上背部运动，完成最大肩部柔韧性测试，这说明经过普拉提训练后，受试者肢体和核心运动能力均有所提升。肩胛骨位移减小意味着肩胛骨稳定能力的提升。还有一些研究发现，胸部姿势不良、肩部生物力学机制不良和肩胛骨不稳定，通常会造成肩颈部功能障碍，而该研究结果恰恰支持了一个假设，即普拉提练习有助于预防此类障碍。

（源自：Emery, K., S. J. De Serres, A. McMillan, and J. N. Cote. 2010. The effects of a Pilates training program on arm-trunk posture and movement. *Clinical Biomechanics* 25: 124-30.）

治疗肩袖损伤的普拉提

2016 年，阿克巴什和埃德姆（Akbas & Erdem, 2011）想要确认，对于肩袖损伤患者而言，针对肩部肌肉的临床普拉提练习方案的应用效果是否优于传统的物理治疗方案的应用效果。已有文献提出，普拉提练习对结缔组织和过度使用性损伤具有潜在的益处（Anderson & Spector, 2000；Kloubec, 2010），阿克巴什和埃德姆假定肩袖损伤患者遵循普拉提原则进行练习，且练习能够产生积极的效果。

该研究包括 19 名被诊断患有肩袖损伤的志愿者，他们被随机分配至普拉提组和对照组。两组都会接受 15 个疗程的热敷和超声治疗，并在指导下执行由传统的墙壁与体操棍练习组成的家庭练习方案，以增强上肢的力量并拉伸上肢。每一个疗程中，普拉提组的各受试者还会根据自身能力，在监督下使用阻力带或健身球，进行 20～30 分钟的普拉提垫上练习。

该研究中的所有受试者，都会在开始时和 3 周后填写如下自我报告问卷：以视觉模拟量表评估疼痛程度；用手臂、肩部和手部障碍（Disabilities of the Arm, Shoulder and Hand, DASH），以及肩部疼痛和障碍指数（Shoulder Pain and Disability Index, SPADI）评估障碍水平；用标准的健康评估问卷残疾指数（Stanford Health Assessment Questionnaire and Disability Index, HAQ-DI）评估一般健康水平；用贝克焦虑量表（Beck Anxiety Inventory, BAI）评估焦虑水平。两组受试者在受试前的得分相似。经过 3 周后，两组受试者均报告夜间疼痛、内外旋时的疼痛及 DASH 和 SPADI 的得分有所降低。然而，结果显示，仅普拉提组的受试者的静息疼痛、屈曲与外展时的疼痛及 HAQ 和 BAI 的得分均有所降低。

作者指出，两组受试者的健康都应当有所改善，因为所有受试者都接受了物理治疗。他们认为普拉提组受试者练习时疼痛感减轻，要归功于在练习普拉提的过程中遵循呼吸和专心原则（Kloubec, 2010）。他们还认为，焦虑的缓解也是一个重要因素（普拉提组受试者的 BAI 得分较低也证实了这个结果）。众所周知，抑郁和焦虑会造成患者肌肉骨骼疼痛。练习普拉提能够带来更高的生活质量，尤其能改善患者的身体功能、身体健康和精神健康（Viera et al., 2013）。最后，作者提到了安德森和斯佩科特（Anderson & Spector, 2010）在 2000 年写的一篇文章，文章研究了当代运动学、生物力学方面的科学理论和普拉提方法的理论基础之间的关系。文章表明，普拉提练习提供了一个闭链环境，该环境能够促进结缔组织的抗压力和减压力，并由此改善循环水平。他们提出，循环水平的改善激活了肌腱的康复机制，因此疼痛感得以缓解。

［源自：Akbas, E., and E. U. Erdem. 2016. Does Pilates-based approach provide additional benefit over traditional physiotherapy in the management of rotator cuff tendinopathy? A randomized controlled trial. *Annals of Sports Medicine and Research* 3（6）: 1083.］

针对下肢的普拉提

沿着动力链向下便是下肢,可回顾的关于针对下肢的普拉提练习的研究比较少。不过,我们普遍认为针对下肢问题的普拉提的应用原理主要是基于核心强化的概念(Wilson et al., 2005)。2007 年,扎祖拉克等人(Zazulak et al., 2007)进行了一项研究,该研究测量了女大学生运动员主动本体感觉重新定位和躯干位移的核心神经肌肉控制特性,然后对她们的伤病情况进行了为期 3 年的跟踪记录。他们发现,躯干核心不稳定是造成前交叉韧带损伤的一个风险因素。这一实验和其他实验都证明了核心稳定性的下降可能会造成下肢损伤,并且建立稳定的四肢运动的基础,获得核心稳定性是预防下肢损伤的关键所在。而普拉提恰恰可以提升躯干稳定性(Emery et al., 2010;Kloubec, 2010),是治疗和预防下肢伤病的理想练习方式。

普拉提研究回顾:针对下肢

针对全髋关节或全膝关节置换手术后的普拉提

矫形外科医生威廉姆·贾菲(Willaim Jaffe)和布雷特·莱文(Brett Levine),以及护士兼普拉提教练贝丝·凯普拉内克(Beth Kaplanek),共同开发出了针对接受了全髋关节或全膝关节置换手术的患者的普拉提练习方案。他们指出,普拉提作为一种针对全身运动的综合方法,便于教练根据个体情况和手术的限定条件进行调整。感受过普拉提益处的患者很乐意接受有资质的普拉提教练的指导,患者在术前开始进行普拉提训练,并在出院后两周内开展术后训练。他们为接受了全髋关节或全膝关节置换手术的患者制订了一套特别改编的普拉提垫上练习。患者每周至少进行 3～4 次、每次持续 1 小时以上的训练。

1 年之后,38 位患者进行了特定的普拉提训练,包括 30 位女性和 8 位男性(其中 21 名患者进行了全髋关节置换手术,17 名患者进行了全膝关节置换手术)。后续图表和电话回访结果如下:25 名患者表示非常满意,13 名患者表示满意,没有患者表示一般满意或不满意。该研究中的大部分女性患者(73%)表示,她们会在日常训练的基础上继续练习普拉提。

此外,作者表示,他采用让患者练习普拉提这一做法已经超过 5 年,这期间没有出现过一例负面案例,且患者都在身体和精神上表现出非常高的满意度。这仅是一份小样本患者的初步报告,无法由此证明普拉提的治疗效果优于传统治疗方法的治疗效果,但教练可以在接受了全髋关节和全膝关节置换手术的患者的康复训练中，将普拉提作为一个可行的选项。

（源自：Levine B., B. Kaplanek, and W. L. Jaffe. 2009. Pilates training for use in rehabilitation after total hip nd knee arthroplasty: A preliminary report. *Clinical Orthopaedics and Related Research* 467: 146875.）

针对全髋关节置换手术后的普拉提

2007 年，克莱因等人（Klein et al., 2007）开展了一项关于全髋关节置换手术后外科医生是否允许患者恢复体育运动的网络调查。该调查列举了 30 组活动（37 项具体运动），并被发送给髋关节专业委员会（Hip Society）和美国髋膝关节外科医师协会（American Association of Hip and Knee Surgeons）的所有成员，普拉提被列为全髋关节置换手术后允许患者参与的体育活动。但是外科医生将普拉提练习经验作为一个考虑因素：58% 的外科医生允许患者在没有普拉提练习经验的前提下，在手术后参与普拉提练习；另外有 24% 的医生建议，有普拉提练习经验的患者才能在手术后参与普拉提练习。

（源自：Klein, G. R., B. R. Levine, W. J. Hozack, E. J. Strausse, J. A. D'Antonio, W. Macaulay, and P. E. Di Cesare. 2007. Return to athletic activity after total hip arthroplasty. Consensus guidelines based on a survey of the Hip Society and American Association of Hip and Knee Surgeons. *Journal of Arthroplasty* 22: 171–75.）

针对前交叉韧带（Anterior Cruciate Ligament，ACL）局部撕裂的普拉提

切利克和特克尔（Celik&Turkel, 2017）进行了一项研究，该研究针对接受非手术治疗的 ACL 局部撕裂患者，研究普拉提对改善其肌肉力量、功能和膝关节不稳定性的效果。该研究包括 50 名年龄在 20 ～ 45 岁的患者，他们被随机分配至普拉提组和对照组。作者设计了一组普拉提垫上练习的特殊方案，重点针对核心稳定性、下肢力量与柔韧性。普拉提组的患者每周进行 3 次 60 分钟的课程，持续 12 周；对照组的患者不接受任何治疗和家庭练习方案。在实验前和 12 周的物理治疗结束后，对所有患者进行功能计分和等速肌力测评。

在每一次股四头肌力量测试中，普拉提组患者都比对照组患者提升得更显著。尽管两组在膝关节功能上都有所提升［使用利肖姆膝关节评分表（Lysholm Knee Scoring Scale）和辛辛那提膝关节评分系统（Cincinnati Knee Rating System）进行评估］，但普拉提组患者的提升幅度更大。根据普拉提组患者总体变化等级评定的反馈，88% 的患者表示自己的膝关节稳定性有了明显的好转，12% 的患者表示稍有好转。作者认为，普拉提组患者报告膝关节疼痛的感觉减轻是源自核心力量的提升。在对照组中，仅有 23% 的患者表示稍有好转，其余的患者，一半表示没有变化，另一半表示情况比之前稍有恶化。

研究得出结论：与对照组相比，参加普拉提练习的患者的康复效果更好。作者指出，因为普拉提能够提升股四头肌力量，有利于提升膝关节的稳定性和功能性，

所以，针对 ACL 局部撕裂患者，临床医生在选择治疗方法时，可以将普拉提作为一个新的选择。

［源自：Celik, D., and N. Turkel. 2017. The effectiveness of Pilates for partial anterior cruciate ligament injury. *Knee Surgery, Sports Traumatology, Arthroscopy* 25（8）：2357-64.］

案例研究：下肢习惯性损伤

Current Sports Medicine Reports 刊登了一个有趣的案例研究，一名 48 岁的女性高水平跑步运动员，25 年里一直患有下肢习惯性损伤。该名运动员的损伤包括髌股关节疼痛综合征、髂胫束综合征、足底筋膜炎、腹股沟疼痛、骶髂关节功能障碍，她最终因为右脚扭伤而无法跑步。20 年来，她接受了无数诊断测试，想要找到这些损伤的原因，但没有找到任何明确的解释。她最终被诊断为髋关节、脊柱和骨盆稳定器近端不稳和功能障碍，这些导致她下肢排列不恰当和运动模式失能。尽管她在该研究期间尝试了各种各样的治疗方式，但仍有 3 年无法跑步。这些治疗方式包括矫形器治疗、可的松注射、NSAIDs、人工物理治疗，以及使用弹力带和负重进行腿部力量训练。

经过作者的物理治疗评估，他们发现患者髋关节外展肌群和外旋肌群无力，这是长跑运动员主要在矢状面上运动而造成的典型损伤。为了治疗这些损伤，他们设计了一种包含普拉提功能性进阶练习的运动方案，目标是通过使患者在所有平面上进行运动，提升其近侧稳定器的控制能力和力量。在这种方案实施 1 年后（每周 2 天，每天 60 ~ 90 分钟的课程和家庭练习方案），她无法跑步的问题解决了，并恢复了常规跑步。由此，基于普拉提的练习方案，解决了传统治疗方法所不能解决的患者下肢排列不齐问题，并让其重新开始跑步。

［源自：Lugo-Larcheveque N., L. S. Pescatello, T. W. Dugdale, D. M. Veltri, and W. O. Roberts. 2006. Management of lower extremity malalignment during running with neuromuscular retraining of the proximal stabilizers. *Current Sports Medicine Reports* 5（3）：137-40.］

本章所回顾的研究，证实了普拉提在伤病康复和预防方面确实有效。在证明普拉提可用于物理治疗和运动员训练领域时，类似研究也大有帮助。尽管有关针对伤病康复的普拉提的研究的数量不是很多，但每年越来越多的研究得以发表，也足以让我们受到鼓舞和感到兴奋。关于普拉提的研究越多，我就越是坚信，普拉提不仅可以作为调节和增强核心力量的手段，还能因其在骨科伤病方面的其他应用效果而受到认可。

多年来，我使用普拉提练习和普拉提原则帮助无数的患者康复，我一直相信完美效果的达成与核心力量的提升及身心联系息息相关。第 2 章将讨论普拉提的指导原则，并深入研究普拉提的概念。众所周知，正是这些原则才使普拉提成为一种调节身心的方式，而不仅仅是一个物理过程。

2

普拉提的指导原则

　　身体健康是获得幸福的必要条件。我们对身体健康的定义是保持匀称强健的身体和健全的头脑，能够自然、轻松并令人满意地完成各种日常任务，同时具有自发的热情和快乐（Pilates，1945）。

　　约瑟夫·普拉提在 *Return to Life Through Contrology* 一书中写到，他的方法不仅是一种无意识的重复练习的健身方法，还是一种整体方法，是一个能让人达到全身心健康和终生精益求精的过程。除了介绍他的方法，约瑟夫还给出了许多建议：优化睡眠条件；保证充足的日照、呼吸新鲜空气很重要，合理饮食，暴饮暴食对活动水平有损害；运动时合理着装；有技巧地站立、行走；甚至包括如何正确地淋浴才能达到整体清洁的目的。虽然他的介绍比较粗略，但他的理念始终保持一致：精神、身体与心理是相互交织在一起的。

　　控制是身体、精神与心理的完全统一。控制让三者统一后，可以纠正错误的姿势，恢复身体活力，激发思想，并升华心理（Pilates，1945）。

　　对普拉提方法的各个方面进行深入探索后发现，约瑟夫所说的"控制"远远超出本书达到的深度。本书着重于普拉提的康复和预防作用，目的在于演示运动和姿势，以帮助运动员提升运动表现水平，降低进一步受伤的风险，并在痊愈后尽快投入训练。然而，我们首先需要了解这一方法的经典原则。

　　根据普拉提流派的不同，普拉提的指导原则和它们所呈现的方式可能略有差异，但是众所周知，正是这些原则的部分版本才使普拉提成为一种身心调节方法，而非仅为一个物理过程。我认为介绍这些原则非常重要，下面我将介绍这些原则，如同我的导师雷尔·伊萨科维茨在 BASI 的普拉提教师训练项目中将它们教给我的那样。另外，在多年临床实践中，关于它们与物理治疗的关系，我形成了一些自己的想法。

3 项高级原则

1. 身体、精神、心理的完全统一。
2. 达成与所有潜意识活动相关的自然的内在节奏。
3. 将生命的自然规律应用于日常生活。

伊萨科维茨在 *Pilates* 一书中总结了 3 个主题，他将这 3 个主题称为普拉提方法 3 项高级原则。他认为现在有不断开展的新研究，不断创立的现代技术，研究中的特定元素和我们描述或练习的方式可能会发生改变，但"这 3 项原则包含的哲理从未改变……这是该系统的本质所在"（Isacowitz, 2014）。

从这 3 项高级原则出发，伊萨科维茨定义了 10 项运动原则，并由此形成了 BASI 普拉提方法的基础。这些原则融合了约瑟夫·普拉提著作和他教学中所引用的内容，以及伊萨科维茨超过 40 年的实践和教学经验。正是这些原则使普拉提方法成为一种独一无二的，有别于其他形式的身心调节方法。伊萨科维茨强调，想要真正获得该方法所带来的益处，就必须在练习和教授他人时，时刻牢记这些原则。

BASI 普拉提的 10 项原则

1. 意识	6. 控制
2. 平衡	7. 效率
3. 呼吸	8. 流畅
4. 专注	9. 精确
5. 中心	10. 和谐

意识

普拉提应该在能够刺激身心联系的环境下练习，始终对身体有所意识（Isacowitz, 2014）。

没有意识就不会发生变化。我们都会出现姿态不良、运动模式不正确的问题，并随着时间的推移产生代偿机制。如果我们没有意识到这些问题，怎么能将它们改正？一个人意识到的东西越少，这些问题的严重程度就会越深。我让一名患者在重组训练器上进行仰卧练习时，时常会发现他的髋部向左移动了几英寸（1 英寸 =2.54 厘米，余同）。当我让他把身体伸直时，他总是回答："我直着呢。"

如果我默许这名患者把弯曲当作笔直，他怎么能够达成身体排列恰当、肌肉平衡和动作正确的目标？他的伤病怎么能痊愈？

平衡

你应当在各种意义上努力达到平衡，并使其成为普拉提实践中一个必不可少的部分（Isacowitz，2014）。

普拉提的平衡原则有很多层意义。作为一名物理治疗师，我听到平衡这一词汇时会想到患者是否能够做到闭眼单腿站立，或者是他在伯格平衡量表（Berg Balance Scale）中的得分。普拉提不仅有助于提升平衡方面的能力，它还能解决稳定性和灵活性方面的平衡问题，以及确保身体各个部位的运作协调。另外它还有助于改善整个人体的平衡或整体健康（身体、精神、心理）。

但在康复领域，我经常把这一原则应用于身体的对称性。肌肉骨骼时常会表现出不平衡，有的不平衡只是与身体优势侧和利手侧有关，因为我们大部分人的身体都是一侧强壮一侧虚弱。娱乐、职业和运动惯用姿势也会造成不平衡。运动习惯使得一些肌肉被过度使用，而另一些未被充分使用。现代生活中我们常见的一个例子是整天坐在书桌前的人，通常都拥有运动过度而紧绷的髋屈肌，且无力的臀部肌肉。身体通常会启动代偿机制来保护特定的区域，以减轻疼痛，导致部分肌肉过度活跃，而另一部分肌肉被抑制，从而造成不平衡。例如，肩关节肩袖撕裂患者通常会出现上斜方肌和肩胛提肌紧张。每个人都具有不同的不平衡表现，并且这种不平衡表现总是与其伤病和功能障碍模式相关。确认并解决这些不平衡，寻找缓解的方法是恢复健康的第一步。

呼吸

呼吸是生命和运动的代名词。它包含着一切：身体、精神与心理之间的联系……它是驱动运动的发动机，是普拉提方法的根源（Isacowitz，2014）。

呼吸是生命的第一个动作，也是最后一个动作。每一个生命都依赖呼吸。形象地说，呼吸减少会使肺部变为墓地，使肺部沉积疾病、死亡和病菌（Pilates，1945）。

除了维持个体的生命，呼吸还具有许多生理优势，如下所示。

- 为血液提供氧气。
- 排出毒素。
- 促进循环。
- 使精神和身体平静。
- 提高专注力。
- 为运动提供节律。
- 协助激活目标肌肉。

基于以上所有原因，为使普拉提的练习和康复效果达到最佳，矫正呼吸非常重要。

自然呼吸或腹式呼吸能在吸气时放松腹肌。练习普拉提时使用的是侧向呼吸或肋间呼吸，使用这类呼吸方法在吸气时能够让胸腔用力向两侧和后侧扩展，并促进腹壁持续向内收缩。作为呼气的辅助肌肉，腹肌在呼气时会大幅收缩，从而协助膈肌和肋间肌拉伸排出空气。因此使用侧向呼吸能够在呼吸循环中促进并维持腹肌的收缩，有助于稳定躯干（图2.1）。

普拉提专业人员普遍认为，在练习普拉提时呼吸的配合非常重要；但是对是否存在一种特定的最佳呼吸模式这一问题，仍存在争议。BASI普拉提中使用的基本呼吸模式是，呼气时脊柱屈曲，吸气时脊柱伸展。为什么？因为使用这种呼吸模式能为运动提供自然的节律，还因为腹肌不仅是躯干的屈肌，而且是呼气的辅助肌肉。尤其是TrA，在呼气时首先表现出被激活的状态，并且其具有较低的激活阈值（Abe et al.，1996；De Troyer et al.，1990；

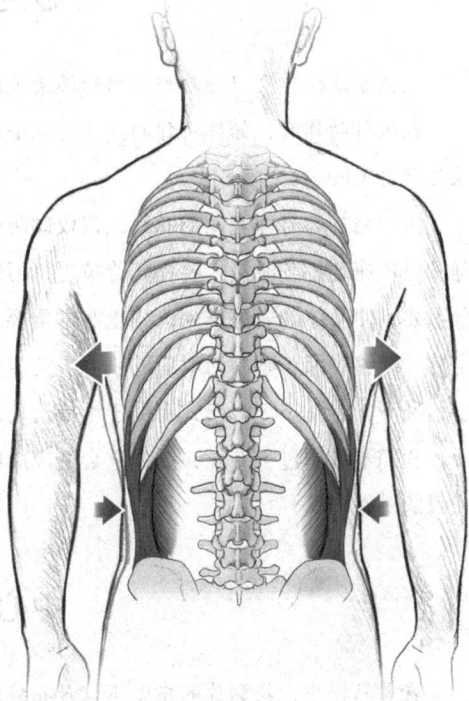

图2.1 使用侧向呼吸，吸气时胸腔扩张

Hodges & Gandavia，2000）。正如第1章中讨论的，TrA是稳定脊柱的关键肌肉之一。因此，从理论上来讲，如果在脊柱屈曲时呼气能够最大限度地激活TrA，那么

便能达到最高的躯干稳定性。根据这些原因，有关研究显示背阔肌是吸气时的辅助肌肉（Cala，Edyvean & Engel，1992；Orozco-Levi et al.，1995），因此我们可以在吸气时最大限度地激活脊柱伸肌。在不需要特别屈曲或伸展脊柱的动作中，采用的呼吸方式是努力呼气。

尽管一般情况下都会强调呼吸方法，但是我在指导患者练习的工作中经常发现，过分强调正确的呼吸方法会适得其反。如果过分关注呼吸，某些需要时间的功能性运动模式可能会受到影响。很多患者已经面临足够多的挑战——应对伤病和学习新的动作，如果还必须考虑呼吸，则会造成令人挫败的体验。过分强调呼吸方法让人难以或者无法关注技术，由此削弱了练习所带来的神经肌肉再训练的益处。因此通常情况下，首要任务是学习如何安全正确地完成这些动作，呼吸方法可以稍后再引入。

专注

我把专注视作意识与动作之间的桥梁（Isacowitz，2014）。

在执行动作时，始终将你的注意力完全集中于练习，这对你达成所追求的目标至关重要（Pilates，1945）。

由于精神与身体之间的联系，仅仅倾听或专注于特定的肌肉或肌群，就能更精确和更快速地将其激活。要提高普拉提练习的效果，不仅专注于特定肌肉的激活十分重要，使身体的姿势排列恰当也非常重要。在练习中始终专注于正确的姿势和稳定性，能够确保正确激活对应的肌群，完成所需的动作并避免不必要的张力。在很多情况下，专注于呼吸模式有助于维持运动的节律，并保持精神集中。但在普拉提中，我们不希望过于专注，因为它会造成肌肉紧缩或呼吸受限，这与我们想要达到的目的刚好相反。

中心

在普拉提中，找到你的中心不仅是指找到你的重心，而且是指找到你的身体、精神和心理的凝聚点（Isacowitz，2014）。

从身体方面说，找到一个人的中心就是指找到这个人的重心。每个人的中心都会因自身解剖学特点不同而略有不同。但在普拉提中，中心一词具有更多的意义。

所有运动都源自中心或核心这一概
念，中心或核心是普拉提的主题。
它通常被称为普拉提的动力室；伊
萨科维茨将其称为内在支持系统；
在康复领域中，它有时被称为核心
肌肉系统（图 2.2）。无论使用哪个
术语，我们所指的都是躯干中深层、
内在的肌肉。这些腹横肌、多裂肌、
膈肌和盆底肌均直接附着于脊柱，
并提供稳定力量。要注意这些肌肉
都难以触及，因为它们与肱二头肌、
股四头肌等其他骨骼肌不同，它们
位于躯干的深层。也许这就是普拉
提的精神 – 身体方法能够对提升脊
柱稳定性如此有效的原因，它让我

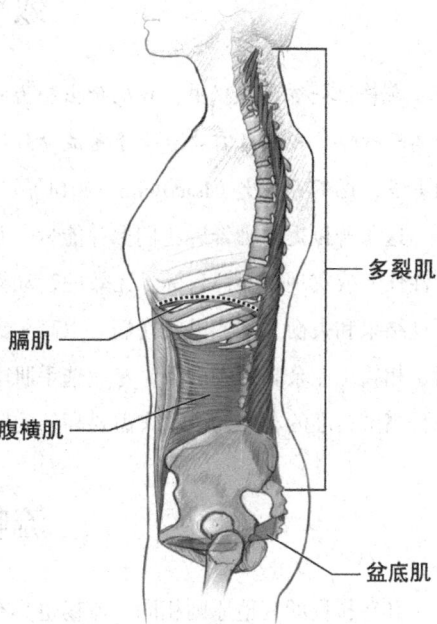

多裂肌

膈肌

腹横肌

盆底肌

图 2.2 核心肌肉系统或内在支持系统

们能够理解得更加深入，并能促进这些神经肌肉之间的联系。

控制

控制始于精神对肌肉的控制（Pilates，1945）。

加强控制是掌握一种技能后的固化过程。加强控制需要大量的练习，能够
有助于提升关键肌肉的力量和柔韧性，并能够开发更多的练习方案（Isacowitz &
Clippinger，2011）。

最初，控制我们的动作是一种有意识的过程，并且需要大量练习。然而一旦
掌握，控制动作就能够成为一种习惯。想象一下奥运会短跑运动员和蹒跚学步的婴
儿之间的对比，运动员的控制水平明显高于婴儿的控制水平，因此受伤的风险也更
低。学习需要哪些肌肉来控制我们的动作，并能够在练习过程中保持控制，是普拉
提中的重要原则。动作中不允许出现晃动。既不使用爆发力，也不使用蛮力，而是
通过对适当的肌肉进行精准的神经肌肉控制来完成练习动作。

效率

在普拉提练习过程中，我们付出努力时并不痛苦，也不会因动作难度和要求的提高而呻吟。我们只需要专注于完成动作所需的身体部位，释放出所需的能量，无须更多，也不可再少（Isacowitz，2014）。

这条普拉提原则告诉我们保存能量，并仅将能量运用于必要的肌肉，以完成功能性任务或实现功能性目标。无效的运动模式不仅无法完成功能性任务，还会导致不良结果和失衡、疼痛以及伤病。以高尔夫挥杆动作为例，研究结果显示，在挥杆时，相较于业余高尔夫选手，专业选手肌电图的活动效率要低 50%。后者掌握的是一种高度精准的动作，该动作需要高效的肌肉活动（Donatelli，2009）。

流畅

和普拉提的其他原则相同，流畅也具有身体和精神上的双重含义。在积极心理学中，心理学家米哈伊·齐克森米哈里（Mihaly Csikszentmihalyi）将其定义为"完全投入某种活动忘掉自我，感到时光飞逝。每一个动作、移动和思想都接着前一个自然地体现出来，就像在演奏爵士乐。你全身心地投入，最大限度地使用你的技能"（Gierland，1996）。

从生理方面看，流畅可以理解为"激活肌肉的完美时机"（Isacowitz，2014），或者我们可以称之为肌肉激活顺序。对于每一个动作来说，都存在一个最佳的肌肉激活顺序。如果没有遵循这一顺序，则常会感到紧张或疼痛，因为某些肌肉被过度使用和过度收缩。在伤病康复中，重要的是保持正确的肌肉激活顺序或动作的流畅性。迈克尔·菲尔普斯（Michael Phelps）和西蒙·拜尔斯（Simone Biles）等运动员在身体和精神方面都表现出完美的流畅性，他们能毫不费力地做出高难度动作。这就是我们追求的境界，也是我们练习普拉提希望达到的境界。

精确

精确度越高，越容易达到目标，也能从练习中获益更多（Isacowitz，2011）。

精确是普拉提与其他类型的练习最明显的区别之一。如同没有深度呼吸与专注力的瑜伽就变成了健美操，失去了精确，普拉提练习也就毫无意义。

精确可以定义为执行动作的确切方式。大部分普拉提练习与在物理治疗培训中学到的传统版本的练习之间并没有明显的不同，但是它们的执行方式却大相径庭。以普拉提的胸部抬起（第61页）为例，这一练习看起来可能和卷腹或仰卧起坐类似。在健身房中，我们看到有人能不知疲倦地重复几百次卷腹或仰卧起坐动作，他们在练习中使用多块肌肉，耗费大量的能量。但我指导的患者或客户却常常认为，在重复了几次胸部抬起练习后，他们更能感受到腹肌，这都是因为普拉提胸部抬起练习的精确。要实现精确，就需要肌肉的完全整合，这往往会导致特定肌肉或肌群独立运作。当每一个动作都能被精确执行时，运动才会更有意义，并极其有效。

和谐

和谐是一个整体，是我们努力追求的一切的顶峰。它意味着集中、中心、控制，也意味着流畅、精确、高效的运动（Isacowitz，2014）。

在普拉提实践中解释并整合这些原则时，每个人的方式都有所不同。对有医学和科学背景的人来说，关注这些原则的物理层面更为重要，因为他们将普拉提应用于伤病康复和提升运动员的表现水平。对于其他人（可能是上述人群的客户或患者）来说，这些原则的精神层面更能引起他们的共鸣，并让他们发挥更大的潜能。但无论从哪个方面来讲，重要的是要了解普拉提不仅是一种练习，还是一个优化人类运动模式的整体方案。如果要真正获得这一方法所带来的益处，那么无论是练习还是教授他人，我们都必须时刻谨记这些原则。

我见过无数患者将精神方面的原则纳入运动学习和神经肌肉的再训练过程，他们在多年的练习后发挥出了巨大的潜力。当我向患者教授传统的家庭练习方案时，很少的患者能够在完成规定的伤病康复练习后（甚至在这期间）继续练习。但是患者们通常都很享受普拉提练习，并感到受益匪浅，并会因此参加连续的私人课程或小班课程，继续普拉提练习。因此，我不仅让他们的伤病得以康复，而且还向他们介绍了一种新的练习方式，并鼓励他们保持一种健康的生活方式。

3

普拉提与康复的整合

在第 1 章和第 2 章中，我们回顾了支持普拉提方法应用于物理治疗领域的研究，并讨论了普拉提方法的基本原则。本章将会解释普拉提如此有效的原因——不仅表现在伤病康复和预防方面，还表现在提升全身健康水平、改善运动表现水平方面，以及表现为在休整期提供安全有效的交叉训练方面。但是首先，我想与各位分享我发现普拉提并将其纳入工作实践的原因和时间。

在开始从事物理治疗师（PT）这一职业之前，我是一名从业多年的运动教练，因此我听说过普拉提。但除了一两节垫上练习课程外，我对其体验甚少。开始物理治疗培训之前，我在一个水疗中心工作，期间我非常幸运地结识了雷尔·伊萨科维茨，他是 BASI 普拉提的创始人。我记得他建议我学习普拉提，因为普拉提对伤病康复非常有效。但是我那时的目标非常明确：专攻整形外科和运动医学，然后与运动员共事。普拉提是舞蹈演员才练习的项目，不是吗？

几年后，我作为 PT 在一支球队工作期间，球队的明星控球后卫伤到了脚踝。在他外科手术恢复期间，他的妻子，一名普拉提从业者，询问我是否有普拉提方面的经验。他们家里有一台重组训练器，她认为如果能利用这台训练器帮助她的丈夫恢复脚踝会非常好。我立刻找了一家普拉提工作室，并参加了课程学习。我震惊了！在一台器械上就能完成各种不同的练习，我立刻清楚地意识到这些练习能达到适应或适用于康复的目的。

从那时起，我发现自己需要接受适当的普拉提方法训练。幸运如我，在此之前已经遇到了我的老师——伊萨科维茨，他是普拉提行业最受尊敬的专业人员之一，并在世界范围内受到广泛的认可，并且 20 多年来，BASI 也已经被认为是顶级的综合普拉提教育机构。因此我搬回加利福尼亚，在伊萨科维茨的位于纽波特海滩的工作室中进行研究和训练，不久之后我开始将普拉提整合纳入患者的治疗活动。这些是 17 年以前的事情了，从那时起，我将普拉提作为物理治疗和健康恢复的治疗方式，并在患者身上取得了很好的效果。

为什么普拉提对伤病康复和预防有效

在伤病康复的过程中，普拉提是一个非常好的工具，能够协助物理治疗方案的进行甚至提升其效果。通过强化核心的最深层肌肉，优化姿势排列，并构建正确的运动模式，普拉提还能够预防伤病的再次恶化和新的伤病的出现。PT 总是在寻找一种系统，这一系统能够让患者度过康复的早期阶段，并让身体机能在有条件的情况下实现有效运作的长期目标。普拉提就是这个系统！其他康复专业人员经常问我为什么认为普拉提对伤病康复和预防有效？以下是我了解的 10 个科学和实践层面的根本原因，以此说明为什么普拉提对伤病康复和预防如此有效。

将普拉提应用于伤病康复和预防的 10 个根本原因

- 普拉提注重中心或核心肌肉。
- 普拉提练习强调稳定性和灵活性。
- 普拉提包含闭链和开链练习。
- 普拉提练习包括肌肉的静态和动态收缩——同时强调肌肉的向心收缩和离心收缩。
- 普拉提练习是功能性练习。
- 普拉提练习强调恰当呼吸的重要性。
- 普拉提练习适用于不同的患者群体。
- 普拉提是一种身心调节方式。
- 普拉提器械安全易用（经适当训练）。
- 普拉提是扩展健康服务的一种明智的业务选择。

普拉提注重中心或核心肌肉

正如第 2 章中所讨论的，核心在普拉提中常被称为动力室或内在支持系统，并且在康复领域被称为核心肌肉系统。无论使用哪个词汇，我们所谈论的都是躯干最深层的内在肌肉，它们直接附着在脊柱上并提供稳定性，这些肌肉包括腹横肌、多裂肌、盆底肌和膈肌。这些深层肌肉在康复过程中的重要性（主要针对腰椎病变患者）已经在文献和临床实践中得到了充分证明。但是，核心力量一词常用于多种常规运动，导致其意义含糊不清。

BASI 普拉提方法对核心力量的定义如下。

它是支撑骨盆－腰椎区域并使其以综合、高效的方式协同工作的肌肉的力量。它是躯干深层内在肌肉的功能性力量。这些支撑着脊柱并提供稳定性和动力的肌肉位于身体的核心区域（Isacowitz，2006）。

所有运动的动力都源自中心或核心，这一理念是普拉提的共同主题，普拉提的绝大部分动作练习都非常强调尽量激活核心肌肉。当然，在不激活内在支持系统的情况下也可以产生运动，但是就不会体现出内在支持、保护和有效的功能了（Isacowitz, 2014）。

腹部肌肉——腹横肌

腹部肌肉的 4 层肌肉分别是腹外斜肌、腹横肌（TrA）、腹直肌、腹内斜肌，这些肌肉都会提供核心稳定性和力量。但是，在支撑和稳定脊柱方面，最重要的肌肉已经被证实是 TrA。

TrA 从胸腔延伸至耻骨，肌肉纤维呈水平分布。TrA 包裹整个腹腔，并像腰带一样从后侧附着在胸腰筋膜上。TrA 收缩时，将腹壁向内拉，挤压腹腔，从而为腰椎－骨盆提供稳定性。腹部肌肉的收缩放松不会移动任何关节，因此难以被激活或分离（图 3.1）。

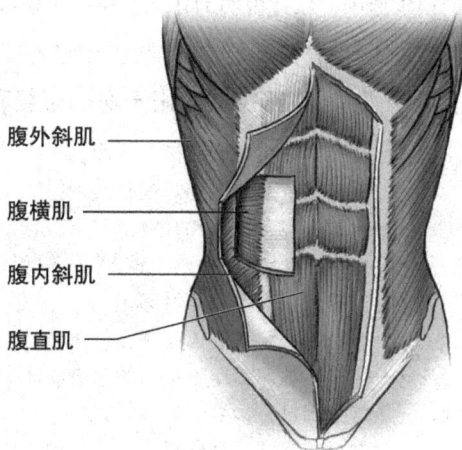

图 3.1 腹部肌肉

背伸肌——多裂肌

与腹部肌肉的排列相似，背伸肌包含竖脊肌、半棘肌等背深层肌（图 3.2）。这些肌肉都为核心提供力量和稳定性，但为脊柱提供稳定性的肌肉是多裂肌，其属于背深层肌。每一条多裂肌跨越 2 ～ 3 个椎骨，并在每个椎骨都起到稳定作用。这种局部稳定性使脊柱能够更有效地工作，从而减缓关节退化。相较于正常人，下背部疼痛患者的多裂肌会表现出功能障碍，肌肉激活模式、疲劳程度、肌肉成分及肌肉大小和一致性都表现出差异（Richardson, Jull & Hodges, 2004）。

研究证明，腹部牵引动作是由多裂肌与 TrA 协同收缩完成的（Richardson, Jull & Hodges, 2004）。希德兹等人（Hides et al., 2011）发现，临床显示多裂肌的收缩能力与 TrA 的收缩能力相关，TrA 收缩能力良好的人与 TrA 收缩功能障碍的人相

比，其多裂肌收缩能力良好的概率
高出 4.5 倍。

盆底肌

盆底肌包括尾骨肌和肛提肌群
（髂骨尾骨肌、耻骨尾骨肌和耻骨
直肠肌）（图 3.3）。它们为内脏
提供一系列的支持，并能适应腹腔
内的压力变化。当这些肌肉被激活
时，腹腔内部压力升高，从而为脊
柱释压。萨普斯福德等人（Sapsford
et al., 2001）的肌动电流图研究显
示，TrA 激活与盆底肌激活之间存
在神经生理学上的联系。腹部肌肉
激活是骨盆底练习的正常反应（在
盆底肌无功能障碍的情况下），
反过来，腹部做最大等长练习也
会激活盆底肌。

膈肌

膈肌是负责将空气引入肺部的
呼吸肌，它是内在支持系统的"盖
子"（图 3.4）。霍奇斯和甘德维
亚（Hodges & Gandevia, 2000）的
研究显示，膈肌与腹部肌肉的共同
作用是腹内压力持续上升的原因。
因此，膈肌在脊柱稳定机制中对腹
部肌肉和盆底肌的收缩起到协助作
用（Kolar et al., 2012）。

头颈肩带

至此，我们仅讨论了核心力量
对脊柱下部的重要性，但核心力量
对脊柱上部也非常重要。很多头部

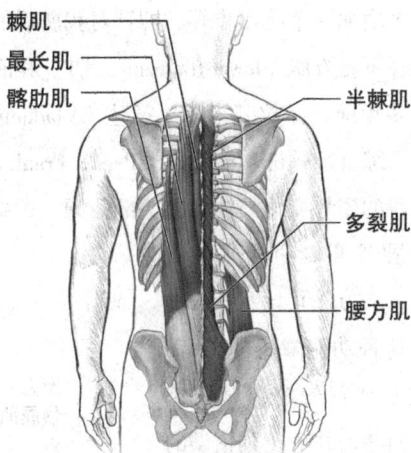

竖脊肌：
棘肌
最长肌
髂肋肌
半棘肌
多裂肌
腰方肌

图 3.2 背伸肌

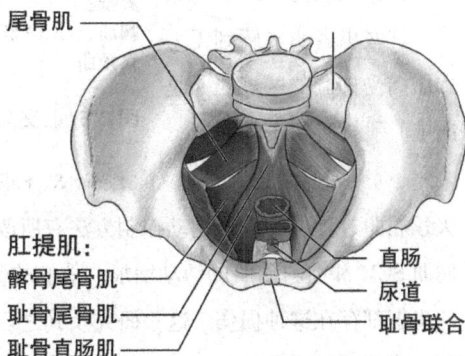

尾骨肌
肛提肌：
髂骨尾骨肌
耻骨尾骨肌
耻骨直肠肌
直肠
尿道
耻骨联合

图 3.3 盆底肌

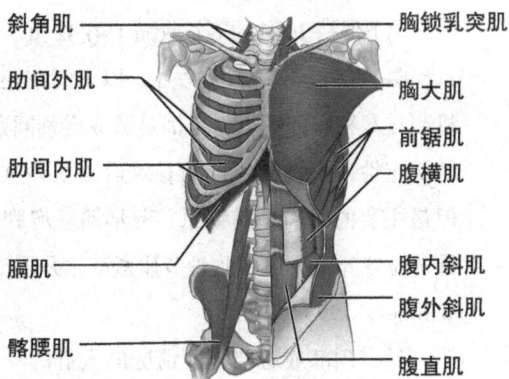

斜角肌
肋间外肌
肋间内肌
膈肌
髂腰肌
胸锁乳突肌
胸大肌
前锯肌
腹横肌
腹内斜肌
腹外斜肌
腹直肌

图 3.4 膈肌

向前倾、含胸（圆肩）的人都存在肌肉失衡现象，并常伴有颈部疼痛。针对这些患者，多增加一个练习步骤，即针对我所说的头颈肩带进行训练。其中，针对深层颈屈肌、下斜方肌（lower trapezius，LT）和前锯肌的训练非常重要。

多年前，弗拉基米尔·扬达（Vladamir Janda）博士将这种肌肉失衡模式称为上交叉综合征颈部功能障碍（Page，Frank & Lardner，2010）（见图 3.5）。这种功能障碍的姿势变化具体包括头部前倾、颈椎前凸和胸椎后凸加剧、肩部抬高和前伸及肩胛骨两侧扭转或外展（Page，2011）。为了帮助具有这种功能障碍的患者，我们必须首先解决其肌肉失衡问题，并矫正其错误的体态。

根据扬达博士的临床教学，这些患者明显感到无力和肌肉受抑制的区域之一是DNF（颈长肌和头长肌）。

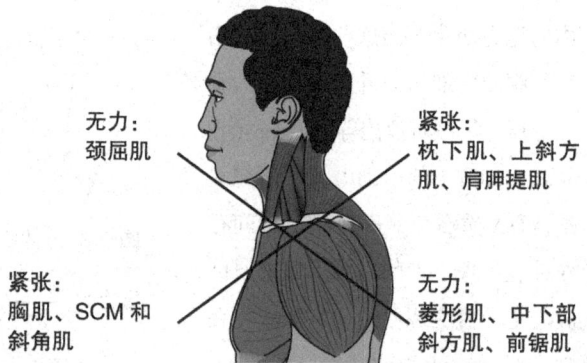

无力：
颈屈肌

紧张：
枕下肌、上斜方肌、肩胛提肌

紧张：
胸肌、SCM 和斜角肌

无力：
菱形肌、中下部斜方肌、前锯肌

图 3.5 上交叉综合征

朱尔、奥莱利和法拉（Jull，O'Leary & Falla，2008）的研究确认，颈部疼痛患者在头颈屈曲过程中的神经运动控制方法有所改变，其特征为 DNF 的活动减弱，而表面屈肌 SCM 和前斜角肌的活动增加。他们的研究表明，无论具体病状如何，颈部疼痛的患者都存在这种损伤。这一研究及其之后的研究都确认 DNF 训练能够有效缓解颈部疼痛症状。这种神经肌肉再训练广泛应用于临床实践，并通过独立的上部颈椎屈曲得以实现：轻柔地向内收下颌（常被称为收下颌），然后在不激活 SCM 或斜角肌的情况下保持 10 秒的等长收缩（第 42 页）。

除 DNF 受抑制和无力外，以下研究还指出，不良的胸部姿势、肩部生物力学机制异常和肩胛骨不稳定都是造成肩颈问题的原因（Emery et al.，2010）。肩胛骨的稳定性对手臂和颈部的有效运动至关重要。肩胛骨的稳定虽然涉及很多肌肉，但最主要的肌肉是前锯肌、菱形肌、肩胛提肌和斜方肌。这些肌肉失衡会导致肩胛骨位置异常、肩胛肱骨节律紊乱，并形成肩部综合功能障碍（Kamkar，Irrgang & Whitney，1993）。

具有颈部或肩部疼痛情况的人群的一个常见问题就是上举手臂时肩胛骨上抬过度。因此，LT 和前锯肌等肩胛下沉肌的力量和正常功能是关键（图 3.6）。最近越来越多的研究得出与扬达的上交叉综合征理论一致的结论，这些研究表明前锯肌和 LT 是肩胸关节中容易无力和紧张的肌肉，并会导致动作异常（Paine & Voight，2013）。

有趣的一点是这些内在支持系统的肌肉都很难轻易触及，因为它们都位于深层。因此激活和分离这些肌肉很困难，需要集中意识、知觉和注意力。这些深层肌肉也很难像肱二头肌或股四头肌这样的骨骼肌一样，以同样的方式得到锻炼。这可能就是普拉提这种精神－身体运动方法对脊柱稳定和康复具有显著效果的原因：它让我们得以触及并利用这些难以触及的深层肌肉。最新的研究提出了利用运动控制而非单纯的力量进行疼痛管理的观点，并指出受损的神经运动控制即使在疼痛消失后也无法自动恢复（Hideset al.，1996；Jull et al.，2002）。因此，普拉提原理和练习能够促进这些深层肌肉的神经控制系统的发展，还可以作为建立真正的功能性核心力量的基础。

上斜方肌

前锯肌

下斜方肌

图 3.6 为了防止当手臂举过头顶时肩胛骨上抬过度，肩胛下沉肌的力量与正常功能是必要的

不积跬步，无以至千里，因此我们要从小肌肉开始锻炼，使其有助于大肌肉的发展（Pilates，1945）。

普拉提练习强调稳定性和灵活性

强健且功能最佳的身体必须同时具备稳定性和灵活性。我们的近端足够稳定，远端才能实现最佳运转。以网球运动员为例：他们的肩带处必须具有近端力量和稳定性，才能使手臂具有绝佳的灵活性，从而高效地击打网球；如果肩部无力或者不稳定，久而久之很容易受伤。常见的网球伤病是肱骨外上髁炎，俗称网球肘。肩胛骨处缺少稳定性会使肘关节和腕关节承受过大压力，导致晚期中风或"手腕"撞击，这些是肱骨外上髁炎的常见诱因。治疗方法之一便是加强手臂、肩部、上背部

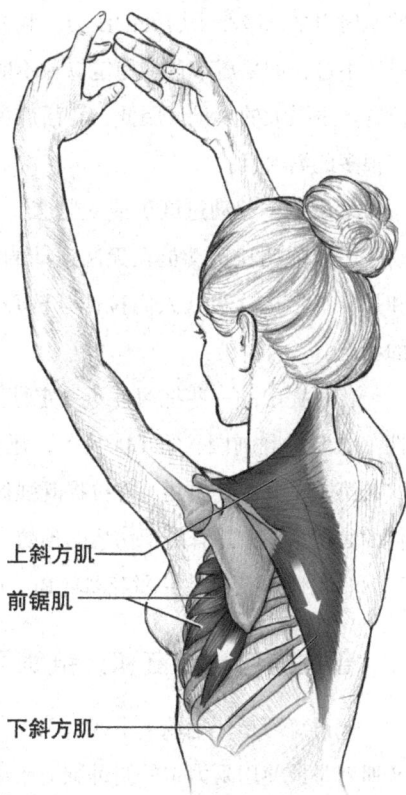

的肌肉力量以减小手肘处的压力。我们能利用普拉提练习实现这些目标吗？当然可以！不过，如果肩带过于稳定以致不能移动，则无法将手臂高举过头顶，在合适的位置产生强大的力量。因此，激活肩关节复合体的练习也非常重要，而普拉提中也有很多此类项目。

太松弛（运动过度）或太紧张（运动过少）都会导致损伤和疾病。在举重运动中，常强调让运动员在无法运动的那个位置保持稳定。另外，一些类型的瑜伽和拉伸练习也注重让人们拉伸至核心无力处或过度屈曲的极限处，以产生不稳定的状态。

普拉提中的一些练习注重稳定性（平板支撑，第74页），另一些则注重灵活性（跪姿手臂画圈，第134页），还有很多练习能将二者进行完美的结合（拔剑式，第131页）。因此，普拉提既强调稳定性，也强调灵活性，能够让我们达到最佳的表现水平，并有助于伤病的预防。

稳定性 + 灵活性 = 敏捷性（Brourman，2010）。

普拉提包含闭链和开链练习

开链练习是让远端（手或脚）在空中自由移动的练习，例如，自由重量的肱二头肌弯举或使用阻力带的俯卧腘绳肌弯举。普拉提中有很多开链练习，例如，单腿侧卧系列——正反画圈（第180页）、手臂仰卧系列（从第97页开始），以及髋部练习系列（从第108页开始）。开链练习能够有效提升关节灵活性，对骨关节炎患者来说，加强非负重位置的肌肉力量非常重要。

闭链练习是远端固定不移动的练习。练习中手或脚与表面保持接触，这个表面通常为地面或器械台面。上肢闭链练习的经典例子是俯卧撑（在普拉提中称为平板支撑，第74页），下肢闭链练习的一个传统例子是深蹲或腿推举。普拉提项目中有很多闭链练习，例如，足部练习（第88页），站姿压腿（第212页）和后弓步后腿下蹲（第216页）。因为闭链练习需要关节周围的肌肉协同收缩，所以会增强关节的稳定性。闭链练习常被推荐用于改善不稳定的状况，例如，脚踝扭伤或肩部半脱位。闭链练习属于负重练习，对治疗骨质疏松症等疾病非常有效，因为其负重能够有助于骨质重建。

从功能上来讲，我们日常生活中的大部分活动都既包含开链练习，又包含闭链练习。例如，走路时，站立的腿就是在进行闭链练习，而摆动的那条腿就是在进行开链练习。像滑板车式（第155页）和站姿压腿（第212页）等普拉提练习都会模仿这一动作，这使其成为非常具有功能性的练习。功能性这一概念在康复领域非常重要，我们会在本书中详细讨论。

普拉提练习包括肌肉的静态和动态收缩——同时强调肌肉的向心收缩和离心收缩

静态收缩或等长收缩指肌肉长度无可见变化或关节无明显运动的收缩。虽然肌肉会产生张力，但肌肉收缩的效果会与阻力的效果相抵消，因此不产生运动（Isacowitz & Clippinger，2011）。通常，身体的稳定性肌肉（如 TrA）都通过等长收缩发挥功能。

动态收缩或等张收缩是肌肉通过一系列运动对抗阻力的收缩，肌肉的长度和关节角度会发生改变。向心收缩被视为正向运动，收缩时肌肉缩短、关节角度减小。离心收缩时肌肉长度增加（两端附着点之间的距离增大），其方向与主要肌肉动作的方向相反。离心收缩用于使身体部位或物体减速，或缓慢放下负重，避免其自然掉落。过大的离心负重会加重肌肉损伤，且通常会在训练后 1 ～ 2 天产生酸痛感。离心训练是非常好的伤病康复后的治疗方法，尤其适用于下半身伤病（Alfredson & Lorentzon，2000；Bahr et al.，2006；Mafi et al.，2001）。

由于练习和器械的内在设计，很多普拉提项目都同时包括等长收缩和等张收缩，在运动过程中既强调向心阶段，又强调离心阶段。传统的举重练习仅强调其中之一，通常仅强调向心阶段。例如，一个人使用肱二头肌弯举机时，器械结构能够支持其身体和上臂，练习者只需要弯曲肘关节对抗阻力，使肱二头肌向心收缩即可。由于在重物下降时有器械辅助，这个练习不会强调离心阶段。这就不属于典型的现实生活中的活动，因此也就不属于功能性练习。而普拉提正与之相反，器械的设计使肌肉在 ROM 内同时产生向心和离心收缩，这样才能完成练习。弹簧和滑轮可以循序渐进地产生阻力，含有这类装置的器械有助于使肌肉产生收缩（离心、向心和等长收缩），模拟功能性肌肉动作。

不同种类的收缩产生的肌肉力量的大小不同。离心收缩产生的力量大于等长收缩或向心收缩产生的力量。最大离心力量约为最大向心力量的 1.5 ～ 2 倍（Bullock，Boyle & Wang，2001），在选择康复练习时牢记这一概念非常重要。例如，对于刚从肩袖手术中恢复的患者来说，康复的第一阶段应主要进行等长收缩练习和向心收缩练习，使肌肉产生最小的力量。随着肩部康复，肌肉重新获得力量，练习可逐渐过渡到离心收缩练习。普拉提项目可以提供各种类型的收缩练习，让患者易于根据康复阶段选择正确的练习。

普拉提是功能性练习

以上 3 条基本原则明确了普拉提练习既强调稳定性又强调灵活性；既包括开链练习也包括闭链练习；可产生静态的和动态的肌肉收缩（同时强调向心收缩和离心收缩）。以上所有因素都指向第 5 个原因：普拉提是一种极具功能性的练习。

当我们进行行走或跑步之类的功能性运动时，并不是只有一块肌肉在运动。此类运动通常会涉及多块肌肉——有的产生向心收缩，有的产生离心收缩，有的是等长收缩——这些肌肉以一种高度协调的方式共同完成所需的动作。很多普拉提练习都是模仿日常活动中的动作，从而有利于伤病康复和预防。再看一下健身房的肱二头肌弯举机，练习者坐在椅子上，躯干完全由椅子支撑，手臂在平台上完全放松，以弯曲肘关节的动作对抗阻力，其结果是肱二头肌单独动作，仅强调运动的向心阶段。我们一生中有几次机会需要用到这种类型的力量？除了职业掰手腕选手，恐怕其他人很少有机会用到！我们经常需要完成的动作是在运动的"飞机"上，把自己的随身行李高举过头顶，放进行李架。这一动作不仅用到动态（向心和离心）上肢力量，还需要肩胛骨稳定性和核心稳定性，重组训练器上的跪姿肱二头肌练习（第136 页）就是模仿这一动作。

康复中的功能性概念还意味着我们必须关注客户的需求，让我们的练习任务更具有针对性。你的客户是需要柔韧性较好的芭蕾舞者，需要力量的橄榄球运动员，需要姿态练习、减轻整日久坐造成的症状的伏案工作者，还是需要能从座位上重新站起来的年长者？普拉提练习项目能为我们提供各种各样的选项，我们完全能够从中找到适合各种客户的练习。如果现有项目中没有合适的练习，我们可以开发出合适的练习，并且还能利用器械提供支撑或增加挑战难度。

普拉提练习强调恰当呼吸的重要性

正如我们在第 2 章中介绍指导原则时所讨论的，在诸多方面，普拉提非常重视恰当的呼吸及通过其使我们激活关键的肌肉。

呼吸

- 使血液携带氧气，从细胞层面强健全身。
- 为身体排毒。
- 促进循环。
- 平静身心。
- 集中意识。
- 为运动提供节律。

横向呼吸用于在整个呼吸周期中维持腹部收缩。这种特殊的呼吸方式（躯干屈曲时呼气，躯干伸展时吸气）能使我们激活与核心稳定性相关的关键肌肉。关于使用这种呼吸方式的具体方法和基本原理，我们在第 2 章进行了详细介绍（第 17 页）。在伤病恢复阶段，适当的深呼吸还有很多其他益处。

普拉提练习适用于不同的患者群体

普拉提练习多种多样，且通用性强，因此其适用于我们所能见到的所有患者或客户。无论是动作受限的患者还是专业运动员——从 93 岁患有骨质疏松症的年长女性到接受了全髋关节置换手术或 ACL 重建手术的专业运动员，普拉提都能为其提供解决方案。无论患者的病情、体型或者身体局限性如何，普拉提系统都能带来积极的运动体验。普拉提器械能让我们根据患者的条件和需求提供支持或提高挑战难度，选择或创建适当的练习。无论男女老幼，只要器械使用得当，练习都安全高效。普拉提对哪些病症有益？请参阅以下样例清单。

- 下腰背疼痛。
- 颈部疼痛。
- 机动车事故后的疼痛、僵硬或不稳定。
- 梨状肌综合征。
- 髌骨关节疼痛综合征。
- 多发性硬化症。
- 肌萎缩侧索硬化症。
- 关节炎。
- 骶髂关节功能障碍。
- 全关节置换（膝关节、髋关节、肩关节）。

- 肩袖修复。
- 关节镜手术（膝关节、踝关节、髋关节、肩关节）。
- 踝关节扭伤。
- 脊柱侧凸。
- 肩部撞击综合征。
- 脑血管意外。
- 帕金森综合征。
- 柔韧性差。
- 整体无力。

普拉提是一种身心调节方式

依我的经验来看，患者如果能在动作学习和神经肌肉再训练过程中加入精神调节则会发挥出更大的潜力。只要遵循第 2 章中的普拉提 10 条指导原则，就很容易实现这一点。众所周知，其中的部分原则使普拉提成为一种身心调节方法，而不仅是一个物理过程。PT、职业治疗师兼普拉提教练韦恩·斯图（Wayne Seeto，2011）认为：" 心理练习和恰当的腹式呼吸为练习提供了动觉意识和稳定的基础，让精神集中于身体正在做的事情，从而能够带来意义深远的益处。"

普拉提器械安全易用（经适当训练）

对于接受过适当训练的人来说，普拉提器械既安全又容易使用。但是如果不谨慎、不正确地使用器械，盲目操作，则会存在潜在的危险。弹簧暴露在外，绳索和皮带随意悬挂，器械装置需要相应地做许多调整。如果器械装置的位置不正确，也会给使用者带来受伤的风险。如果教练在错误的位置指导，也会受伤。器械不会完全支撑使用者，因此使用者需要支撑自己的身体。当然，这会让这项练习非常具有功能性，这也是普拉提对运动调节如此有效的部分原因。不过，对于无经验的使用者来说，普拉提器械还是具有潜在的危险。因此至关重要的是在治疗之前对使用者进行适当的训练并让其自身进行经验的积累。第 4 章将会对器械的安全性进行专门的讨论。

普拉提是扩展健康服务的一种明智的业务选择

运动医疗诊所或康复中心的间接费用非常高。虽然企业主租赁一个宽敞的空间，并购买一些能提供高品质健康服务的必要设备就要花去数千美元，但用在普拉提综合使用上的费用的性价比还是很高的。

　　普拉提器械并不便宜，但使用一台器械就能进行几百种练习。与虽然多种多样，但每一台只能锻炼某一特定肌群或身体的一个区域的健身房中的器械相比，仅一个最常见的普拉提器械——重组训练器，就能锻炼全身的各个部位。再加上多功能器械训练台和稳踏椅，可选的练习方式则更多了。多功能器械训练台和塔式重组训练器甚至能用作手法治疗的按摩台。与传统健身房动辄十几二十台设备相比，普拉提工作室只需要有一台或几台器械，就可以在一个相对较小的空间里开展伤病康复诊所或健康中心的各种业务。这一优势带来的好处就是能极大地减少对空间的需求，减少过度支出。

　　除了将普拉提融入物理治疗过程外，康复后的普拉提方案也能为康复专业人员带来很多好处。首先，它能通过双重渠道，即增加客户数量和扩展业务范围来促进业务增长。假如你已经有了普拉提器械，你只需雇佣几个有资质的指导教练并开发练习方案，无须额外增加投入，即可带来显著的收益增长。更显著的益处是它能带来稳定的现金流。当通过保险公司结算健康服务的费用时，通常有一个 30～60 天的周期，因此难以维持现金流。普拉提客户需要提前按照疗程付费，这能产生可预测的现金流，有助于抵消间接费用和增量费用。很多使用普拉提进行康复练习的患者都看到了这一练习形式带来的此种好处。他们也是乐在其中，因此非常愿意甚至渴望为这种服务买单，甚至在保险并不覆盖这类服务时也是如此（Wood，2004）。

　　通过提供康复后的普拉提服务，康复专业人员可以将更多精力放在诊所，使核心康复业务吸引更多患者或客户，而他们也可从中获益。患者在你的诊所接受康复或康复前服务之后，继续或转向普拉提练习会得到双重保障，因为他们的普拉提教练已经与 PT、脊柱按摩师或体育教练沟通过，对患者伤病有所了解。另外，这些患者能够在一个舒适、安全、治愈的环境中锻炼，而不是在传统的健身房中锻炼。他们的普拉提教练是完全具有资质的，并且在康复专业人员的训练和监督下对患者进行指导。最后，患者和教练都能根据需要随时向 PT、脊椎按摩师或体育教练咨询（Wood，2004）。

准确评估的重要性

　　康复的主要目的是改善患者的身体和精神状态。作为康复专业人员，我们的目标就是让患者的功能性力量与平衡性达到较佳水平，并远离疼痛。为了达到这个目标，我们必须首先从主观和客观两个方面确认患者的问题和局限性，并根据其局限性设置恰当的目标，然后就可以开始计划和进行实际治疗和具体练习。只有进行了准确的评估，才能制订有效的治疗计划。

在我的物理治疗和康复中心，教练会在患者初次到访时对其进行综合评估，评估过程中会大致了解其个人病史、评估其姿势和身体活动机制、测量其动作和力量范围，并针对其伤病或疾病进行具体的测试。在这期间我们还会用到各种必要的方式（如使用冰、热、超声波、电刺激和胶布），并针对患者的伤病，如关节或软组织灵活性方面的问题，选择合适的方法对患者进行手法治疗。我们会向患者讲解日常生活的各种活动中正确的姿势和身体活动机制及家庭练习方案。这些方案通常包括部分指导原则（意识、中心、呼吸等）和几个普拉提垫上练习，但我们很少在一天之内就将治疗性练习整合到普拉提器械上。患者初次到访时，我们最重要的事情就是对其进行准确的评估，并根据患者的需求制订治疗计划。此外，在患者后续到访中对其进行持续的再评估，确保所选的练习能满足其需求，并根据需求对练习进行调整，也是非常重要的。

即使两个人患有同一种疾病，他们的症状和具体问题也可能相去甚远。在进行全膝关节置换手术后，一位患者非常严重的损伤可能在于无力和肿胀，而另一名患者的损伤可能是肌肉紧张和神经肌肉控制受损。我们需要具备充足的生理学和生物力学方面的知识，并据此进行准确的评估，以确保清楚地了解患者伤病的预防措施和禁忌证。在指定具体练习之前，对此进行充分考虑至关重要。后续章节将会对常见预防措施和禁忌证进行讨论，例如，我们常接待的患者中，患有下腰背疼痛的人数较多。在这种情况下，教练不能指定具体的练习，必须先全面了解其个人病史并进行准确的客观评估，以确定其腰背部疼痛的原因。如果疼痛源自椎间盘突出，则应当排除躯干屈曲练习；但如果疼痛是因为脊椎前移，则应避免躯干伸展练习。

这一基本原理也适用于运动员。我们不能因为患者是运动员就为他们指定同样的普拉提练习。任何一种运动都具有独有的机制，将它们视为一致就大错特错了。每种运动都有独特的运动能力需求，因此每个运动员也需要特定的运动调节和治疗。我们需要根据运动员的运动项目确定其最易出现问题的肌肉，指定适当的拉伸和强化练习。然而研究显示，不管运动员从事的是哪种运动，他们进行扭转运动所产生的力量都源自核心肌肉（Donatelli，2009）。因此，遵循普拉提原则进行练习有助于运动员提高表现水平，减少其进一步受伤的风险，在有效的治疗后使其训练效果达到最大化。

将普拉提作为工具

在物理治疗法中，普拉提练习被视为神经肌肉再学习、治疗性练习或治疗性活动。普拉提练习项目和器械常用作这类商业活动的工具，并可根据个人需求和自身目标进行相应的调整。

我为患者制订普拉提练习方案的方法如下。基于患者的具体需求选择练习并排序的同时，尽量保持运动的整体练习方法。调整练习不是为了迎合患者已经习惯的动作方式，而是要训练其适应正确而积极的练习模式。其他目标还包括让患者学会较佳姿势、掌握功能性力量和平衡性，并从伤病中康复。

本书前两章展示了在伤病康复领域提倡使用普拉提的科学研究，并解释了普拉提方法的基本指导原则。本章分享了普拉提适用于伤病康复和预防的基本原因，其中有些原因是源自科学的，还有一些源自实践，而更多的则与精神或身体联系有关。本章还分享了在物理治疗和健康中心，将普拉提纳入治疗计划的方式。希望您阅读至此，已经认同普拉提是康复专业人员可使用的一种有价值的工具。第4章，我们将开始讨论进行普拉提练习的实际方法与所使用的器械。

4

有效练习需要的方法与器械

前面的章节陈述了普拉提的基本原则，以及普拉提对伤病康复有效的原因。本章将会说明我们如何将普拉提纳入患者练习方案，以帮助其从伤病中康复，并预防新的损伤产生。在进行实际练习之前，需了解学习我所说的预备普拉提方法（pre-Pilates methodology）。研究者、治疗师和练习者一致认为，普拉提强调身心相通是其有效的一个原因。记住以下这些指导原则：意识、平衡、呼吸、专注、中心、控制、效率、流畅、精确和和谐。如果忽略了这些原则而进行练习，则仅仅是完成了物理运动，而错失了普拉提的一些关键益处。无论对这种方法还是对我们的患者来说，这样做都是不公平的。

预备普拉提方法

要全面理解并遵循所有的指导原则，需要一定的时间。一个疗程、一个月，甚至一年都难以学完，但我们可以从这些基础入手：排列（意识与平衡），普拉提呼吸（呼吸），找到并确定核心（专注和中心），剩余部分自然水到渠成。我们需要记住，简单教授普拉提练习和将其用作治疗方法是不同的，这一点很重要。在这部分我会逐步解释将普拉提原则、科学概念和治疗技术相结合的方式，以为患者准备一套有效的练习方案。

排列

患者在开始普拉提练习之前，重要的是要理解什么是恰当的排列，以及如何做到恰当的排列。有了恰当的排列，脊柱和其他关节承受的压力就会减小，肌肉活动也会更加高效。在普拉提和腰椎康复练习中，排列始于骨盆中立位置。

对于每个人来说，骨盆中立是一个可定义的位置，指仰卧时（直立时的冠状面）骨盆两侧的髂前上棘（anterior superior iliac spine，ASIS）与耻骨联合（pubic symphysis，PS）在同一水平面且两侧 ASIS 处于同一横截面时骨盆的位置。两侧 ASIS 高于 PS（直立时 ASIS 在 PS 前方）的体态为骨盆前倾，骨盆前倾会导致腰椎屈曲度增大。当 PS 高于两侧 ASIS（直立时 PS 在 ASIS 前方）的体态为骨盆后倾，骨盆后倾会导致腰椎屈曲度减小（图 4.1）。

骨盆中立时的脊柱位置称为脊柱中立。此时脊柱所处位置可展现出 3 段自然的曲线，但是每个人的具体表现不同。生物力学领域普遍认可，维持脊柱曲线是身体对抗重力和加载于脊柱上的额外力量时保持直立的最节能的姿势（Richardson，Jull & Hodges，2004）。脊柱位于中立位置时，骨盆一定处于中立位置；但当骨盆处于中立位置时，脊柱未必在中立位置上。例如，以骨盆中立位置仰卧时，脊柱同样处于中立位置；但一旦头部抬离地面，像做仰卧起坐一样，此时骨盆仍处于中立位置，但脊柱不处于中立位置，因为此时脊柱发生了屈曲。

骨盆中立位置和脊柱中立位置是参照点，我们可以此为基础比较和描述其他位置。让患者学会如何找到中立位置很重要，但并不意味着所有练习中都应保持骨盆和脊柱处于中立位置。事实上，某些情况下，骨盆和脊柱偏离中立位置会更好。例如，在胸部抬起（第 61 页）等练习中努力保持骨盆处于中立位置，可能会增大下背部的压力。身体由于无力、柔韧性不佳、肌肉紧张、结构问题或伤病等原因，无法保持骨盆处于中立位置时，努力尝试保持骨盆处于中立位置会适得其反。骨盆中立位置对许多患者而言可能是必需的一种理想状态，但至少在开始阶段，让骨盆后倾，放松腰伸肌反而能更容易激活腹肌。

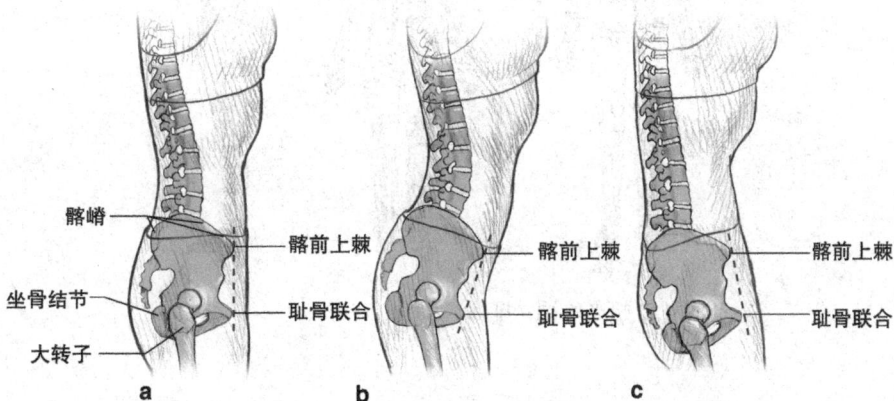

图 4.1 骨盆排列：a. 骨盆中立位置；b. 骨盆前倾；c. 骨盆后倾

正如雷尔·伊萨科维茨在他的工作室所做的总结——"普拉提是生物力学与现实的结合"（Isacowitz，2006）。中立位置是练习的理想起点，主要是有以下原因：中立位置是能够最高效地产生力的位置；中立位置是在保护身体免于受伤的同时，最安全的练习位置；中立位置有利于正确平衡地激活核心（局部）肌肉及完成肢体动作所需的全部肌肉；中立位置可以训练、加强有效的姿势和恰当的排列，并形成功能性和积极的运动模式。此外，研究表明，在骨盆或脊柱不运动的情况下，TrA的激活会更加充分（Richardson，2004；Urquhart et al.，2005）。但是，在患者准备好之前就强迫其在脊柱中立位置下练习，会导致其腹部练习无效，并使已有情况恶化，如颈部、下背部肌肉紧张加剧。因此，我们虽然在普拉提中追求保持骨盆和脊柱处于中立位置，但有些人可能永远无法做到。

患者完成骨盆中立位置或脊柱中立位置练习后，观察其身体的其他部位就非常重要。在理想情况下，开始练习之前，全身各个部位都应当达到最佳姿势和排列位置。但由于个人的体型、习惯方式、伤痛或疾病的不同，每个人都会偏离理想状态。图 4.2 展示了恰当的站立排列，表 4.1 提供了一些能够帮助患者达到恰当排列的方法。

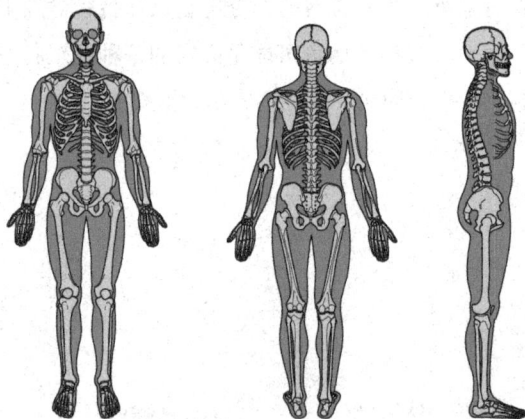

图 4.2 恰当的站立排列

普拉提呼吸

正如第 3 章所述，正确的呼吸对普拉提和康复练习取得最佳效果非常重要。

表 4.1　达到恰当排列的方法

区域	恰当排列	有助于达到恰当排列的方法
头部、颈椎	中立位置，上颈部微屈，收下颌 双耳与双肩分别在同一水平线上	稍稍收下颌 仰卧：后脑沿着垫子向头顶方向滑动，拉伸脊柱 站立：头顶向上伸高
肩带	双肩与双耳分别在同一水平线上 双肩打开，不要前倾 肩胛骨保持中立——不要上提或下沉，也不要前伸或内缩	肩胛骨向下、向后牵引，就像要把它们放入后侧口袋 伸展锁骨
胸腔	内收，不要向外扩	仰卧：将胸腔后侧压向垫子，或将文胸肩带压向垫子 直立（靠墙）：将肋骨后部压向墙
胸椎和腰椎	中立位置	无特殊要求，只要达到骨盆中立位置，即为脊柱中立位置（自然屈曲）
骨盆	中立位置	仰卧：两侧 ASIS 和 PS 位于同一水平面，且两侧 ASIS 位于同一横截面 站立：两侧 ASIS 和 PS 在同一冠状面，且两侧 ASIS 在同一横截面
膝部	膝关节位于髋关节正下方，踝关节的正上方 平行——既不向内靠（外翻足），也不向外翻（内翻足） 膝盖骨位于第 2 和第 3 脚趾之间空隙向上延伸的直线上	在双膝之间放一个小球，或想象双膝之间有个球 想象自己从山坡上向下滑雪
足部	两脚平行，分开至与肩同宽 距下关节中立位置——足部既不向内翻（内旋），也不向外翻（外旋）	内外转动脚踝，找到中间点并想象自己从山坡上向下滑雪的姿势

BASI 普拉提中所用的基础呼吸法是脊柱屈曲时呼气，脊柱伸展时吸气。这样呼吸能为运动带来自然的节律，并协助激活某些特定肌群。

在教授普拉提的基础呼吸法时，我通常让患者以一个舒适的仰卧姿势开始。先让患者的双臂在腹部交叉，双手置于胸腔。然后让患者进行深呼吸，吸气感受胸腔在双手下方扩张，呼气时，患者应当感受到腹腔下降。颈部疼痛患者常遇到的问题是，在呼吸时过度使用颈前肌（SCM 和斜角肌）。在教给患者仰卧横向呼吸法后，我会让他们将一只手放在颈部前侧，另一只手放在腹部。虽然腹部和胸腔仍会随着吸气扩张、呼气收缩，但患者不应再感到颈前肌的运动或紧张。

核心力量：确定核心

患者一旦学会恰当的排列和呼吸方法，就该开始学习确定核心。在理论和临床实践领域，伤病康复时深层稳定（核心）肌肉的重要性已被认可。正如第 3 章所讨论的，普拉提的一个通用主旨是所有运动的动力都源自中心或核心，大部分或者全部练习都非常重视激活这些核心肌肉。接下来将会介绍我指导患者找到并确定核心的方法（Withers & Bryant，2011）。

下部核心（腰椎－骨盆核心）

患者姿势　仰卧，弯腿平躺（膝关节屈曲，两脚平放）；如果可以做到这个姿势且无疼痛感，则骨盆处于中立位置。

治疗师姿势　位于患者一侧，一只手置于离肚脐约 1 英寸（2.54 厘米）处，另一只手置于同侧 ASIS 下方 1 英寸（2.54 厘米）处，最好在腹直肌和腹斜肌之间（图 4.3）。

指导患者步骤

方法 1（下腹部指令）

想象一侧 ASIS 上系着一根线，顺着腹部拉伸，系在另一侧 ASIS 处。呼气时腹部收缩，使腹部远离这根线（患者应当能够感觉到，治疗师应当能看到和察觉到这种腹部下降）。患者持续正常呼吸 10 秒，并在呼气时保持腹部远离这根想象的线（Withers & Bryant，2011）。

方法 2（盆底指令）

让盆底肌进行凯格尔（Kegel）健肌法。练习凯格尔健肌法的同时正常呼吸，坚持 10 秒。如果患者不了解凯格尔健肌法，可以使用其他的激活盆底肌的想象法（想象在小便的过程中憋尿、上提睾丸、收紧骨盆处的骨骼等）。

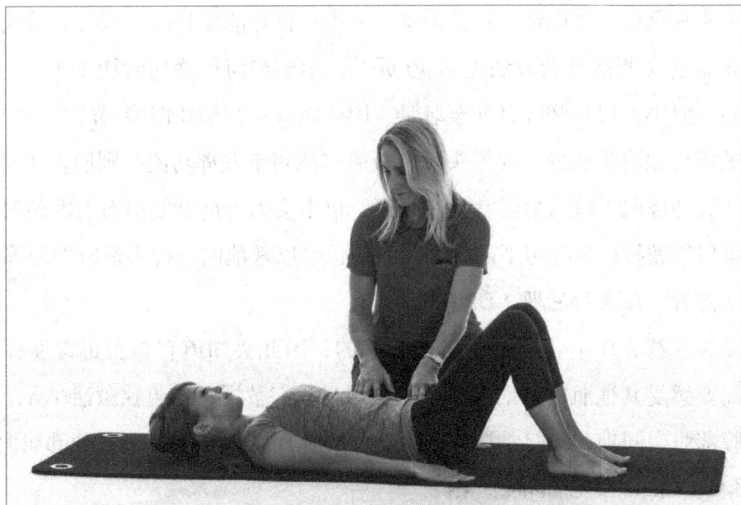

图 4.3 确定核心

　　让患者尝试以上两种确定核心的方法，确定哪种方法能分离并有效激活 TrA。TrA 在腹部肌肉的最深层，难以甚至根本不可能看到或者感觉到它，因此要确定它是否在正确发挥功能的话，就需要感觉和观察其他肌肉的动作。腹部明显地鼓出或隆起说明腹部表面的肌肉被激活。TrA 的独立收缩比较缓慢、温和，可感知的收缩也非常微弱。治疗师能感觉到皮肤好像在你的指尖下绷紧，而不是一块肌肉在膨胀。

　　正如在第 3 章所述，我们可以认为随着 TrA 的激活，其他核心肌肉（多裂肌、盆底肌和膈肌）也协同收缩。这种腹部收缩需要多次练习才能达到正确的激活模式，因为这些深层肌肉通常都因疼痛或练习少而受到抑制。因此一旦患者明白了要做什么以及怎么做，这就成了一项日常练习。让患者进行此项练习的目标是让患者在普拉提练习中，当听到确定中心或者确定核心的指令时，能确切地明白要做什么。

　　当然中立位置仰卧并不是功能性姿势，但应该以这个无痛的、具有支撑的姿势开始练习从而激活大部分 TrA 的分离运动（Richardson, Jull & Hodges，2004），并促进肌肉再训练和运动皮质的重组（Tsao & Hodges，2007）。一旦患者可以完成中立位置仰卧姿势的练习，就可让他们尝试功能性和挑战性更高的姿势，如坐立、站立或躺在不稳定的表面上（泡沫轴、球或重组训练器上的移动滑板）。

　　头颈肩带（颈胸区）

　　对于具有颈部疼痛或功能障碍的患者来说，找到并激活头颈肩带（在第 3 章中讨论过）非常重要。要记住普拉提的这一原则：良好的姿势始于核心。首先患者必须根据本章前文所指导的方法（第 40 页），学会如何正确地激活 TrA，从而激活下部核心。但 TrA 仅从胸腔延伸至耻骨，因此在针对颈椎功能障碍的练习中，我们还必须锻炼头颈肩带肌群。如果头颈肩带肌群能正常发挥功能，则肌肉（SCM、上斜方肌、肩胛提肌）就不会经常太过紧张，也不会因为过度使用而引发颈部僵硬。因此，类似于教授患者练习下部核心，我们也可以教他们进行头颈肩带的练习。

第 1 部分　深层颈屈肌（DNF）

与 TrA 一样，DNF 也是看不见摸不着的，因此要知道它是否正常发挥功能，我们就需要感受其他肌肉的活动。以下练习与我们教授患者单独激活 TrA，而不使用表层腹部肌肉同理，我们要教会患者单独激活 DNF 而不使用表层颈部肌肉［SCM 和前斜角肌（anterior scalenes，AS）］。

患者姿势　仰卧，弯腿平躺。保持颈椎处于中立位置，如有需要可头枕一个小枕头以减少脊柱过度前凸，保持舒适。

治疗师姿势　双手分别位于患者头部两侧，用触发式握姿（小拇指位于枕骨下方，中指分别放在患者颈部两侧）支撑患者的枕骨。这种姿势能让治疗师在指导患者小幅移动的同时，感受患者肌肉是否被激活并观察患者的 SCM 和 AS 是否过度使用（图 4.4）。

图 4.4　评估并激活 DNF

指导患者步骤

第 1 步（激活浅表层颈前肌）　将一只手放在颈部前面，置于颈前肌之上。将头抬离垫子，感受 SCM 和 AS 的紧张和膨胀，然后缓慢降低头部使其回到垫子上。

治疗师注意事项　这一步的目的是让患者明白收下颌时不应感受到哪块肌肉的运动。

第 2 步（激活 DNF）　在垫子上轻压后脑，轻轻地收下颌，同时拉伸颈部后侧。进行以上动作时均不应感到 SCM 和 AS 的膨胀。

治疗师注意事项　和 TrA 一样，DNF 单独收缩的感受应当是缓慢、柔和且非常微弱的。指尖应当能感受到皮肤紧绷，而非肌肉膨胀。

第 3 步（提升 DNF 力量和耐力的家庭练习方案）　保持收下颌 10 秒，每日至少收下颌 10 次。可以轻松完成这一动作后，便可过渡到坐姿或站姿等更具功能性的姿势。

能够正确进行这一简单练习就意味着 DNF 能够正常发挥功能，我们可以进行针对头颈肩带的下一部分练习。

第 2 部分　下斜方肌（LT）和前锯肌

患者姿势　手肘撑地俯卧（狮身人面式），手肘位于肩部下方略前面的位置。眼睛向下看向地面，此时头部轻微下垂，让颈椎保持在中立位与轻微屈曲之间的位置。

治疗师姿势　站在患者一侧，一只手的拇指和食指置于患者肩胛骨下角，另一只手的拇指和食指置于患者胸骨处（可选）（图 4.5）。

指导患者步骤

第 1 步　稳定下部核心。

第 2 步　收下颌，激活 DNF。

第 3 步　向下、向后牵引肩胛骨，就像要把它们放进后方口袋，以此动作激活 LT。向外侧伸展锁骨，应可看到锁骨向两侧扩展的动作。确保做以上动作时没有运动颈前肌、上斜方肌或肩胛提肌。

第 4 步　激活前锯肌，将手肘向下压，让胸骨远离地板（若治疗师手掌位于患者胸骨处，则远离治疗师的手掌），同时保持收下颌和下沉肩胛骨的姿势。不要抬头或使颈部肌肉紧张。

治疗师注意事项　有时患者听到胸骨指令后会抬起肩部，并过度使用胸肌。如果发生这种情况，就把你的手指从患者胸骨处移开，转而指导患者用手肘向下压垫子，同时将胸腔向后、向上提。

这一部分介绍了患者在开始普拉提之前应当学习和练习的内容。无论是使用我所指导的方法，还是使用自己的方法，重要的都是让患者在真正开始进行实践练习之前学会这些预备普拉提基础动作——姿态排列、呼吸及找到并确定核心。

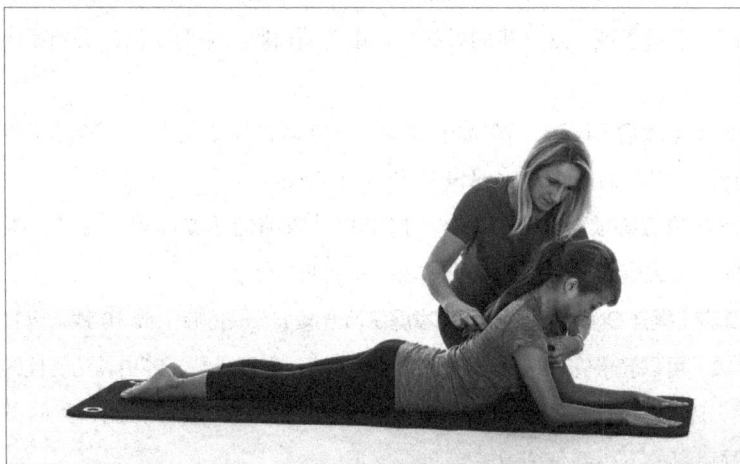

图 4.5 激活 LT 和前锯肌

　　要记住将普拉提作为一种简单的练习方式和将其作为治疗方法时，其教学方法是存在区别的。如果练习时未使用上述治疗概念和技术，则可能会加重损伤。

　　至此，我们已经讨论了将普拉提纳入物理治疗的内容、原因和方式，因此我们应当已经准备好开始学习真正的练习了。但首先有一件重要的事情要做，那就是介绍器械及其安全使用的方法。

器械

　　如今的普拉提器械多种多样——有一些是约瑟夫·普拉提先生自己发明的，更多的是后来的新发明。现在普拉提工作室中除了大型器械外，还常备有许多小工具（健身球、泡沫轴等）。这些工具都非常有用，但这里我们仅介绍本书第 2 部分中的大型普拉提器械。我认为这类器械非常适合在伤病康复、预防或治疗练习中使用。

弹簧

　　弹簧在普拉提器械中具有独特的用途，它与健身房传统的举重器械不同。弹簧提供的阻力叫作渐进式阻力，其阻力的大小取决于弹簧的厚度和强度，以及弹簧拉伸度或紧张程度。举重时，重量（阻力）在整个运动过程中都保持一致，但由于其机械效益或损失，肌肉的用力程度需要随着关节角度的变化而改变。但使用弹簧时，阻力随着弹簧拉紧而增大，使肌肉在整个过程中都面临挑战。两种阻力虽然不同，但对肌肉力量的提升十分高效且具有重要的意义。

弹簧优于举重器械的一个方面是，弹簧更容易调整以适用于模拟其他动作，因而更具功能性（Isacowitz，2005）。对于伤病康复来说，用弹簧提供阻力更加安全，因为患者在重复练习的起始阶段可以随时松开弹簧，从而释放关节或肌肉上的压力。

然而使用弹簧锻炼的一个困难之处在于弹簧的用途会因为器械不同而不同，甚至不同制造商生产的同一类器械中的弹簧也各有不同。遗憾的是，目前还没有一个统一的标准。出于这个原因，我不会在每个练习中规定具体的弹簧设置，而是用弹簧设置位置的限值来给出阻力范围。

另外一个需要注意的要点是，轻、重（大、小）之类的词汇均是相对的，且因不同练习而异。重组训练器上的两根弹簧产生的阻力对于足部练习来说是小阻力，但对于手臂练习来说便是大阻力。对于任何一种练习，适当的弹簧张力取决于每个人的身高、体重、身体比例、技能水平、伤痛或疾病。例如，一名 200 磅（约 91 千克）的男性橄榄球运动员，在重组训练器上进行手臂仰卧系列练习（第 97 页），可能需要用 2～3 根弹簧；但体重 110 磅（约 50 千克），从肩袖手术中恢复的女性患者，可能只需要半根到一根弹簧。在你的患者身上使用普拉提方法时，关键在于需要熟悉每种器械上的阻力设置，这样你才能够为每个人的每个练习设定正确的弹簧阻力。

垫子

虽然垫子算不上真正意义上的器械，但垫上练习是普拉提系统中的基础练习，因此在这里也值得一提。我总是先教授患者垫上练习，不是因为垫上练习最容易，而是因为这是普拉提系统中其他练习的基础。一个人如果不熟悉垫上练习，便缺少进行强有力的普拉提练习的必要基础。从实践角度来看，垫上练习随时随地都可以进行。大部分人的家里都没有重组训练器或其他普拉提器械，因此他们的家庭练习方案通常就是垫上练习。我发现如果患者能在两个疗程之间进行一些基础的垫上练习，他们会更快地将普拉提的原则和练习融会贯通。这个过程能使患者安全过渡到器械练习阶段。

重组训练器

普拉提中最受认可、最流行的器械便是重组训练器（图 4.6）。虽然普拉提工作室和普拉提基础康复中心一般都配有全套器械，但如果你的经济条件只能负担一种器械，我强烈推荐重组训练器。

重组训练器器械的优势

- 允许产生不同方向的重力（俯卧→仰卧→坐姿→跪姿→站姿）
- 提供稳定表面和移动表面
- 可无限调节
- 既可提供支撑，也能提供阻力
- 除了力量与柔韧性，还能提高本体感觉和平衡性

在所有的普拉提器械中，重组训练器能提供大量的练习，可用于各种运动需求的练习，能够根据患者的身材和局限性进行调节。从基础练习到最高级的练习，包括各种姿势（仰卧、俯卧、坐姿、跪姿和站姿）练习，都能在重组训练器上进行。借助跳板，甚至能在重组训练器上进行有氧练习和增强式训练。重组训练器具有无限的可能性，当然，唯一的局限是我们对这一器械的理解和我们自身的创造力。

从康复角度出发，我比较偏爱使用重组训练器，尤其在康复初期和预康复阶段，因为它能为患者和指导教练同时提供极佳的视角，让双方都能观察到姿态排列和肌肉模式。而且患者在重组训练器上进行姿势练习有助于其摆脱重力束缚，能够让其尽早过渡到负重阶段。例如，在重组训练器上进行足部练习（第 88 页），强化了身体自然直立的恰当排列，我们可以开始进行功能性练习，如深蹲，而不必担心患者的关节承受过大的压力。这一点对患有关节炎而难以行走或站立、术后有负重限制、整体无力或有平衡问题的人而言，非常重要。但我们仍能使用直立姿势和排列以及下肢力量进行练习，既不给患者的关节带来压力，又能避免摔倒的风险。重组训练器上的练习允许对精确的功能性模式和肌肉记忆进行再训练，从而使患者在准备好进行负重深蹲或弓步时，已经学会了相应的动作。

重组训练器的结构（图 4.6）

框架　围绕在器械周边的刚性结构。由木材或铝制成，因制造商和型号而异，有多种高度。

滑板　可移动的平板。

弹簧固定器　固定弹簧的直杠。一般有 2 ～ 3 个设定位置。

靠近滑板 = 弹簧张力较小。

远离滑板 = 弹簧张力较大。

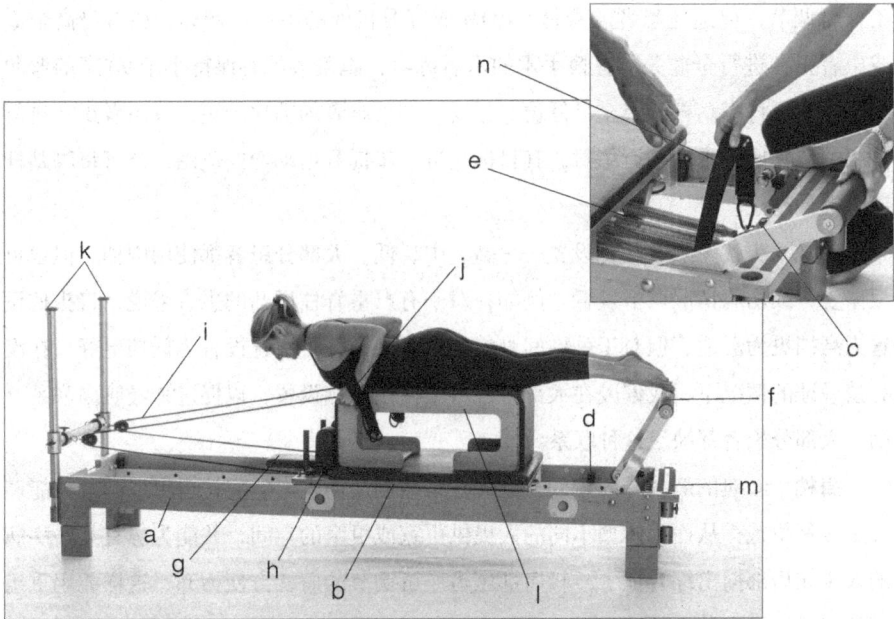

图 4.6 重组训练器：a 框架；b 滑板；c 弹簧固定器；d 挡栓；e 弹簧；f 脚踏杆；g 头枕；h 肩枕；i 绳索；j 拉环和把手；k 滑轮升降管；l 盒子；m 底板；n 脚蹬带

挡栓 可移动的销钉，能插入框架轨道上的小孔中。将挡栓插入距离脚踏杆最近的小孔，可使滑板活动范围达到最大；将挡栓插入距离脚踏板最远的小孔，可使滑板活动范围为最小。

弹簧 弹簧可提供渐进式阻力。重组训练器上弹簧的张力如下所示。

极弱 = 弹簧长度的 25% ～ 50%。

弱 =1 ～ 1.5 倍弹簧长度。

中 =2 ～ 3 倍弹簧长度。

强 =3.5 ～ 4 倍弹簧长度。

极强 =4.5 ～ 5 倍弹簧长度。

一些制造商会在弹簧上涂色以标明阻力强度。

黄色 = 弹簧长度的 25% 或强度极弱。

蓝色 = 弹簧长度的 50% 或强度弱。

红色 =1 倍弹簧长度或强度中等。

绿色 =1 ～ 1.5 倍弹簧长度或强度为强。

脚踏杆 脚踏杆一般有 3 ～ 4 种不同设置，因制造商或型号不同各有不同。脚踏杆可调节，以适应患者的身材、ROM 或练习目标的不同。例如，患者身高较高或患者正在进行全髋关节置换手术的术后练习，髋关节需要保持小于 90 度的弯曲角度时，可将脚踏杆调节至最低位。相反，如果患者的腿比较短，或患者正在进行全膝关节置换手术的术后练习，其目标是进一步提升运动弯曲范围，则可将脚踏杆调节至最高位。

头枕 头枕一般有 3 种设置——高、中、低。大部分患者都使用中档，但也可根据姿势或伤病情况调节设置。例如，对于有严重脊柱后凸的患者来说，将头枕设置为高档更为舒适，但对于颈椎间盘疾病患者来说，将头枕设置为低档更好。在没有禁忌证的情况下，我偏爱在大部分练习中使用高档设置，以促进神经肌肉联系，因为大部分患者都缺乏这种联系。

肩枕 经典的肩枕是固定的，但现在某些制造商生产的肩枕也可以调节并能调节至 6 种位置，从而为体型不同的人提供更宽或更窄的空间，并能为患有某些疾病的人（如肩部撞击综合征）减轻肩部压力。可调节的肩枕方便拆卸，这样能用重组训练器进行更多种类的练习。

绳索 经典重组训练器中的绳索是皮质的，可调节长短。

拉环和把手 重组训练器提供多种可用的抓握类型——把手、拉环、皮拉环（外层为羊皮），对无法抓握的患者甚至提供了环绕下背部的皮带。

滑轮升降管 滑轮升降管通常保持在中心位置，但其高度可调节，以便调整绳索方向配合特定练习。BASI 普拉提改进了滑轮系统，允许对滑轮的控制角度进行微调，用来单独锻炼目标肌群。

盒子 当盒子的长边与重组训练器的长轴平行放置时，其被称为长盒子；当盒子的长边与重组训练器的长轴垂直放置时，其被称为短盒子。盒子一般放在肩枕的前方。

底板 底板是重组训练器脚踏杆末端的小平板，其主要是用于站立练习。但出于增强练习技能和保障安全的目的，我建议使用一个大号站立板。

脚蹬带 脚蹬带是垂在弹簧固定器下的带子，可在某些练习中将其踩在脚下以稳定身体。

跳板 跳板是重组训练器脚踏杆末端或底板下附带的一块板，可拆卸，可用于帮助患者进行跳跃类练习（增强式训练），也可用于为患者（如有踝关节扭伤或多发性硬化症、帕金森综合征等神经性疾病患者）在脚踏杆的基础上提供更大的接触面积和稳定性。关于跳板的位置和用法，请参考本书第 6 章第 162 页至 164 页。

多功能器械训练台

多功能器械训练台是体积最大、价格最贵的普拉提器械，正因如此，其在普拉提基础康复中心并不常见。但是如果你有足够的资金，我极力推荐它。多功能器械训练台的高度和宽度设置合理，并且对年长或身体虚弱的及练习范围受限的客户来说也很安全。这种训练台还非常稳定，这对不适应重组训练器移动平台的客户来说是一个好处。它能够作为操作台用于进行提高关节和软组织活动性、本体感觉神经肌肉促进法（proprioceptive neuromuscular facilitation，PNF）或手动拉伸的练习。它还可用于进行各种各样的练习——从轻柔的、有弹簧协助的卷腹动作练习到复杂的高级动作练习均可。它的设计让身体能在多个运动平面上练习。和重组训练器及稳踏椅一样，在多功能器械训练台上也能进行俯卧、仰卧、侧卧、坐姿、跪姿和站姿练习。甚至站在多功能器械训练台旁的地板上，利用它的弹簧和推杆提供的阻力或支撑，也能完成很多极佳的功能性练习。多功能器械训练台上方的水平横柱甚至能让人倒立悬挂，需要时，滑动轨道还能提供牵引力（图4.7）。

多功能器械训练台的结构（图4.7）

框架或立柱　器械四周和上方有垂直立柱和水平横柱。一侧的垂直立柱带有推杆，另一侧垂直柱上有滑动横杆。悬挂脚蹬带和吊杠的滑动横杆在水平横柱上，借助水平横柱我们可以很好地进行悬挂类和牵引类练习。

滑动横杆（滑动轨道）　水平横柱上的滑动横杆可以左右滑动，垂直立柱上的滑动横杆可以上下滑动。两种滑动横杆上都有一些小孔，能悬挂弹簧，为使用者提供阻力或支撑。垂直立柱上的滑动横杆还能在某些练习和拉伸动作中协助使用者保持稳定和定位。

弹簧　弹簧能够在练习中为使用者提供阻力。大部分多功能器械训练台上都有多条弹簧和多个附件。多功能器械训练台上的弹簧有长（腿部弹簧）有短（手臂弹簧），它们能够提供不同大小的阻力。

手臂弹簧：极弱（黄色）、弱（蓝色）、中等（红色）和强（绿色）。

腿部弹簧：极弱（黄色）、中等或强（紫色）。

推杆（push-through bar，PTB）　PTB是一根很牢固且能上下推动的杆，能够承受人体重量，因为在一些练习中需要将全身重量放在PTB上。弹簧可悬挂在其上方（一般用于提供支撑）或者下方（用于提供阻力）。PTB可滑动，因此在训练台的内部和外部都能使用，可用于多种练习。

图 4.7 多功能器械训练台：a 框架或立柱；b 滑动横杆（滑动轨道）；c 弹簧；d 推杆；e 安全带；f 卷腹杆；g 吊杠或秋千；h 腿部弹簧

安全带 一些特定姿势和练习中必须使用安全带，安全带用来确保附着弹簧的推杆不会反弹击中客户或教练。它也可以用于将未使用的 PTB 固定在立柱外面。

卷腹杆（roll-up bar，RUB） RUB 是一根连着弹簧的木质杆，用钩子固定在滑动横杆或垂直立柱上的小孔中，用于提供阻力，有时也用于提供支撑。

吊杠或秋千 吊杠用于进行悬吊练习，如在推杆呼吸等练习中用于支撑腿部（第 167 页）。

注意 有些制造商会出售塔式重组训练器或组合式重组训练器 – 多功能器械训练台，用于节省空间和成本。这些可变形的组合式器械能同时提供重组训练器和多功能器械训练台的功能。患者在塔式重组训练器上可进行大多数而非全部的在多功能器械训练台可进行的练习，而在组合式训练台上则能够完成在带有吊杠的多功能器械训练台上可进行的全部练习。

稳踏椅

普拉提稳踏椅基本是个箱型椅，椅面一侧下方装有弹簧，受到压力会下降。最早的稳踏椅有一个大踏板，但后来逐渐改进为双踏板。我个人建议在康复时使用双踏板型稳踏椅，因为其踏板分成两个独立部分，在练习中既可单独使用，也可交替使用。稳踏梢练习适用于因伤病或手术原因身体两侧无力程度不一的患者，以及脊柱侧凸等结构失衡的患者。

患者在稳踏椅上可进行仰卧、俯卧、坐姿、跪姿和站姿等练习，也可在稳踏椅附近的前方、后方或侧方地板上进行练习。稳踏椅是普拉提基础康复中心的一种关键器械，因为它功能多样、重量轻、价格相对低廉、占据空间小、能用于进行多种负重的功能性练习。虽然稳踏椅本身适合用于多种核心和上肢练习，但我通常将其用于髋关节和膝关节有伤病或有平衡问题的患者的康复和预康复练习。它对需要以渐进式负重状态进行练习的患者来说是一种极佳的练习工具——从重组训练器上零重力仰卧姿势到无支撑的坐姿，最终进入稳踏椅上的站姿练习（图 4.8）。

稳踏椅的结构（图 4.8）

座椅　座椅的宽度和高度因制造商和型号的不同各有不同。较大的座椅通常更方便使用，也能提供更多的练习选择。

踏板或脚踏　原始的稳踏椅只有一个踏板，但现在大部分制造商都生产双踏板型稳踏椅，它能让肢体进行单独练习或交替练习。

弹簧　弹簧为练习者提供阻力。大部分稳踏椅都配有 4 根弹簧——2 根弹力弱 2 根弹力强——每只踏板均配有一弱一强 2 根弹簧。每个制造商生产的稳踏椅的阻

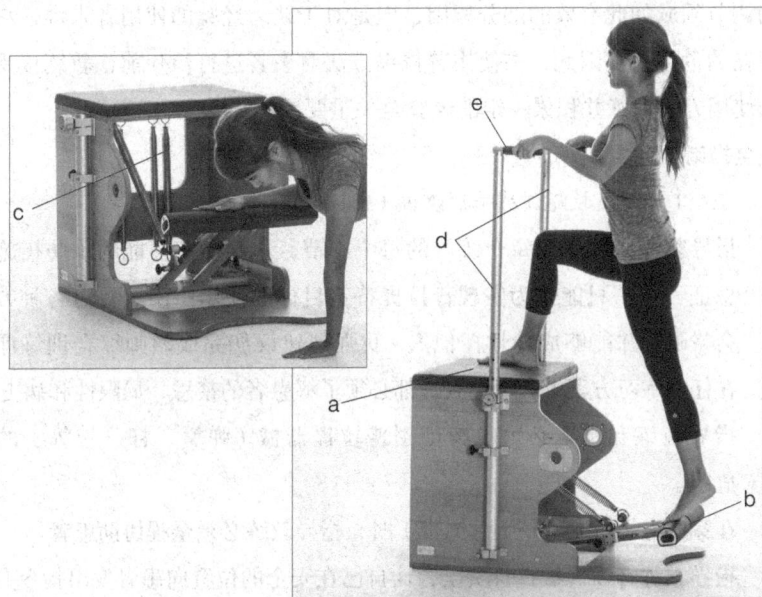

图 4.8　稳踏椅：a 座椅；b 踏板或脚踏；c 弹簧；d 立柱；e 把手

力调节系统都有较大差异，而且大部分稳踏椅都有些笨重，还难以标准化。BASI
普拉提的稳踏椅具有创新式的踏板设计，移动性提高，使弹簧张力调节和转换更加
方便。

稳踏椅弹簧设置如下。

最弱＝仅在一只踏板上的最低位置连接 1 根弱弹簧（通常为白色）。

最强＝两只踏板上的最高位置均连接 1 根强弹簧（通常为黑色）。

立柱或把手 某些练习中或患者需要使用可轻松移动的立柱，而有些情况下立
柱反而成为阻碍。立柱的高度可调节，有些型号的稳踏椅还可调节立柱的角度。

安全使用方法

由于普拉提练习使用的是特殊器械，除了遵守练习的通用规则以外，普拉提
教练和患者都需要特别注意安全事项。普拉提通常被认为是安全、易操作的，但
事实上，使用普拉提器械存在潜在的安全风险，如果不谨慎和正确地使用，练习
方法本身也存在安全风险。弹簧暴露在外、绳索和皮带随意悬挂，或没有将每种
器械上的诸多调节装置调节至正确位置，患者就有可能因此受伤。甚至如果指导
教练站在错误的位置进行监护，教练也可能受伤。普拉提器械无法完全支撑使用
者，使用者需要自己支撑自己。这自然会使练习更具功能性，也是普拉提在康复
和运动调节领域如此有效的部分原因，但是对于缺乏经验的使用者来说，它还是
具有潜在的危险性。因此，在使用普拉提方法对患者进行治疗前，教练接受适当
的器械使用方法训练并积累一定的经验至关重要。

安全指南

根据 BASI 普拉提教师训练手册改编（Isacowitz，2008）。

- 指导教练必须熟悉每个练习的每个细节，包括所有可能的预防措施和禁
  忌证。本书只能作为实现普拉提特定目标的使用指南。要对各种方法融
  会贯通，并能够成功教授他人，我强烈建议您完成教师综合训练课程。
- 在任何练习方案中，指导教练都必须了解患者的禁忌、局限性和病史。
- 指导教练和患者必须了解使用普拉提器械（弹簧、杆、带等）的固有
  危险。
- 在穿脱绳带（尤其是腿部绳带）时，指导教练必须全程协助患者。
- 指导教练必须保护自身安全，让自己在安全的位置向患者发出指令和提供

协助。所处位置还应当方便在需要时向患者提供支撑。要掌握这一点则需要大量的器械实践。

- 严禁调节拉伸状态下的弹簧。
- 在弹簧未被拉伸的状态下才能允许患者调整姿势。
- 应对器械进行常规维护，包括经常检查弹簧状态等。弹簧若有损坏迹象，应立即更换。

重组训练器的安全要点

- 无论是否有患者在重组训练器上练习，重组训练器都一定要安装弹簧。未安装弹簧的重组训练器意味着其滑板可自由滑动，若有人没有意识到这一点，并坐到了器械上会发生危险。
- 在滑板和脚踏板的距离最短时才可调整弹簧。
- 在所有的站立练习中都应使用大号站立板。
- 在所有会对颈椎施加压力的练习中，都应将头枕调整至最低位。
- 绳索移动应缓慢，并保持持续的张力。快速、突然的动作会造成绳索回弹，这会使一些练习无效，在另一些练习中还会导致灾难性的后果。

多功能器械训练台的安全要点

- 弹簧装在多功能器械训练台底部时，应始终给推杆系上安全带。这样能防止推杆被弹簧大力拉回，撞击患者或指导教练。
- 推杆装在多功能器械训练台顶部时应谨慎使用。如果装载有弹簧的推杆突然被松开，会向上弹起，击伤指导教练或患者。

　　至此，我们已经讨论了教练在指导客户开始执行普拉提训练方案前，需要了解的内容，也熟悉了普拉提中所用的各种器械，接下来就可以开始真正的普拉提身体练习了。请注意，仅普拉提的经典项目就有多达几百种练习，再加上几百种改编和创新项目，可选的普拉提练习数量上千。本书仅精选了简单易学、适用于初学者且对伤病康复有效的练习。

第 2 部分

普拉提练习

5

垫上练习

本章和第 6 章所介绍的每个练习，均是普拉提的身体练习，并对细节之处进行了说明，包括主要参与肌肉、运动目标、适应证、注意事项或禁忌证、动作指导、变式或进阶式，以及技术提示。动作指导根据专业人员指导客户的方式编写，练习者也可根据这些步骤自行练习。我建议没有普拉提练习经验的人在将其用于康复实践之前，先在具有资质的普拉提教练的指导下进行练习，分别体验练习者和指导教练的角色。这是安全高效地执行练习方案的一个必要过程。

垫上练习是普拉提练习中的基础练习，从其开始练习普拉提非常重要。在教授了第 4 章所讲的预备普拉提方法后，我通常会从骨盆卷起（第 57 页）等垫上练习开始教授，这通常也是我指导患者进行的第一个练习。这个看似简单的练习强调正确地激活核心、脊柱连接、骨盆区域的灵活性，以及呼吸模式与运动的协调。然而，做到这些其实非常困难，尤其是对于身体疼痛、缺乏本体感觉的人来说，他们若处在一个大型可移动的奇怪设备上，更是难以将意识集中于这些要点！让一个人在平地上，在感到放松且有支撑的情况下学习正确的练习方法要好得多。患者适应了这些垫上练习后，就能让他们在器械上进行相同的练习，并可适当增加练习的难度（如第 95 页在重组训练器上进行的提臀腿伸展，第 165 页在多功能器械训练台上使用 RUB 进行的骨盆卷起，以及第 196 页使用稳踏椅进行的骨盆卷起）。

但需要强调的是，垫上练习绝对不是普拉提练习中最简单的练习。事实上，它可以被视为最难的练习。很多情况下，器械能为使用者提供支撑或稳定力量，使练习更容易。但在垫上进行练习，使用者必须自己支撑自己，想要安全地完成练习，就需要更多的经验和力量。抛开练习难度，垫上练习通常都是普拉提的最佳初始练习。它经济实惠、操作方便，并能轻易地与不同环境"融合"。垫上练习可以多种方式进行：可以作为团体课进行连续的系列练习，以提升力量和耐力；可以作为普拉提器械课程或其他运动员活动的热身练习；可以作为 5 ～ 10 分钟的个人日常体能练习；可以作为伤病康复中的家庭练习项目；可以作为一般的身体知觉和神经肌肉再训练的练习。

骨盆卷起

主要参与肌肉

腹肌、腘绳肌、臀大肌。

运动目标

增强脊柱与骨盆区域的灵活性、脊柱的连接、腘绳肌的控制力、腰椎－骨盆的稳定性及核心肌肉的激活和协同收缩能力。

适应证

这一练习通常是我教给患者的第一个练习，因其相对简单并且强调核心的正确激活、脊柱的连接、骨盆区域的灵活性，以及呼吸方式与运动的协调。尽管正确完成这一练习具有挑战性，但即使是尝试保持脊柱处于中立位置和核心控制理念也对患者有益。这一练习非常适用于那些患有一般性僵硬或脊柱关节炎、核心无力或功能受抑制，以及背伸肌或髋屈肌紧张的人。

注意事项或禁忌证

严重的腰椎间盘病变和骨质疏松症。

动作指导

仰卧平躺，膝关节屈曲，双脚分开至与髋同宽，双臂放松置于身体两侧，掌心向下，保持骨盆处于中立位置（图 a）。吸气时准备，呼气时收缩核心，骨盆开始卷起，脊柱一节一节地抬离垫子。抬至最高处吸气并保持，骨盆此时应保持最大限度的后倾（图 b），练习者应能感觉到髋屈肌的拉伸。呼气，同时从胸椎开始一节一节地降低脊柱，直到尾椎骨触及垫子。

变式

1. 对于椎间盘病变患者，无须抬至腰椎深度屈曲，抬起时保持脊柱和骨盆处于中立位置即可。

2. 可在双腿间夹一个球，促进内收肌参与练习，并在骨盆抬起时将双臂伸过头顶，提升对头颈肩带的控制（图 c）。

进阶式

1. 双脚踩在泡沫轴上（图 d）。

2. 在重组训练器上的提臀练习（第 94 页）。

3. 在多功能器械训练台上使用 RUB 练习骨盆卷起（第 165 页）。

4. 稳踏椅上的骨盆卷起（第 196 页）。

技术提示

1. 保持颈部和肩部放松。

2. 脊柱抬离垫子时尽量将耻骨拉向下颌（骨盆后倾），使下背部尽可能屈曲。

3. 脊柱下降时应使其像魔术弹簧玩具下台阶一样可以被看到，有意识地一次下降一节椎骨。这有助于最大限度地提升关节和脊柱灵活性。

单腿抬起

主要参与肌肉

腹肌和髋屈肌。

运动目标

增强腰椎 – 骨盆稳定性、髋关节灵活性、腹肌与髋屈肌的控制力。

适应证

由于本练习在脊柱处于中立位置下完成，无须使躯干频繁屈曲和伸展形成不当状态，即可增强核心肌肉的力量。该练习非常适合骨盆稳定性或核心意识不佳的患者。在矢状面上抬起（开链）一条腿练习，另一条腿放在垫子上（闭链），这样可以开始挑战类似行走的功能性练习。

注意事项或禁忌证

髂腰肌滑囊炎、严重的髋屈肌紧张或髋屈肌损伤。

动作指导

膝关节屈曲，仰卧，双腿平行，双臂放松，置于身体两侧，手掌向下，保持骨盆处于中立位置（图a）。呼气时，一条腿抬至呈桌面姿势（髋关节和膝关节均屈曲90度）（图b）。吸气，将腿放回垫子，返回起始姿势。同一条腿重复5～10次或两腿交替进行此动作，以提升骨盆稳定性，增强其功能。

进阶式

1. 换腿：一条腿抬高时另一条腿降低。

2. 躺在半个或整个泡沫轴上完成练习（图c）。

技术提示

1. 练习期间全程保持骨盆处于中立位置，尤其在腿部降低时要避免脊柱过度前凸。

2. 颈部和肩部放松。

3. 膝关节全程保持屈曲90度。

4. 腿部抬高和降低时应想象是在上下浮动，而不是抬上抬下。

仰卧脊柱旋转式

主要参与肌肉

腹肌（主要是腹斜肌）。

运动目标

增强脊柱扭转能力，以腹斜肌为主的腹肌控制力，以及腰椎－骨盆的稳定性。

适应证

本练习适用于脊柱灵活性不佳的患者（如患有骨关节炎或全身僵硬的人）。本练习有助于患者提升腹部控制，尤其是对腹斜肌的控制，提升腰椎－骨盆在横截面上的稳定性。本练习在中立位进行，无须使躯干频繁屈曲和伸展形成不当姿态，即可加强核心肌肉的力量。

注意事项或禁忌证

只要运动过程中始终无痛感，则无禁忌。

动作指导

仰卧，双腿呈桌面姿势，踝关节与膝关节成一条水平线。双臂与躯干呈 T 字形，掌心向上，腰椎向下压垫子，保持轻微的骨盆后倾（图 a）。吸气，扭转脊柱，移动骨盆，将双腿朝一侧降低（图 b）。呼气，进一步收紧腹部，然后回到起始姿势。换另一侧练习。

变式

1. 下背部疼痛、髋屈肌紧张或腹肌控制不良的人，可将双脚踩在地面上进行练习，降低难度。

2. 用大健身球支撑腿部和足部进行练习（图 c）。

进阶式

参照图 a 中的姿势开始练习，但在扭转脊柱时伸展双腿（图 d），并以双腿伸直的姿势扭转脊柱回到起始位置。然后弯曲双膝回到桌面姿势，换另一侧练习。

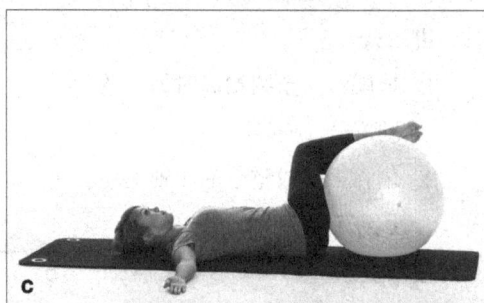

技术提示

1. 根据柔韧性和腹肌控制决定扭转次数。重要的是需保持下背部与垫子接触，以避免脊柱过度前凸。

2. 肩胛骨置于垫上，保持肩部放松。

3. 保持双膝并拢，两脚在一条直线上。

4. 注意力集中于下背部，TrA 发力，带动腹斜肌发力。

5. 骨盆、膝关节和足部应作为一个整体，共同运动。避免产生向前或向后的相对移动。

胸部抬起

主要参与肌肉

腹肌。

运动目标

增强腹部力量和腰椎 – 骨盆稳定性。

适应证

此项练习与仰卧卷腹或仰卧起坐相似，但实际上强调 TrA 的参与，在整个运动过程中保持核心肌肉的协同收缩，提升腰椎 – 骨盆稳定性。消除颈部区域的冲力、拉力或紧张感，以及髋屈肌的过度使用。

注意事项或禁忌证

椎间盘病变、骨质疏松症、严重的颈部疼痛。

动作指导

以骨盆中立位置仰卧（如能忍受并可做到），双膝弯曲，双腿平行，双脚分开至与髋同宽，双手手指交叉垫在头部下方的颈部位置（图 a）。吸气，收缩核心，然后呼气，将头部和胸部作为一个整体抬起。持续向上抬起上部脊柱，直至肩胛骨下角完全离开垫子（图 b）。吸气，保持躯干高度不变，进一步收紧腹部。

呼气，降低头部和胸部，回到起始姿势，同时保持腹部收紧，不要放松。

变式

1. 背伸肌紧张或腹肌无力的患者可以以骨盆略微后倾的姿势完成此练习。

2. 颈部疼痛或头颈肩带无力的患者进行此练习时，可使用毛巾支撑上背部和头部（图 c）。

3. 有屈曲障碍的患者（椎间盘病变、骨质疏松症）应在脊柱矫正器或理疗球上完成此练习（图 d）。

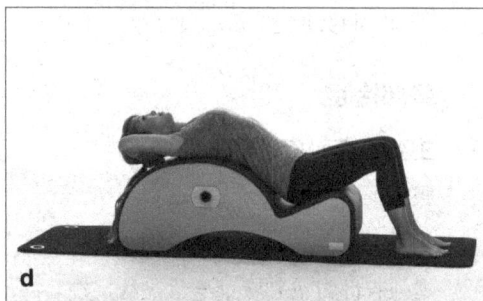

进阶式

胸部抬起旋转式（第 62 页）、重组训练器上的预备版百次拍击（第 102 页）。

技术提示

1. 患者应在练习全程保持中立位置，保持髋屈肌放松，避免骨盆后倾（变式 1 练习除外）。

2. 确保内收肌参与练习。如果难以做到，可在双膝之间夹一个小球或小木块。

3. 避免拉伸颈部或以下颌带动练习。如果难以避免，则按照第 4 章（第 42 页）描述的方法，使头颈肩带参与运动。

4. 保持头部与脊柱排列恰当，想象头顶（沿着脊柱）向上拉长。

5. 上抬时，眼睛看向双膝中间，不要向上看天花板。

胸部抬起旋转式

主要参与肌肉

腹肌（主要是腹斜肌）。

运动目标

增强腹部力量，尤其是腹斜肌力量，腰椎－骨盆稳定性，以及脊柱扭转能力。

适应证

该练习可带来胸部抬起的所有益处，还在腹斜肌两侧增加负重，利用腹肌进一步增大脊柱扭转的难度。此练习是一项极具功能性的运动，尤其是对运动员而言，因为它可以提升腰椎－骨盆稳定性和脊柱扭转度，这对进行日常活动和大部分运动来说都非常重要。

注意事项或禁忌证

椎间盘病变、骨质疏松症和严重的颈部疼痛。

动作指导

将胸部提升至高位时（图 a）呼气，同时以下背部为轴将上半身向一侧扭转（图 b）。吸气，使上半身回到起始姿势，然后再次呼气，以下背部为轴将上半身向另一侧扭转（图 c）。吸气，使上半身转回起始姿势。在整个练习过程中，保持躯干抬升的高度不变。

变式

1. 背伸肌紧张或腹肌无力的患者，练习时可以轻度后倾骨盆。
2. 如患者不可进行躯干屈曲，则可以在平衡球、理疗球、普拉提核心弧形器或脊柱矫正器（图 d）上进行练习，并在伸展和中立位置之间进行运动。

技术提示

1. 以下背部为轴扭转，避免侧弯。

2. 保持骨盆稳定。

3. 头部、手臂、肩带和上半身作为一个整体，共同移动。

4. 避免拉伸颈部或以下颌带动运动。若难以避免，则按照第 4 章（第 42 页）中的描述，努力使头颈肩带参与运动。

5. 保持两手肘之间的距离不变。

预备版百次拍击（第 1 ~ 3 级）

主要参与肌肉

腹肌（主要是 TrA）。

运动目标

增强腹部力量、躯干稳定性、腰椎 – 骨盆稳定性。

动作指导

对于很多患者来说，要进行经典普拉提中著名的百次拍击练习，甚至预备练习，都非常困难，有许多禁忌病症。而以下这些经过修改的练习，有助于患者在呼吸和手臂运动期间提升维持核心肌肉协同收缩的能力，并且无须进行躯干屈曲，也适用于腰椎间盘疾病和骨质疏松症患者。循序渐进地进行这些练习可以通过提升手臂和双腿在矢状面上的开链运动量（从而增加负重），由此逐步提高腹肌控制力和腰椎 – 骨盆稳定性。

注意事项或禁忌证

仅第 3 级：禁忌证包括严重的椎间盘病变，骶髂关节功能障碍或剧烈疼痛，以及严重的下背部疼痛。患者只有能够正确、无痛感地完成 3 个级别的预备版百次拍击练习后，才可进行简化版百次拍击练习。

动作指导

第 1 级（腰椎无负重）

仰卧，双膝弯曲，两脚分开至与髋部同宽并平行放置在垫子上，双臂伸直置于身体两侧，掌心向下不接触垫子，保持骨盆处于中立位置（如能做到且适合）（图 a）。收紧核心，小幅度上下摆动双臂拍击垫面，呼气时拍击 5 次，吸气时拍击 5 次。重复 10 个呼吸周期。

第 2 级（腰椎部分负重）

起始姿势与第 1 级相同。呼气，将一条腿抬至呈桌面姿势位置，吸气，保持该姿势（图 b）。每个呼吸周期上下摆动双臂拍击垫面 10 次，做法与第 1 级相同，然后换另一条腿进行。

第 3 级（腰椎与腹直肌负重增加，激活腹斜肌）

起始姿势与第 1 级相同。呼气，将一条腿抬至呈桌面姿势，吸气，保持该姿势。呼气，将另一条腿抬至呈桌面姿势，确保能够维持骨盆中立位置且腹部没有突起（图 c）。如果无法做到上述两条，则需返回第 2 级，直到能够正确做到上述两条。和第 1、2 级的做法一样，上下摆动双臂拍击垫面，完成 10 个呼吸周期（如果无法完成 10 个周期，可减少）。

变式

1. 第 1 级和第 3 级中：为了避免髋屈肌过度运动，可在双膝之间夹一个小球或魔术圈。

2. 第 2 级中：为了在进入第 3 级之前提高难度，可在踩地的那只脚下踩一个小球（图 d）。

3. 第 2 级和第 3 级中：为了降低核心区域的动作难度，可在（双）腿下方放一个理疗球以作支撑。

进阶式

简化版百次拍击（第66页）和百次拍击（第67页）。

技术提示

1. 深长地呼吸。

2. 拍击动作要流畅、幅度要小，不要紧张。想象自己漂浮在湖面上，用手拍打水面，让水面仅产生细小的涟漪。

3. 避免脊柱过度前凸、颈部紧张、腹部凸起和髋屈肌紧张。

简化版百次拍击

主要参与肌肉

腹肌。

运动目标

增强腹部力量、躯干稳定性、负重（开链）姿势下的腰椎－骨盆控制力。

适应证

此练习是普拉提最有名的经典练习之一。与胸部抬起相似，但是由于此练习中手臂举过头顶，增加了腹肌的负重，且没有颈部和头部的支撑，对头颈肩带的挑战增加。

注意事项或禁忌证

椎间盘病变、骨质疏松症、颈部疼痛或疾病、骶髂关节功能障碍或剧烈疼痛及下背部疼痛。

动作指导

仰卧，腿部保持桌面姿势，双臂伸直举过头顶（图a），吸气，收紧核心。呼气，将双臂向下移动至两侧，同时头部、胸部和上半身抬离垫子（图b）。吸气，回到起始姿势。

变式

1. 为避免髋屈肌过度运动，可在双膝之间夹一个小球或魔术圈。

2. 为减轻腰椎的负重，可将双腿放置于理疗球上（图c）。

进阶式

垫上的百次拍击（第67页）、重组训练器上的预备版百次拍击（第102页），以及重组训练器上的百次拍击（第103页）。

技术提示

1. 整个上半身和头部作为一个整体，共同运动。

2. 避免脊柱过度前凸，尽量保持骨盆处于中立位置或轻微后倾。

3. 颈部和肩部放松。

4. 双手尽力向前，肩胛下沉肌发力。

5. 腹肌不应膨胀或凸起。若发生其中任意一种情形，说明核心肌肉的力量和控制力不足，则无法进行练习，应退回到预备版百次拍击（第64页）。

百次拍击

主要参与肌肉

腹肌。

运动目标

增强腹部力量和腰椎－骨盆的稳定性。

适应证

此练习通过呼吸和手臂运动，使核心肌肉进行协同等长收缩，难度很大。此练习中双腿作为长杠杆在腰椎和髋屈肌上施加了大量压力，并对腹肌力量有极高要求。拍打动作会提升血液循环和协调性。然而，除了一些病理性禁忌证之外，这一练习仍然难度较大，因此很多具有下背部伤病和虚弱的人进行此练习会适得其反。因此，我建议具有下背部伤病的患者从预备版百次拍击的第 1 ～ 3 级开始练起。

注意事项或禁忌证

椎间盘病变、骨质疏松症、颈部疼痛或疾病、骶髂关节功能障碍或剧烈疼痛，以及下背部疼痛。

动作指导

与简化版百次拍击练习一样，起始姿势为仰卧，双腿呈桌面姿势，双臂伸直举过头顶（图 a）。呼气，抬起双臂、头部、胸部，同时伸直双腿，双臂降低至身体两侧并与垫子平行。吸气，确定核心，保持姿势（图 b）。呼气时，双臂小幅度上下拍击垫面 5 次，然后吸气时再拍击 5 次。

注意：双腿的位置和高度取决于腘绳肌的柔韧性、腹肌力量和控制力；双腿伸得越直，位置越低，难度越大。

变式

为降低难度和下背部紧张程度，可将双脚放在地面上，也可以保持桌面姿势（即简化版百次拍击练习，图 b，第 67 页）或用理疗球支撑（即简化版百次拍击练习的变式，图 c，第 67 页）。

进阶式

重组训练器上的百次拍击（第 103 页）。

技术提示

1. 深长地呼吸。

2. 拍击动作要流畅、幅度要小，不要紧张。想象自己漂浮在湖面上，用手拍打水面，让水面仅产生细小的涟漪。

3. 避免脊柱过度前凸、颈部紧张、腹肌突出和髋屈肌紧张。

简化版单腿伸展

主要参与肌肉

腹肌。

运动目标

增强腹部力量和腰椎 – 骨盆稳定性。

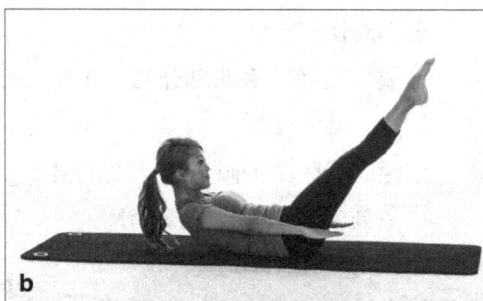

适应证

简化版单腿伸展练习是单腿伸展练习的先导练习。通过双腿交替在矢状面运动（该运动在功能上与步行类似），我们可以等长地提升腹部力量。在此版本中，足部与垫面或球面保持接触，以减轻脊柱负重和降低核心难度。此运动无须躯干屈曲，因此其适用于椎间盘病变患者和骨质疏松症患者。此练习对在有支撑的稳定位置下，腿部和骨盆的神经肌肉再训练分离运动也非常有益。

注意事项或禁忌证

骶髂关节功能障碍或剧烈疼痛，及下背部剧烈疼痛。

动作指导

双膝弯曲，仰卧，双脚分开至与髋同宽，踩在垫子上，双臂伸直放于身体两侧，掌心向下，保持骨盆处于中立位置（图 a）。收紧核心，吸气，一只脚向臀部反方向滑动，髋关节和膝关节伸展（为方便做此动作，可以选择光滑的平面并穿上袜子）（图 b），然后呼气，将腿拉回到起始姿势。重复 5 ~ 10 次，然后换另一条腿练习。

变式

为降低难度，可让运动侧的足跟放在中号理疗球上以获得支撑或减小运动幅度，仅在能够保持骨盆稳定性的范围内运动。

进阶式

脚下一直放置一个小球，重复此练习的主要步骤（图 c）。

技术提示

1. 腿部伸展时避免骨盆前倾，腿部弯曲时避免骨盆后倾。

2. 在对侧腿向内和向外移动时，应避免稳定侧的骨盆扭转。

3. 腿部伸展时，想象从足跟开始延伸。

4. 保持颈部和肩部放松。

单腿伸展

主要参与肌肉

腹肌。

运动目标

增强腹肌力量和腰椎－骨盆稳定性。

适应证

腿部进行运动时，等长地加强腹肌力量（躯干和骨盆保持绝对静止），练习难度较大。通过双腿交替进行的开链矢状面运动（该运动在功能上与步行类似），提升腰椎－骨盆的稳定性。此练习对腿部和骨盆的神经肌肉再训练分离运动有益。

注意事项或禁忌证

椎间盘病变、骨质疏松症、颈部疼痛或病变、骶髂关节严重功能紊乱或剧烈疼痛，以及下背部剧烈疼痛。

动作指导

仰卧，双膝像在桌面姿势中那样弯曲，头部和胸部抬起，双手分别置于双膝上并向下压（图 a）。呼气，一条腿伸展，两只手都放在另一条腿的弯曲的膝关节上并向下压（图 b）。然后吸气，换腿，双腿应尽可能地靠近中线（图 c）。每次重复，换手和弯曲膝关节一次为一个周期。

变式

要降低难度和下背部压力，可退至简化版单腿伸展（第 68 页）。

进阶式

重组训练器上的交叉单臂协调（第 105 页）。

技术提示

1. 躯干保持在同一高度和稳定位置。如有可能，整个练习过程中，肩胛骨应离开垫子。
2. 整个练习过程中双脚保持同一高度，屈膝侧的小腿应与垫子平行。
3. 屈膝侧的腿大概呈桌面姿势，但是不要离胸部过近。

预备版桥式

主要参与肌肉

腹肌、背伸肌、腘绳肌和臀大肌。

运动目标

提升腰椎 – 骨盆稳定性、髋伸肌力量、髋关节灵活性、背伸肌控制力及核心肌肉协同收缩能力。

适应证

此练习有益于在功能性运动模式下提升腰椎稳定性和臀大肌力量。在一条腿抬起时，保持骨盆高度不变和稳定具有较大的难度，同时也可暴露单侧的弱点。

注意事项或禁忌证

颈部椎间盘病变、背部剧烈疼痛及骶髂关节严重病变。

动作指导

以骨盆卷起的高位姿势开始（图b，第57页）。呼气，将一条腿抬起呈桌面姿势，仅移动髋关节，并使骨盆保持水平（图a）。吸气，降低抬起的腿，用脚尖触碰垫子（图b）。一条腿练习5～10次，然后换另一条腿练习。练习完成后将双脚踩在垫子上，脊柱一节一节地降低，落到垫子上，与骨盆卷起练习相同（第57页）。

变式

练习时不必单侧腿重复抬升5～10次，可以两侧腿交替抬升。如此交替运动可以使该练习更具功能性，并提升骨盆在横截面上保持稳定的难度。

进阶式

1. 将脚踩在泡沫轴或泡沫球上（图c）。

2. 桥式（第73页）。

3. 重组训练器上的提臀（第94页）及其变式。

技术提示

1. 运动时绷紧内收肌，避免双腿外展。如果难以做到，可在双膝之间夹一个木块或球。

2. 保持髋关节伸展，努力感受支撑腿的髋屈肌的拉伸。

3. 运动侧腿的膝关节保持屈曲90度。

4. 骨盆应保持稳定且水平，尽量减少单侧腿抬升时的重心转移。

5. 感受能量沿一条直线贯穿肩部、髋部和膝部。

桥式

主要参与肌肉

腹肌、背伸肌、腘绳肌和臀大肌。

运动目标

增强腰椎－骨盆稳定性、髋伸肌力量，提升髋关节灵活性、背伸肌控制力、核心肌肉协同收缩能力及腘绳肌柔韧性。

适应证

本练习的适应证与预备版桥式的适应证（第71页）相同，但本练习更具难度。本练习不是用弯曲的膝关节控制腿部抬升，而是用更长的杠杆（从关节轴到动作线的垂直距离）形成更长的扭矩来做动态摆动运动，从而提升了保持骨盆稳定的难度。

注意事项或禁忌证

颈部椎间盘病变、背部剧烈疼痛及骶髂关节严重病变。

动作指导

以预备版桥式的高位姿势开始（图a，第72页），然后将抬起的腿伸直指向天花板（图a）。呼气，将抬起的腿向垫子降低，并足部跖屈（图b）。吸气，将这条腿抬高，并足部背屈（图c）。重复5～10次，然后弯曲膝关节，回到起始姿势。换另一条腿重复以上动作。完成动作后，让脊柱逐节落回垫子，与骨盆卷起练习相同。

a

b

c

进阶式

与预备版桥式一样，将脚踩在泡沫轴或球上进行练习。

技术提示

1. 腿部下降时，保持骨盆轻微后倾，防止腰椎过度前凸。

2. 紧绷内收肌，避免双腿外展。

3. 腿部下降时，想象运动侧腿无限延长，感受髋屈肌的拉伸。

4. 腿部抬升时，足部背屈，感受腿部后侧的拉伸。

5. 腿部抬升和降低时，尽量减小骨盆倾斜度，从而保持骨盆稳定和水平。

平板支撑

主要参与肌肉

腹肌和肩胛稳定肌群。

运动目标

增强躯干稳定性、肩胛骨稳定性、上身力量及上身负重（闭链）姿势下腹肌和背伸肌的协同收缩能力。

适应证

本练习是在躯干无支撑的姿势下提升腰椎－骨盆稳定性，因此需要有技巧地激活腹肌以抵抗重力对腰椎的影响。但是，也需要核心肌群保持微妙的平衡，以防止腹肌过度用力，产生骨盆后倾和脊柱屈曲。此练习也会增强肩胛骨处的稳定力量，为之后难度更高的肩部负重功能器械练习做准备。这项练习也是我最喜欢的练习之一，虽然它非常具有挑战性，但练习时脊柱不会移动至禁忌姿势，所以只要患者有足够的核心力量并能以正确的方法练习，则它对几乎所有的腰椎病变都不会产生不好的影响。

注意事项或禁忌证

肩部、手肘或腕部伤病，上半身或核心严重无力。

动作指导

以手、膝触地姿势开始，双手位于肩部正下方，手指指向前方，保持脊柱处于中立位置，肩胛骨向后、向下舒展。

然后吸气，一条腿伸展至平板支撑姿势，尽量保持骨盆稳定（图a）。呼气，另一条腿也向后伸展至平板支撑姿势，手臂和腿部保持伸直（图b）。保持此姿势几秒，加强核心肌群之间的联系，然后将一侧膝部收回，轻轻触垫。将这条腿恢复平板支撑的姿势后，缓慢地换另一条腿练习。

变式

对于上半身有严重伤病或不能保持正确姿势的人，可将本练习调整至手肘式平板支撑（图c）。这样能带来完全相同的益处，不会对腕部和肩部施加压力。埃克斯特龙等人（Ekstrom et al., 2007）的肌动电流图研究显示，这项练习是一种在没有对下背部施加压力的同时，增强腹肌力量的极好方式（自主等长收缩最大值的 43% 作用于腹直肌，47% 作用于腹外斜肌）。

进阶式

1. 平板腿拉伸（第 76 页）。

2. 重组训练器上的长背拉伸式（第 143 页）。

技术提示

1. 身体从头到脚保持一条直线，避免下塌（骨盆前倾或腰椎过度前凸）和突起（骨盆后倾或腰椎过度屈曲）。

2. 双手紧紧压住地面，伸直肘关节，同时肩胛骨向后、向下伸展（肩胛骨内收并下沉），保持肩胛骨稳定。

平板腿拉伸

主要参与肌肉

腹肌、肩胛稳定肌群和髋伸肌。

运动目标

提升躯干稳定性、肩胛骨稳定性、上身力量、上身负重（闭链）姿势下核心肌群的协同收缩能力及髋伸肌力量。

适应证

本练习的适应证与平板支撑的适应证相同（第74页），本练习还适合臀肌无力或受抑制患者用来加强力量。本练习也有助于提升骨盆和髋关节灵活性。

注意事项或禁忌证

肩部、手肘或腕部伤病，上半身或核心严重无力。

动作指导

以平板支撑姿势开始，一条腿轻轻抬离垫子，足部跖屈。呼气，将腿继续向上抬起，伸展髋关节，同时保持骨盆处于中立位置（图a）。吸气，降低腿部，使其轻轻触垫（图b）。重复5～10次，然后换腿练习。

变式

对于上半身有严重伤病或无法保持正确姿势的人，本练习可调整为手肘撑地的平板腿拉伸姿势（起始姿势与手肘撑地的平板支撑一样，图c，第75页）。该变式能带来同样的益处，且不会对腕部或肩部施加压力。

进阶式

1. 肩肘推拉式及其进阶式（第 146 页）。

2. 肩肘平衡式（第 147 页）。

技术提示

1. 拉伸移动的腿并足部跖屈，使腿尽量伸直、伸长。

2. 使骨盆朝向垫子，不要让抬升的腿造成骨盆扭转。

3. 腿部抬升时，身体其他部位保持完全静止，即使这样会使髋关节伸展程度变得极小。本练习的一个重要部分是在腿部上下移动时保持骨盆的位置（中立位置至轻微后倾）。

4. 双手向下紧压垫子（手肘平板姿势时，使用手肘和前臂紧压垫子），同时将肩胛骨向后拉。这能确保运动到前锯肌和下斜方肌，保持肩胛骨内收、下沉。

侧支撑伸展

主要参与肌肉

腹斜肌、腰方肌、臀中肌和肩胛稳定肌群。

运动目标

提升腹斜肌力量、肩部力量、肩胛骨稳定性、躯干稳定性、臀中肌力量及侧屈灵活性。

适应证

本练习对提升躯干和肩胛骨稳定性非常有益。与平板支撑练习（第 74 页）类似，本练习由于在中立位置进行，所以适用于几乎所有的腰椎病变患者。然而，这仍是一项难度非常高的练习，因为练习者仅用双脚和一只手臂支撑全身重量。肩胛下沉肌需要抵抗重力的作用，保持肩胛骨处于中立位置。

注意事项或禁忌证

肩部、手肘或腕部伤病，上半身或核心严重无力，严重的腰椎间关节伤病。

动作指导

　　侧坐于垫子上，重心置于一侧髋关节。支撑侧手掌向下压垫子，手指指向远离身体的方向。弯曲双腿，上方的脚在前，下方的脚在后。上方手臂放松，置于身体一侧（图 a）。吸气，抬升骨盆使其离开垫子，双腿伸直，上方手臂举起，肩部外展与躯干呈 90 度（图 b）。呼气，骨盆继续抬升至侧向弯曲位置，上方手臂向头部移动并超过头部（图 c）。吸气，回到上一个姿势；然后呼气，回到起始姿势。重复 5 ～ 10 次，然后换另一侧练习。

变式

1. 对于上半身有严重伤病或无法保持正确的姿势的人，本练习可简化为手肘支撑侧弯练习（图 d）。简化版练习具有相同的益处，且对很多人来说都更加容易做到，因为简化版练习不会对腕部或肩部施加压力。手肘支撑侧弯练习（通常被物理治疗专业人员称为侧桥）一直被认为是提升躯干稳定性的最佳练习，因为在此练习中以下肌肉的肌动电流图显示出较高的活动性：臀中肌（自主等长收缩最大值的 74%）、腹外斜肌（69%）、腰部多裂肌（44%）、最长肌（40%）、腹直肌（34%）（Ekstrom、Donatelli & Carp，2007）。

2. 对于手肘支撑的两侧弯曲，为了让练习更加轻松，可弯曲膝关节并使其接触垫面（或支撑在垫面上）（图 e），或者弯曲上方腿的膝关节，使脚掌平踩在身体前方的垫子上（图 f）。

进阶式

对于手肘支撑的两侧弯曲，要提升难度的话，可将上方脚放在下方脚之上或将上方腿向天花板抬起，使身体呈星形（图 g）。

技术提示

1. 由腹斜肌发力，想象整个身体被向上拉，而不是腿部蹬推支撑全身。

2. 整个练习中都要使用腹肌，并保持核心肌群联系。

3. 两腿紧贴。

4. 使用臀中肌将骨盆下侧抬起。

5. 身体从头到脚趾保持一条直线，就像被夹在两块玻璃板之间。

6. 整个练习过程中，肩胛骨向下、向后拉伸，保持肩胛骨稳定。

简化版背部伸展

主要参与肌肉

背伸肌和腹肌。

运动目标

增强背伸肌力量，提升腹肌和肩胛骨控制力及核心肌群协同收缩能力。

适应证

本练习虽然很简单，但却能有效提升背伸肌的力量，并进一步增强（上部和下部）核心肌群的控制力。俯卧时，我们的背部不会像仰卧时那样有地面作为支撑，我们必须抵消重力的影响才能抬起身体。因此，就需要有技巧地激活上部和下部的核心肌肉和躯干表层的肌肉，并使其协同收缩。大部分人在伸展背部时会从腰椎处弯折，按照从上到下的顺序激活脊柱，可以避免下背部承受剪切力。

一旦根据第 4 章的头颈肩带动作指导（第 42 页），确信颈部病痛患者的头颈肩带功能发挥正常，且他们的肌肉已经准备好接受重力的挑战，我就会首先教给他们这个练习。我建议从这一练习的变式——预备练习开始（第 80 页）。

注意事项或禁忌证

脊椎前移、椎管狭窄（疼痛）和剧烈的颈部疼痛。

动作指导

俯卧，前额放在一个小靠垫（1 英寸，即 2.54 厘米）或卷起的毛巾上，使颈椎处于中立位置。双臂放在身体两侧并贴紧双腿，双腿伸直，足部跖屈向下牵引双腿（图 a）。根据第 4 章介绍的方法，确定上部（收下颌）和下部（TrA 和盆底肌）核心肌肉。吸气，同时由头部到上背部从上到下轻轻抬起，离开垫子。在最高位置保持几个呼吸周期（根据自身能力）（图 b）。呼气，由上背部到头部慢慢降低，回到起始姿势。注意强调腹肌的参与和对脊柱伸肌的离心控制。重复 5 ～ 10 次。

变式

预备练习：与简化版背部伸展动作指导相同（图 c），但无须抬起头部和躯干。

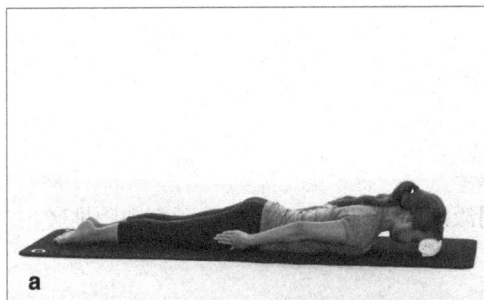

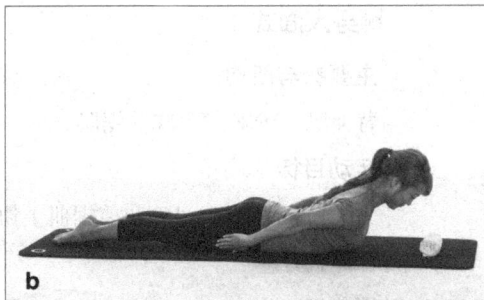

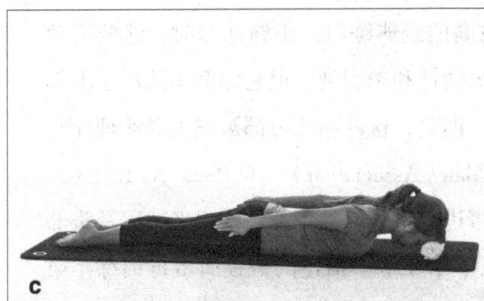

伸展双臂，并将双臂从垫子上稍稍抬起，将注意力集中于深层颈屈肌的神经肌肉再训练（第 42 页）和 LT 的分离运动。该变式适合颈部疼痛或颈源性头痛患者进行练习，因为此练习对颈部稳定性进行再训练和力量加强的同时不会让颈部紧张，而很多反重力的抬头动作经常会造成颈部紧张。

进阶式

以简化版背部伸展的初始姿势开始，将手臂向体侧伸出，身体呈 T 字形，同时抬起躯干，保持稳定。保持几个呼吸周期，然后双臂放回体侧紧贴大腿，回到起始姿势，重复 5 ~ 10 次（图 d）。

技术提示

1. 始终保持 DNF 激活，整个练习过程中使头部与脊柱排列恰当。

2. 延长颈部，想象用头顶去触碰头冠。

3. 双腿并拢，伸长。

4. 保持腹肌参与，骨盆可以略微后倾，以保护下背部。

5. 放松下肢，注意力集中于下背部以上的运动。

6. 双臂紧贴腿部两侧，向足部方向拉伸，确保肩胛稳定肌群的参与。

狮身人面式

主要参与肌肉

背伸肌、DNF、LT 和前锯肌。

运动目标

头颈肩带（DNF、LT 和前锯肌）协同激活的再训练，以及加强颈椎和胸椎区域的背伸肌力量。

适应证

天鹅式和预备版天鹅练习都是难度较高的经典练习，正确练习时，这两组动作都可有效提升背伸肌的力量、维持脊柱灵活性和美观度，但它们都不适用于大部分脊柱伤病的康复，因此，本书不做介绍。但是，这两项练习都被澳大利亚理疗和普拉提协会（Australian Physiotherapy and Pilates Association）（Withers & Bryant, 2011）采用，因为其有益于需要对头颈肩带进行再训练的颈部疼痛患者，以及头部前倾或圆肩患者。这两项练习进一步升级了第 4 章中描述的头颈肩带再训练（第42 页）。一旦患者学会了通过激活头颈肩来稳定颈部区域，即可进行全身（头或手臂）运动。本练习是经典的预备版天鹅练习的改进版，适用于需要进行头颈肩带肌群再训练的颈部疾病患者。本练习对改进姿势非常有益。

注意事项或禁忌证

脊椎前移和剧烈的颈部疼痛。

动作指导

俯卧，手肘和前臂支撑，手肘置于肩部略前方，掌心向下。眼睛向下看着垫子，让颈部轻微屈曲（图 a）。吸气，通过收下颌的动作激活 DNF。呼气，向两侧伸展锁骨（斜方肌和 LT 将肩部向下、向后牵引），该过程中可以看到锁骨向两侧移动，与上背部拱起和肩部前倾时相反。吸气，将胸骨抬离垫子以激活前锯肌，但不移动（拉伸）其他部位。在保持这一姿势，激活 DNF、LT 和前锯肌的同时，吸气，脊柱逐节依次缓慢下降，从头顶发力，眼睛向前看（此时颈椎下部轻微伸展）（图 b）。呼气，回到起始姿势。放松所有部位，然后按照顺序重复动作 3 ～ 5 次。

变式

在理疗球上以手膝跪位姿势完成该练习。手掌和膝部必须紧贴垫子（图 c）。该变式有益于脊椎前移、脊柱过度前凸或俯卧疼痛的患者。在该变式下激活前锯肌的动作非常简单：抬起胸骨离开球。

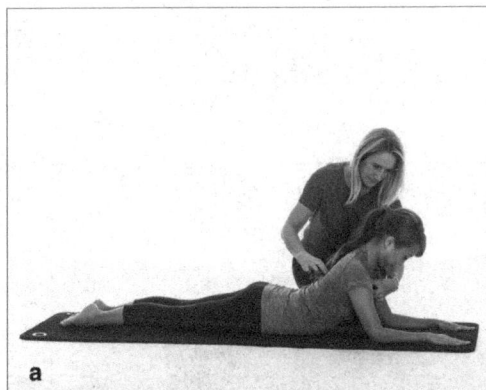

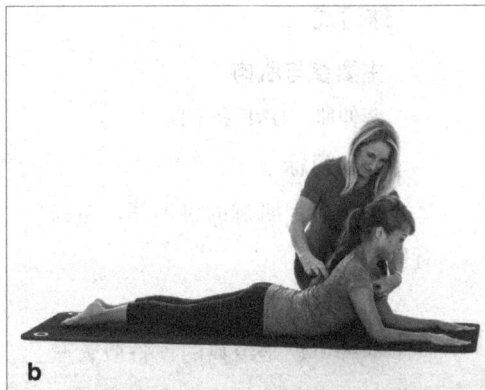

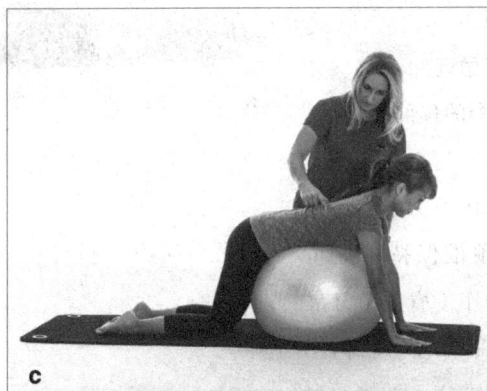

技术提示

1. 教练使用触觉提示指导患者激活 LT（一只手的拇指和食指置于患者肩胛骨下角）和前锯肌（另一只手的拇指和食指置于患者胸骨处），这有助于患者完成本练习。参考第 4 章的动作指导（第 42 页）确定头颈肩带（DNF、LT 和前锯肌）。

2. 练习中全程收下颌，避免下颌前突。

3. 不要只想着抬头，应当从尾骨到颈部进行拉伸，想象用头顶去触碰头冠。

4. 整个练习过程中保持下部核心的参与。

5. 表层颈部肌肉（SCM、斜角肌和上斜方肌）保持放松。

球门式

主要参与肌肉

背伸肌、DNF 和 LT。

运动目标

头颈肩带肌群的再训练,增强背伸肌力量。

适应证

本练习也是经典的预备版天鹅练习的改进版,与狮身人面式的适应证相同(第 82 页)。

注意事项或禁忌证

脊椎前移或剧烈的颈部疼痛。

动作指导

俯卧,前额放在一个小靠垫或卷起的毛巾上,颈椎保持中立位置。手臂做门柱动作(肩关节外展 90 度,肘关节屈曲 90 度),拇指朝向天花板,双腿并拢、伸直,足部跖屈(图 a)。吸气,收下颌。呼气,锁骨向外伸展,肩胛骨向下、向后牵引。吸气,上身的前半部分抬离地面,保持 DNF 和 LT 呈激活状态(图 b)。保持两个呼吸周期,然后回到起始姿势。

变式

颈部剧烈疼痛或颈源性剧烈头痛的患者,可省略上身抬离垫子的动作,即放松头部和颈部,但仍需激活 DNF 和 LT,以及保持下半部核心肌群联系,并将手臂抬起,使练习发挥出再训练的价值。

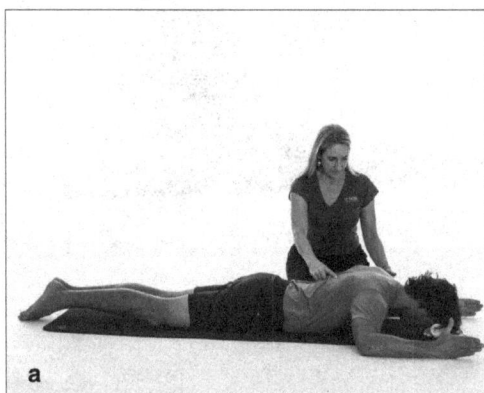

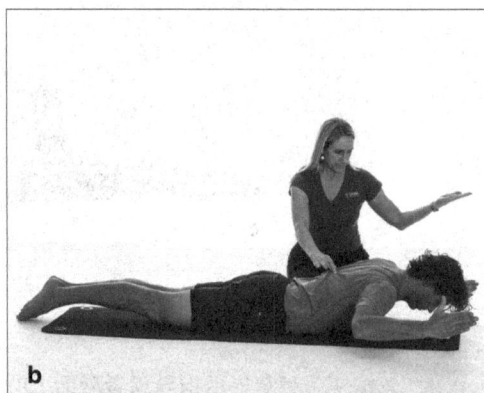

进阶式

1. 游泳式（第 85 页）。

2. 稳踏椅上的简易版天鹅（第 198 页）。

技术提示

1. 触觉提示有助于完成本练习。教练根据第 4 章（第 42 页）的动作指导患者确定头颈肩带（DNF 和 LT）。

2. 练习中全程收下颌，避免下颌前突。

3. 不要只想着抬头，而应当从尾骨到颈部进行拉伸，想象用头顶去触碰头冠。

4. 整个练习过程中保持下部核心的参与。

5. 表层颈部肌肉（SCM、斜角肌和上斜方肌）保持放松。

游泳式

主要参与肌肉

背伸肌和髋伸肌。

运动目标

增强背伸肌力量、髋伸肌力量、躯干稳定性及交叉效模式的协调性。

适应证

本练习是另一个加强（上背部和下背部）背伸肌力量和核心肌肉（上半部和下半部核心）反重力控制力的有效练习。此练习的一项额外益处是能够提升交叉模式协调性，从而使其成为如行走和跑步等功能性的再训练练习。单腿和对侧手臂同时抬升，躯干扭转，多裂肌激活，对脊柱稳定性都非常重要。

注意事项或禁忌证

脊椎前移、椎管狭窄、剧烈的颈部或下背部疼痛或肩部撞击综合征。

动作指导

俯卧，双臂伸过头顶，掌心向下，双腿并拢，足部跖屈。上部和下部核心同时发力，胸部、双臂、双腿离开垫子，同时头部与脊柱排列恰当（图 a）。吸气，右臂和左腿同时抬升（图 b），然后快速转换为抬升左臂和右腿。继续吸气，进行 5 次转换，然后进行同样的动作，呼气，再继续 5 次转换。继续这一练习，坚持 10 个呼吸周期。

变式

1. 若想降低练习难度，未抬起的手臂和腿可以放在垫子上。

2. 椎管狭窄、脊柱过度前凸或俯卧姿势疼痛的患者，可在腹部放一个枕头或靠垫，让腰椎更接近中立位置或呈屈曲姿势。

3. 脊椎前移患者，可在手膝跪位下进行此练习，以腹肌保持骨盆轻微后倾。腿部抬升高度不应超过身体高度，避免下背部伸展（图 c）。

技术提示

1. 肩胛骨向下、向后运动，避免肩部抬升。

2. 整个练习过程中保持躯干和骨盆稳定。

3. 无须大幅度动作，而应想着将四肢伸长伸直。保持手臂和腿部的小幅度动作，就像游泳中的自由打水动作。

4. 在整个练习过程中，通过保持上半部和下半部核心参与，来避免下颌前突和骨盆前倾。

6

重组训练器练习

在所有普拉提器械中，重组训练器能够提供的练习种类最多，且能用以练习关节运动范围内的各种动作，并且能够根据患者的体型和局限性进行调整。重组训练器上的练习难度为从基础到最高级，并包括仰卧、俯卧、坐姿、跪姿以及站姿。我们其至能够在重组训练器上进行心血管练习和使用附加跳板进行增强式练习。从康复角度来看，我比较喜欢使用重组训练器，尤其是在康复前或预康复的初始阶段，因为重组训练器可以为患者和教练提供非常好的观察身体排列和肌肉运动模式的视角。它还能允许患者以一种有助于抵消重力的方式进行练习，从而循序渐进地增加负重。

与第 5 章中的垫上练习类似，重组训练器上的所有练习都会有主要参与肌肉、运动目标、适应证、注意事项或禁忌证，以及动作指导，根据具体情况，有的练习有变式和进阶式，有的练习还有矫正实践的技术提示。此外，还给出了建议的弹簧阻力。正如第 4 章中介绍的，弹簧阻力与长度对应显示如下。

极弱 = 弹簧长度的 25% ～ 50%。

弱 =1 ～ 1.5 倍弹簧长度。

中 =2 ～ 3 倍弹簧长度。

强 =3.5 ～ 4 倍弹簧长度。

极强 =4.5 ～ 5 倍弹簧长度。

一些制造商会在每根弹簧上涂色以标明阻力强度。

黄色 = 弹簧长度的 25% 或强度极弱。

蓝色 = 弹簧长度的 50% 或强度弱。

红色 =1 倍弹簧长度或强度中等。

绿色 =1.5 倍弹簧长度或强度为强。

运动指导采用专业人士指导患者或客户的用语，练习者也可根据这些指导语自行练习。我建议没有普拉提练习经验的人在将其用于康复实践之前，先在具有资质的普拉提教练的指导下进行实践，分别体验练习者和指导教练的角色。这是安全高效地执行练习方案的一个必要过程。

足部练习

主要参与肌肉

腘绳肌、股四头肌和腓肠肌。

运动目标

增强髋伸肌力量、膝伸肌力量，热身，提升下肢负重（闭链）姿势下核心肌肉的协同收缩能力，增强腰椎－骨盆稳定性、髋内收肌力量和控制，提升髋关节ROM（开放 V 字式）、足部和脚踝力量及控制（足尖平行式、足尖 V 字式、足尖开放 V 字式、小腿抬升式和腾空式），拉伸足底屈肌（腾空式和抓握式）以及足部内侧（抓握式）。

适应证

足部练习可运动大量的肌群，因此是非常好的热身练习，几乎所有人都能做到，而且它是一种适应器械很好的方式。足部练习中，随着腿部的伸直和弯曲，我们能够很好地教会患者专注于离心收缩和向心收缩。我们可以使用恰当的动作指导强调离心阶段，离心阶段对功能性运动非常重要，但在力量训练中经常被忽视。这一练习能够加强身体自然直立时的排列，但在零重力姿势下，对因伤病或平衡问题而难以站立或负重的患者而言，其具有非常大的价值。我们仍然可以采用直立的姿势进行练习，同时让身体排列恰当且不给关节施加压力，并且无须担心平衡问题。除此之外，足部练习为教练和练习者提供了大量涉及力量、柔韧性、稳定性、排列和运动模式的信息。足部姿势的简单变化，巧妙地改变了锻炼下肢肌肉组织的方式，但核心区域仍保持不变。

注意事项或禁忌证

1. 对于下肢手术后，膝关节或髋关节活动范围受限的患者，可调整脚踏杆和挡栓的位置。

2. 对于某些神经疾病患者和严重的足部或踝关节伤病患者，可能需要用附加跳板代替脚踏板，以更好地为其提供稳定力量。

3. 对于肩部或颈部受压敏感（肩部撞击综合征、胸廓出口综合征或剧烈的颈部疼痛）的患者，肩枕的压力可能会加强其颈部和肩部的紧张感。可使用靠垫或减小弹簧阻力。

阻力

从中到强，再到极强（取决于运动目标）。如要增强核心稳定性，则可使用阻力较弱的弹簧。要加强腿部肌肉力量或当运动目标为提升负重时，可使用较强的阻力。

动作指导

以骨盆中立位置仰卧在重组训练器上，头部舒适地枕在头枕上，双脚足跟放在脚踏杆上（有多种姿势，见后文介绍）。双臂放松置于身体两侧，掌心向下，双肩轻轻接触肩枕，收紧核心（图a）。呼气，双腿向下压，完全伸展，同时身体其他部位保持稳定（图b）。吸气，弯曲膝关节和髋关节，使滑板回到挡栓处。

在 BASI 普拉提中，练习者会以特定的顺序在每一个器械上进行足部练习，后文会列出完整的顺序。虽然每一种足部姿势都很有价值，但我通常只选择最能满足练习者特定需求的练习。

足跟平行式

双脚足跟放于脚踏杆上，分开双脚，约与髋部同宽，双腿平行（图c）。这一姿势不涉及足部的复杂排列，使运动主要发生在踝关节、膝关节和髋关节处，从而让我们能集中精力于排列恰当和使用双腿。另外，在伸展髋部时，足跟负重使腘绳肌更容易受力。

本姿势技术提示：保持双脚小幅背屈和静止，就像站在地板上一样。

足尖平行式

双脚分开，大约与髋部同宽，足尖放在脚踏杆上，双腿平行（图d）。足尖姿势比足跟姿势更具难度，因为它涉及的关节更多，并且由于降低了足部的高度而增加了阻力。

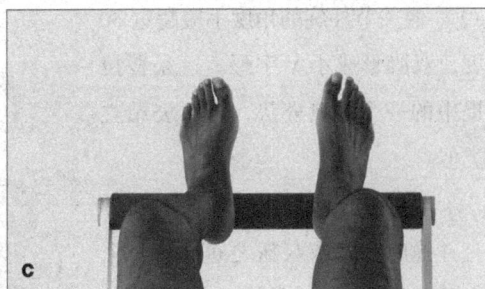

本姿势技术提示　该姿势会产生最大限度的足部跖屈，可能会让足部发生移动，使得踝关节不再作为转动轴。足部应保持发力，以踝关节为轴，在整个运动过程中，保持跖屈的角度不变（膝关节完全伸展时能达到的最大值）。对此的触觉提示为：将一只手放在练习者足跟底部表面，并以语言提示整个运动过程中应保持同样大小的压力。

足尖 V 字式

与足尖平行姿势相同，仅将足跟并拢，脚尖之间的宽度不变（图e）。髋关节外旋的角度不应超过30度，双脚形成小 V 字形。这是普拉提中的一个经典姿势，与军姿站立类似。

本姿势技术提示　想象双腿伸直并拢时，好像双腿之间夹着一个大球。并拢双腿时保持足跟并拢。

足跟开放 V 字式

将双脚足跟放在脚踏杆两端，形成一个较宽的 V 字形，髋关节外旋，膝关节与第 2 和第 3 脚趾对齐（图 f）。这不是普拉提的经典姿势，但是由于髋关节外展和外旋超出很多人的舒适区，所以这种练习非常有价值。要维持髋关节的最佳功能性，有必要保持这种 ROM。这种髋关节外旋幅度较大的姿势尤其有益于需要提升功能性力量的舞者和运动员。

本姿势技术提示　想象双腿伸直的同时并拢双腿，注意髋关节内收肌发力。当双膝弯曲时，想象能量沿着恒定的对角线贯穿至身体两侧。保持双脚小幅背屈和静止，如同站在地板上一样。

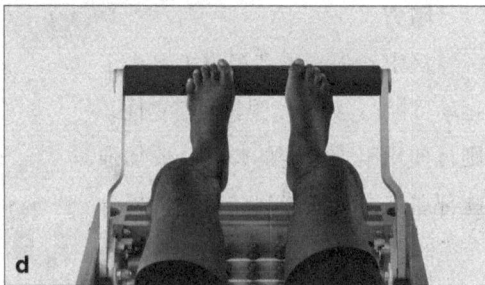

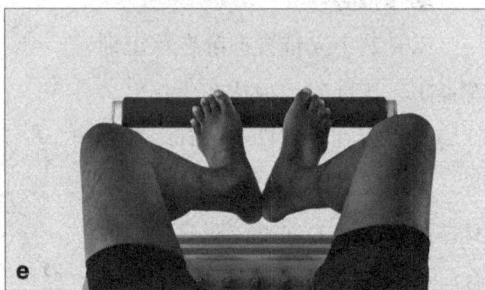

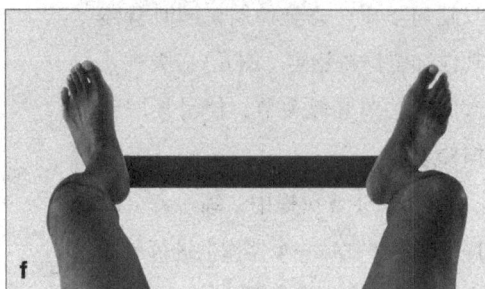

足尖开放 V 字式

双脚足尖放置于脚踏杆两端，形成一个较宽的 V 字形，髋关节外旋，膝关节与第 2 和第 3 脚趾对齐（图 g）。这是足部练习中最复杂的姿势，因为它对髋关节、膝关节、踝关节和足部控制的要求都很高。此姿势会最大程度地拉伸髋关节，并为腘绳肌和股四头肌提供独特的拉伸角度。

本姿势技术提示　和足尖平行式一样，本姿势有增大跖屈的趋势。整个练习过程中，足部都应持续发力，以踝关节为转动轴，并保持跖屈角度不变（膝关节完全伸展时可达到的最大值）。本姿势的触觉提示同足尖平行式的一样。

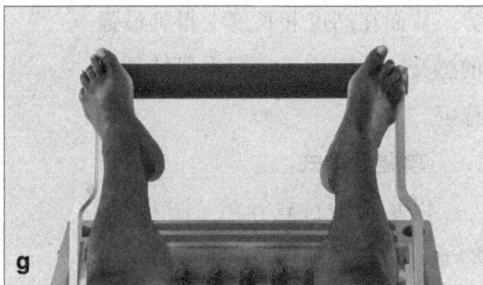

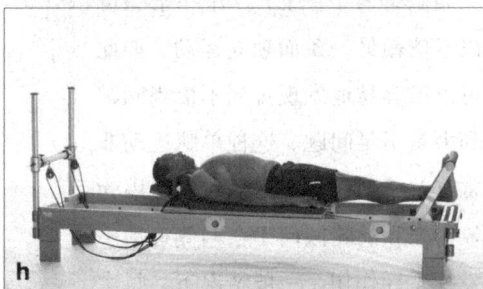

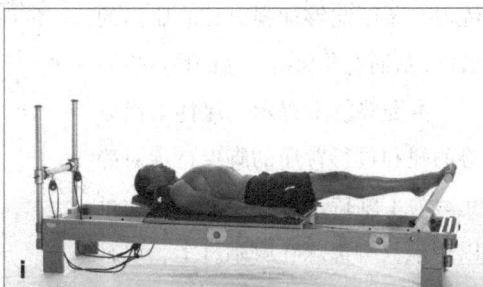

小腿抬升式

初始时脚尖置于脚踏板，双脚分开，与髋部同宽，双腿平行且伸直。双脚应与距下关节中立位置对齐，避免过度外翻或内翻。吸气，足跟慢慢降低至脚踏杆下方，在最低处背屈发力（图 h）。呼气，将脚踏杆向远离身体的方向推，同时双脚抬起至最大跖屈（图 i）。本姿势对于提升功能性、ROM、增强足部力量都是非常好的，同时让练习者对足部排列有所意识并专注于对其的矫正。

本姿势技术提示　让踝关节在全 ROM 内活动。上升阶段，尽量将足跟提升至最高，然后缓慢放下足跟，不要让足跟直接落下（离心收缩达到最大）。

腾空式

起始姿势与小腿抬升式的一样。一只脚背屈的同时另一只脚跖屈，双脚交替进行背屈和跖屈。本姿势除了可带来与小腿抬升式同样的益处之外，还可对小腿进行拉伸。教练手动协助练习者加强足跟拉伸即可（图 j）。

本姿势技术提示　在两侧切换时，确保每一次动作都达到最大限度的跖屈姿势，从而在高度和长度上得到最强的感受。整个练习过程中保持骨盆稳定。

单腿足跟式

以足跟平行式开始（图 c，第 89 页），一条腿保持桌面姿势，另一条腿伸直（图 k），让一条腿可以不依赖另一条而独立运动。如此可以很容易地发现排列不恰当问题和力量不足问题。这种单腿运动非常有益于伤病和手术后恢复，因为较为强壮的腿倾向于在两侧运动中发挥主导作用。一般情况下，每次练习一条腿能够加强对核心肌肉的锻炼，从而有效保持骨盆的稳定性。

本姿势技术提示 保持桌面姿势的腿和进行背屈的脚保持绝对静止。为了维持这种稳定和平衡，可以想象双脚都踩在脚踏杆上，双脚匀速前推，就像在做对称的动作。

单腿足尖式

以足尖平行式开始（图 d，第 90 页），但将一条腿抬至呈桌面姿势（图 l）。这一练习是足部负重练习中难度最大的。

本姿势技术提示 让保持桌面姿势的腿和运动腿的足跟保持绝对静止。教练将一只手放在练习者的足跟处，让其保持恒定的压力（和足尖平行式相同），这种触觉提示指导非常有效。为了保持稳定和平衡，练习者应当想象两只脚都踩在脚踏杆上，匀速前推滑板，就像在做对称的动作。

抓握式

双脚脚掌踩在脚踏杆上，双脚分开，与髋部同宽，双腿保持平行。前脚掌和脚趾环绕在脚踏杆上，足跟下压。

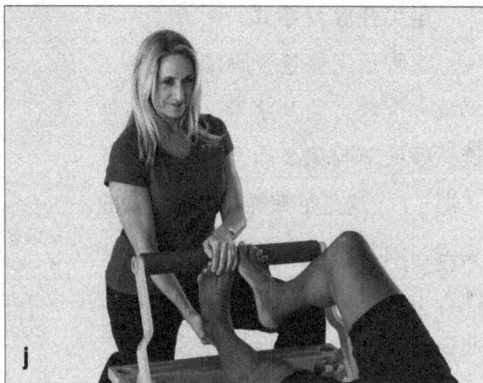

呼气，伸直双腿，将足跟向脚踏杆下方推动（图 m）。吸气，继续前推足跟，同时膝关节屈曲，让滑板回到挡栓位置。对足部内旋过度的练习者来说，此练习可以很好地拉伸足部内侧肌肉，以及重新激活足弓支撑肌肉。

本姿势技术提示　脚趾向外展开，不要蜷在一起。想象小鸟用爪子抓树枝。整个练习过程中，足跟在脚踏杆下方尽量拉伸，最大限度地拉伸腘绳肌。

变式

圆肩（含胸）和肩部紧张的患者可以将一根木杆横放在髋关节之下，然后双手手掌朝上握住木杆。这样可以促进肩部外旋，并有助于 LT 和背阔肌的锻炼（图 n）。

进阶式

1. 要增加核心稳定性的锻炼难度，可以使用半个泡沫轴（图 o）或整个泡沫轴进行以上一系列的练习。

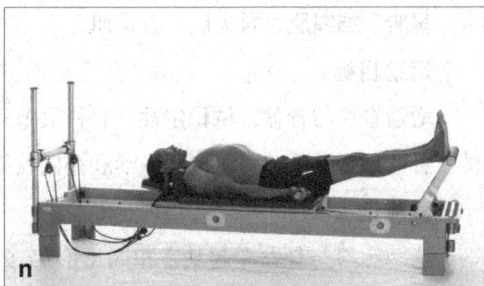

2. 要增强股四头肌的力量，可以在以下任意姿势中增加抖动动作：足跟平行式、足尖平行式、足尖 V 字式、足跟开放 V 字式、足尖开放 V 字式、单腿足跟式、单腿足尖式。重复 10 次动作后，保持中立位置，小幅度地快速抖动 10 次。最后一次抖动完成后，全力下压并弯曲膝关节，然后让滑板回到挡栓位置。

技术提示

1. 由坐骨处开始练习，可以强调腘绳肌，以避免股四头肌的用力过度。

2. 想象有一条弹力带将足跟和坐骨连接在一起。腿部伸直时，弹力带拉伸，在足跟和坐骨之间产生强烈的拉力。腿部弯曲时，产生抵抗运动，好像要把腿拉直。这种内部阻力能够增加肌肉的运动，使离心收缩最大化。

3. 完全伸直双腿，注意力集中于股四头肌和腘绳肌之间的协同收缩。

4. 整个系列运动中，保持骨盆处于中立位置（有特殊疾病时，保持适当的骨盆位置）。

5. 使用踝关节作为运动的轴心。

提臀

主要参与肌肉

腹肌、腘绳肌、臀大肌、背伸肌。

运动目标

增强脊柱与骨盆区域稳定性、脊柱关节运动、腘绳肌控制力、髋伸肌力量、腰椎－骨盆稳定性、核心肌肉再激活和协同收缩能力。

适应证

这一练习与骨盆卷起基本相同（第 57 页），但是在重组训练器上进行的此练习难度更大，因为滑板的移动为运动增添了更多的不稳定因素。要在不移动滑板的前提下保持腰椎－骨盆稳定和髋伸肌控制从而抬升臀部，需要耗费大量精力。双脚脚掌踩在脚踏杆上也为足部和脚踝的控制带来很大挑战，因此此练习非常有益于踝关节扭伤后提升脚踝的稳定性。脚踏杆的高度使臀部伸展的 ROM 大于骨盆卷起练习的 ROM。

注意事项或禁忌证

禁忌证包括严重的腰椎间盘病变或骨质疏松（深度腰椎屈曲产生的）、颈椎间盘病变、（本练习中颈部屈曲和压力导致的）颈源性头痛或剧烈的颈部疼痛。肩部撞击综合征和胸廓出口综合征患者应谨慎使用，在练习时可额外垫一个肩枕。

阻力

中。

动作指导

仰卧在滑板上，头放在肩枕上，膝关节屈曲，双脚脚掌踩在脚踏杆上，双腿平行，分开至与髋部同宽（图 a）。呼气，收紧腹肌，将脊柱逐节上抬（图 b）。吸气，在顶部保持几秒，然后呼气，将脊柱逐节放回滑板上。尽量不要移动滑板。

变式

1. 腰椎间盘病变或骨质疏松患者，可省略深度腰椎屈曲动作，抬升时保持脊柱和骨盆处于中立位置即可。

2. 要简化该练习，可将足跟踩在脚踏杆上或使用强度更大的阻力（阻力越大提供的支撑力越大，滑板越稳定）。

3. 双膝之间放置一个球或方块更能锻炼内收肌。

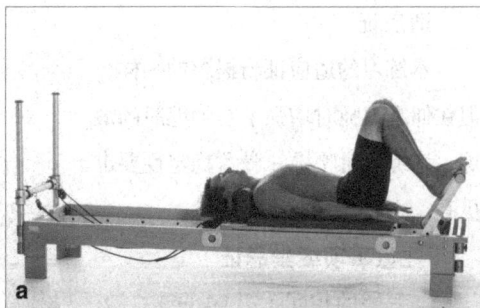

进阶式

1. 提臀腿伸展（第95页）。

2. 可以将一只脚的脚尖踩在脚踏杆上，另一条腿保持桌面姿势，进行单侧练习（图 c，第96页）。

技术提示

1. 整个练习过程中双脚平直，保持足跟静止。

2. 保持双腿平行，内收肌发力；可在双膝之间放置一个小球辅助。

3. 应尽量减小滑板移动距离，使其靠近挡栓；将动作想象为抬起，而不是下压。

4. 脊柱离开垫子时，将耻骨尽量拉向头顶方向（骨盆后倾），使腰椎屈曲幅度达到最大。尾椎骨抬起后，继续将脊柱逐节从滑板上"剥离"，就像剥香蕉皮一样。

5. 像弹簧玩具一样慢慢降低脊柱，有意识地一次一节地将脊柱放下。这有助于关节和脊柱稳定性达到最大化。

提臀腿伸展

主要参与肌肉

腹肌、腘绳肌、臀大肌、背伸肌。

运动目标

增强脊柱和骨盆区域的灵活性、脊柱关节运动、腘绳肌力量和控制力、髋伸肌力量、腰椎－骨盆稳定性、核心肌群的再激活和协同收缩能力。

适应证

本练习的适应证与提臀的一样，但在伸展双腿时增强了对腘绳肌的锻炼，该练习对腰椎 – 骨盆稳定性要求更高。

注意事项或禁忌证

与提臀的相同（第 94 页）。

阻力

中。

动作指导

和提臀的起始姿势相同，逐节抬升脊柱（图 b，第 95 页）。在顶部短暂停留后，呼气，双腿下压伸展（图 a），然后吸气，弯曲双膝，将滑板拉回挡栓处，臀部保持抬起，保持水平（图 b）。重复 5 ~ 10 次，然后呼气，脊柱逐节回落，回到起始姿势。

变式

1. 腰椎间盘病变和骨质疏松症患者，抬升时可省去深度腰椎屈曲，并保持脊柱和骨盆处于中立位置即可。

2. 为了降低难度，可将足跟踩在脚踏杆上或使用更高强度的阻力以增加滑板稳定性。

3. 在双膝之间夹一个球或方块，可促进内收肌发力。

进阶式

一条腿保持桌面姿势进行此练习（图 c）。

技术提示

1. 膝关节放松。不要完全伸展双腿，否则会给下背部带来压力。

2. 滑板回到挡栓处时，持续感受能量从肩部开始以对角线流至髋部，直至膝关节。

3. 滑板回到挡栓处时骨盆有向下坠落的趋势，因此整个运动过程中应保持髋关节伸展，骨盆抬升至相同高度。

4. 保持足跟静止，双腿平行，内收肌发力。

手臂仰卧系列

仰卧肩部屈伸

主要参与肌肉

背阔肌。

运动目标

增强肩伸肌力量，提升躯干和肩胛骨稳定性，以及肩肱节律。增强腹肌和髋屈肌的力量，并提升其耐力。

适应证

除了增强手臂力量和对其的调节作用外，手臂仰卧系列提高了核心稳定肌练习的难度，增强了肩部运动的肌肉力量，着重提升肩部稳定肌（尤其是 LT 和前锯肌）的节律协调性。该系列运动对患者极具价值，因为它将患者身体置于安全、舒适、无负重的姿势下，在保持躯干稳定的前提下，增强手臂和肩部的力量。此外，整个系列的运动都在肩部完全屈曲 90 度的情况下进行，这对有肩部撞击综合征等疼痛问题，不适合将手臂高举过肩部的患者来说非常好。它还能有效提升肩关节的有效 ROM。

注意事项或禁忌证

无。

阻力

弱至中。

动作指导

仰卧，保持骨盆处于中立位置，双腿保持桌面姿势，双臂向上与滑板垂直，双手抓住绳索或把手，掌心朝向双脚方向，保持肩部稳定（图 a）。呼气，核心开始收紧，同时双臂伸直向下移动到身体两侧（图 b）。吸气，回到起始姿势。

变式

1. 耐力或力量不足以保持桌面姿势的患者，可根据以下一种或多种方法进行简化。

　　A. 将双膝拉向胸前。

　　B. 两脚踝交叉，用对侧的腿支撑力量不足的腿。

　　C. 双膝之间放一个球，增加内收肌和盆底肌的发力，由此防止髋屈肌过度用力并减轻下背部的压力。

2. 肩关节 ROM 受限的患者，如粘连性肩关节囊炎患者，应在无痛范围内运动。

3. 如果运动目标是提升肩关节有效 ROM（如肩袖手术后患者），可将身体向脚踏杆移动，在双肩和肩枕之间留出适当空间（如果你的重组训练器可以的话，也可去掉肩枕），避免肩枕阻碍肩关节运动。

技术提示

1. 腹肌发力，将肩胛骨向后口袋方向拉伸，保持核心激活和肩胛骨稳定。

2. 整个练习过程中拉伸绳索的张力要一致。

3. 在离心和向心阶段均保持移动顺畅、均匀。

4. 保持双臂伸直，且不要在手肘处施加过多力量（不要锁定肘关节）。

5. 将双臂当作一对大大的鱼鳍，努力"推水"，让身体在"水中"移动。

6. 双臂保持在肩部高度或以下（除非运动目标是提升肩关节 ROM）。

仰卧手臂内收

主要参与肌肉

背阔肌。

运动目标

本练习的运动目标与仰卧肩部屈伸的运动目标（第97页）相同。

适应证

本练习的适应证与仰卧肩部屈伸的适应证（第97页）相同。

注意事项或禁忌证

无。

阻力

弱至中。

动作指导

仰卧，保持骨盆处于中立位置，双腿呈桌面姿势，手臂向两侧展开与躯干呈T字形（肩关节外展90度），双手抓住绳索或把手，保持肩部稳定，掌心朝前（图a）。呼气，将手臂收回身体两侧（图b）。吸气回到起始姿势。

变式

本练习的变式与仰卧肩部屈伸的变式（第98页）一致。

技术提示

本练习的技术提示与仰卧肩部屈伸的技术提示（第98页）一致。

仰卧手臂画圈

主要参与肌肉

背阔肌。

运动目标

本练习的运动目标与仰卧肩部屈伸的运动目标（第97页）一致，并能提升肩关节灵活性。

适应证

本练习适应证与仰卧肩部屈伸的适应证一致。本练习对肩关节ROM受限（关节炎、粘连性肩关节囊炎、肩袖修复手术后）的患者非常有益。

注意事项或禁忌证

无。

阻力

弱至中。

动作指导

本练习是手臂伸展和手臂内收的简单组合。仰卧，保持骨盆处于中立位置，双腿呈桌面姿势，双臂伸直放于体侧，双手抓绳索或把手，保持肩部稳定，掌心朝向滑板（图a）。吸气，将双臂抬起至肩部正上方（图b），然后双臂向外打开与躯干呈T字形（图c），呼气，将双臂拉至身体两侧，翻转掌心使其朝向滑板并回到起始姿势（此动作被称为朝上画圈）。将此动作重复5～10次，然后变换方向朝下画圈。

变式

本练习的变式与仰卧肩部屈伸的变式（第98页）相同。

技术提示

1. 仰卧肩部屈伸的技术提示（第98页）同样适用于本练习。

2. 努力保持动作流畅，明确动作幅度范围的极限点，就好像在天花板上连续画椭圆形图案一样。

3. 只要没有ROM限制，就把圈画得尽可能大，使肩关节活动范围达到最大。

仰卧肱三头肌练习

主要参与肌肉

肱三头肌。

运动目标

增强肘伸肌力量、躯干锻炼、肩胛骨稳定性。

适应证

本练习的适应证与仰卧肩部屈伸的适应证（第 97 页）相同。

注意事项或禁忌证

无。

阻力

弱至中。

动作指导

仰卧，保持骨盆处于中立位置，双腿呈桌面姿势，双臂伸直置于体侧，双手抓住绳索或把手，掌心朝向滑板（图 a）。吸气，弯曲肘关节（图 b），呼气，伸直肘关节。

变式

本练习的变式与仰卧肩部屈伸的变式（第 98 页）相同。

技术提示

1. 整个练习过程中将双臂向身体两侧下压，这有助于保持肩部稳定和排列恰当。

2. 保持后臂静止。

3. 下背部保持中立位置。

4. 双臂向滑板下压时，保持与地板平行，并与肩部在一条直线上。

5. 想象仅用前臂划水的感觉。

6. 躯干和腿部保持稳定。

预备版百次拍击

主要参与肌肉

腹肌。

运动目标

增强腹部力量、肩部伸肌力量和腰椎－骨盆稳定性。

适应证

本练习是普拉提的经典著名的练习——百次拍击的预备练习。本质上来讲，本练习是带有阻力的胸部抬起练习。

注意事项或禁忌证

椎间盘病变、骨质疏松症、颈部疼痛或病变、骶髂关节功能障碍或剧烈疼痛及下背部剧烈疼痛。

阻力

弱至中。

动作指导

仰卧在滑板上，双腿呈桌面姿势，双臂垂直于滑板，双手握住绳索或把手，保持轻微的紧张。理想状态下，脊柱应处于中立位置，但可以适当地允许骨盆轻微后倾（图 a）。吸气，收紧核心，然后呼气，双臂下压，同时头部和上背部抬起（图 b）。吸气，回到起始姿势。

变式

为了防止髋屈肌过度用力，可在双膝之间夹一个小球或魔术圈。

进阶式

1. 预备版百次拍击伸展：在头部、胸部和上半身抬起的同时，伸展双腿。上半身下降时，双腿再回到桌面姿势。此动作可增加躯干负重，由此提升保

持骨盆－腰椎稳定的难度。

2. 百次拍击练习（第 103 页）。

技术提示

1. 上半身和头部作为一个整体运动，保持头部与脊柱在一条直线上。

2. 为避免脊柱过度前凸，应尽量保持骨盆处于中立位置或轻微后倾。

3. 颈部和肩部放松。

4. 手臂向前时朝向双脚，肩胛下沉肌发力。

5. 腹部不应隆起或突出。

6. 进行进阶式预备版百次拍击练习伸展时，双腿与脚背应伸直。可控制伸展
   双腿的高度来控制动作难度（越高越简单）。

百次拍击

主要参与肌肉

腹肌。

运动目标

增强腹部、核心肌群和肩部伸肌力量，腰椎－骨盆的稳定性，促进循环和深长
的呼吸。

适应证

本练习难度较高，因为要在剧烈呼吸和手臂等张运动时激活核心肌群的等长
协同收缩。腿部作为一个长杠杆，为腰椎和髋伸肌带来了较大的负重，并给腹肌提
出了更高的要求。拍打动作刺激了循环和协调。患有某些疾病的人禁练本练习。同
时，本练习难度过高，因此若下背部患有伤病或无力的人进行练习会适得其反。

注意事项或禁忌证

椎间盘病变、骨质疏松症、颈部疼痛或病变、骶髂关节功能障碍或剧烈疼痛及
下背部剧烈疼痛。

动作指导

仰卧于重组训练器上，双腿呈桌面姿势，双臂与滑板垂直，双手抓住绳索或把
手，保持轻微紧张。理想状态下，脊柱应处于中立位置，但可以适当地，允许骨盆
轻微后倾（图 a）。呼气，抬起双臂、头部和胸部，同时双腿伸直，双臂下降至体
侧，与滑板平行（图 b）。

保持这个姿势的同时，呼气 5 次，同时双臂以小幅度动作上下拍打，然后吸气

5次，双臂上下拍打，此为一组。将此拍打和呼吸动作进行 10 组，然后将腿拉回桌面姿势，放下身体，回到起始姿势。注意此练习中腿部的姿势和高度根据腘绳肌柔韧性和腹肌力量及控制力的不同而不同，双腿伸得越直、越低，难度就越大。

变式

1. 要降低本练习的难度和后背部的压力，可将双腿从髋屈肌处抬高 90 度，或像在预备版百次拍击（第 102 页）练习中一样，使双腿保持桌面姿势。

2. 双膝之间夹一个球可激活内收肌，抑制髋屈肌。

技术提示

1. 深长地呼吸。

2. 拍击动作保持顺畅、小幅度，不要紧张。想象在湖面上漂流，用手轻轻拍击水面，使产生的涟漪尽量小。

3. 避免脊柱过度前凸、颈部紧张、腹部凸起和髋屈肌紧张。

4. 整个练习过程中保持相同的高度。

5. 保持头部与脊柱在同一直线上，眼睛看向前方。

协调练习

主要参与肌肉

腹肌。

运动目标

增强腹部力量、腰椎－骨盆稳定性并提升呼吸与运动的协调性。

适应证

本练习既是腹肌等长练习也是等张练习，还能极大地锻炼协调性。同时，也是在保持躯干发力和骨盆稳定的同时对腿部分离运动神经肌肉进行再训练的又一个极好练习。

注意事项或禁忌证

椎间盘病变、骨质疏松症、颈部疼痛或病变、骶髂关节功能障碍或剧烈疼痛和下背部剧烈疼痛。

阻力

弱至中。

动作指导

开始时双腿呈桌面姿势，双臂从肩部屈肌处弯曲 90 度，和预备版百次拍击练习的起始姿势（图 a，第 102 页）一样。呼气，抬起头部和胸部，同时双臂沿着身体两侧向下放，伸直双腿（图 a）。持续呼气，同时双腿快速开合（图 b）。吸气，双腿弯曲至桌面姿势，然后降低胸部和头部，回到起始姿势。

变式

椎间盘病变、骨质疏松症或颈部疼痛或病变患者，进行本练习时可以省略抬头和抬升躯干动作。

技术提示

1. 先拉回膝关节，再降低胸部和头部。

2. 保持头部与脊柱排列恰当，眼睛看向前方。

3. 双腿分开的宽度不得大于脚踏杆的长度。

4. 腿部的开合动作应快速而有活力，但身体的抬升和降低应保持平稳。

交叉单臂协调

交叉单臂协调是原版练习的一个变式，由 BASI 普拉提导师计划中的雷尔·伊萨科维茨教授（Isacowitz，2018）进行教学。

主要参与肌肉

腹肌。

运动目标

增强腹斜肌力量、以横截面为主的腰椎 – 骨盆稳定性，提升协调能力，针对交叉方式的神经肌肉训练。

适应证

本练习非常注重增强腹斜肌的力量和对它的控制。需要身体一侧保持不动，另一侧运动，因此在协调性方面相当具有难度。对于有颈部问题、椎间盘病变或骨质疏松症的人来说，本练习是非常好的核心力量和腰椎 – 骨盆控制力练习，因为整个运动过程中躯干和头部都保持在中立位置，并且有所支撑。

注意事项或禁忌证

严重的骶髂关节功能障碍或剧烈疼痛和腰背部剧烈疼痛。

阻力

弱至中。

动作指导

仰卧在滑板上，双腿呈桌面姿势，双臂与滑板垂直（图 a）。吸气，确定核心，然后呼气，右手臂顺着体侧延伸，右腿向前，以 45 度向脚踏杆延伸。左手臂和左腿保持完全静止（图 b）。吸气，回到起始姿势，然后换另一侧重复动作。

变式

要锻炼协调性和以交叉方式运动，则应同时伸展对侧的手臂和腿（图 c），而不是伸展同侧的手臂和腿。这种方法对腹斜肌的锻炼少一点，对大脑的锻炼更多。

进阶式

如果没有颈部问题、椎间盘病变或骨质疏松症，则进行练习时也可将头部和胸部抬离滑板。

技术提示

1. 不运动一侧的手臂保持绝对静止并与滑板平行。

2. 保持骨盆处于中立位置。

3. 移动手臂和腿部时注意身体不要翻转或扭转。

4. 每一次重复时都努力让腿和手臂完全伸展。

屈背 AB 开合

屈背 AB 开合是原版练习的一个变式，本练习由 BASI 普拉提导师计划中的雷尔·伊萨科维茨教授（Isacowitz，2018）进行教学。

主要参与肌肉

腹肌。

运动目标

增强腹肌力量、腰椎－骨盆稳定性、髋关节外展和内收肌力量和控制力，提升协调性。

适应证

本练习激发了下肢运动时核心肌肉的等长协同收缩。腿部作为一个长杠杆，增加了腰椎和髋屈肌的负重，并提高了对腹肌力量的要求。腿部的开合运动锻炼了协调性、髋部力量、控制力及灵活性。

注意事项或禁忌证

椎间盘病变、骨质疏松症、颈部疼痛或病变、骶髂关节功能障碍或剧烈疼痛和下背部剧烈疼痛。

阻力

弱。

动作指导

仰卧于滑板上，双手抓住绳索或把手，保持脊柱处于中立位置，双腿保持桌面姿势（图 a）。确定核心，呼气，抬起头部和上背部，双腿沿斜线伸展至脚踏杆之上（髋关节屈曲约 60 度），双臂顺着身体向下延伸，掌心朝向身体（图 b）。吸气，张开双腿双臂，好像开合跳一样（图 c），然后呼气，将双腿和双臂都拉回到身体中线上。将这个开合动作重复 10 ～ 15 次，然后回到起始姿势。

变式

由于腰椎间盘病变或骨质疏松症而不可进行躯干屈曲及患有颈部疼痛或病变的人，在本练习中可省略头部和躯干抬升动作。

进阶式

要提升腹肌锻炼的难度，可降低腿部高度，腿部悬空在脚踏杆上即可。

技术提示

1. 双腿打开时的宽度要超过脚踏杆的长度。

2. 放松颈部肌肉。

3. 伸展双腿和双臂。

髋部练习系列（腿部使用脚蹬带）

髋部练习系列对大部分需要提升骨盆稳定性和髋关节灵活性的患者来说都非常具有挑战性并且非常有用。它比足部练习更需要保持腰椎－骨盆稳定，因为进行该练习时足部是踩在脚蹬带上，而不是踩在脚踏杆上，这使其成为开链练习。该系列练习还可以很好地用于髋关节分离运动教学，因为运动中需要在保持骨盆稳定的同时进行顺畅连续的髋关节动作。髋关节肌肉组织的不稳定性经常会造成腰椎、骨盆、髋关节甚至是膝关节的病变，这一系列运动正可以解决这些问题。这一系列练习的主要参与肌肉是髋伸肌（与时常会过度紧张的髋屈肌相对）、外展肌和内收肌。我发现这一系列练习对骶髂关节病变患者非常有效。

请注意，本系列练习的起始和结束动作会比较危险。在开始本系列练习之前，教练要纠正患者姿势，并确保患者能够控制脚蹬带和滑板，这两点非常重要。我建议教练一只脚抵在滑板上，保持滑板的稳定，同时协助患者将一只脚踩在脚蹬带上

（上图）。

　　同时用语言提示患者其需要用核心肌肉控制滑板的运动，否则，滑板若滑回挡栓处，患者会向后摔去。

髋部伸展

主要参与肌肉

髋伸肌。

运动目标

增强腰椎－骨盆稳定性、髋关节灵活性、髋伸肌力量及髋部分离运动。

适应证

　　本练习非常适合作为髋部练习系列的入门练习，因为它包含的髋部运动（髋部分离运动）可以增强骨盆稳定性。这一练习能够让教练有效地观察到患者能够保持脊柱处于中立位置的 ROM，并且能让患者认识哪块肌肉能够用于保持脊柱处于中立位置。动作开始于由腘绳肌发力产生的腿部运动，可同时让肌肉得到拉伸。本练习适用于所有人，教练根据患者的能力或者运动限制加大或者减小运动幅度即可。

注意事项或禁忌证

无。

阻力

　　如果运动目标为提升稳定性，则阻力为弱到中。如果运动目标是增强髋伸肌力量，则阻力可适度提升。

动作指导

　　仰卧于滑板上，保持骨盆处于中立位置，双脚踩在脚蹬带上，双臂放于体侧，掌心向下，两腿伸直。如果可以的话，可从髋关节处弯曲，最大弯曲角度不要超过90度（如果腘绳肌过于紧张，则可减小弯曲角度）（图 a）。

呼气，降低双腿，直到感觉骨盆开始略微前倾（图 b），使用核心深层肌肉与这种力量对抗。吸气，回到起始姿势。

变式

如要提升难度并锻炼内收肌，则可在大腿或脚踝之间夹一个球。

进阶式

本系列中的这个练习和其他练习都可躺在半泡沫轴上进行，由此提升稳定性方面的难度。

技术提示

1. 尽量伸展双腿。
2. 整个练习过程中将尾椎骨紧贴滑板。
3. 双腿尽量向脚踏杆下压，但不要弓背。
4. 颈部和肩部保持放松。

蛙式

主要参与肌肉

内收肌。

运动目标

增强腰椎－骨盆的稳定性、髋关节灵活性、内收肌力量和控制力及膝伸肌控制力。

适应证

本练习对髋关节和膝关节僵硬或关节炎、骶髂关节病变及需要锻炼腰椎－骨盆稳定性的患者都非常有好处。

注意事项或禁忌证

同全髋关节置换手术后的注意事项，双腿拉回至蛙式姿势时，髋关节屈曲角度应大于 90 度。

阻力

稳定性练习使用弱至中阻力，若运动目标为提升内收肌力量则可增强阻力。

动作指导

仰卧于滑板上，保持脊柱处于中立位置，双脚踩在脚蹬带上，髋关节屈曲 90 度并向外翻转，双膝向外侧弯曲，两个足跟抵在一起（图 a）。呼气，斜向外 45 度伸直双腿（图 b）。吸气，弯曲双膝回到起始姿势。

变式

若要增大练习难度，可在髋关节伸展时在脚踝之间夹一个球。

进阶式

本练习的进阶式与髋部伸展的进阶式（第 110 页）一样。

技术提示

1. 伸直膝关节时注意力集中于双腿夹紧，好像用双腿夹着一个气球。
2. 整个练习过程中两个足跟要紧靠在一起，尤其是膝关节完全伸展的时候。
3. 整个练习过程中保持骨盆稳定。
4. 膝关节不要离胸部太近，否则会使尾椎骨抬离滑板，这种动作对全髋关节置换手术的术后恢复不利。

正反腿画圈

主要参与肌肉

内收肌和髋伸肌。

运动目标

增强腰椎－骨盆稳定性，髋部灵活性，内收肌、外展肌和髋伸肌的力量及控制力；髋部分离运动；以及内收肌和腘绳肌的拉伸。

适应证

本练习的适应证与髋部伸展的适应证（第 109 页）和蛙式的适应证（第 110 页）相同。此外，本练习对增强内收肌控制和力量非常有益，因为本练习会促使这些肌肉进行等长、向心和离心收缩。在锻炼髋部分离运动提升髋关节 ROM 的练习中，本练习是我最喜欢的练习其中之一。

注意事项或禁忌证

无。

阻力

稳定性练习时选择弱到中的阻力，若运动目标为提升髋部力量则可使用更强的阻力。

动作指导

仰卧于滑板上，保持骨盆处于中立位置，双脚踩在脚蹬带上，双腿伸直，髋关节屈曲 90 度（如果可能，骨盆不要倾斜）。髋关节应外旋，双脚稍跖屈（图 a）。

向下画圈

呼气，沿身体中心线下压双腿，双腿并拢（图 b）。吸气，打开双腿画一个圈（图 c），然后向上回到起始姿势。

向上画圈

与向下画圈的起始姿势相同，但是方向相反，先打开双腿，然后双腿下压，画圈，之后回到身体的中心线上。

进阶式

本练习的进阶式与髋部伸展的进阶式（第 110 页）相同。

技术提示

1. 想象用脚在天花板上画圆形。

2. 在身体中心线上向上或者向下画直线时夹紧双腿。

3. 双腿沿身体中心线下降时收紧内收肌处的腘绳肌。

4. 双腿张开和并拢时最大限度地使内收肌发力。

开合式

主要参与肌肉

内收肌。

运动目标

增强腰椎－骨盆稳定性、髋部灵活性、髋内收肌力量和控制力、髋部分离运动及内收肌和腘绳肌拉伸。

适应证

本练习的适应证与蛙式（第110页）和正反腿画圈练习（第112页）的适应证相同。此外，本练习的一个好处是能够锻炼髋关节运动至最大关节活动范围时的力量和控制力，这对舞者、花样滑冰运动员、体操运动员、冰球运动员和棒球捕手都非常重要。本练习以矢状面训练为主，但对患有髋关节僵硬或髋部关节炎的运动员非常有好处。

注意事项或禁忌证

无。

阻力

锻炼稳定性时阻力为弱至中，如果运动目标是提升内收肌力量，则选用更强的阻力。

动作指导

仰卧于滑板上，保持骨盆处于中立位置，双脚踩在脚蹬带上。确保双腿沿斜线伸直，髋关节外旋（图a）。吸气，打开双腿，使髋部外展（图b），然后呼气，拉回双腿，髋部内收，回到起始姿势。

进阶式

本练习的进阶式与髋部伸展的进阶式（第 110 页）相同。

技术提示

1. 想象在水中，甚至是泥泞中来回拖动足跟，以产生内部阻力。

2. 腘绳肌会抑制内收肌的收缩，在拉回双腿时，使腿部向地面运动。腿部张开和并拢时，应尽量保持双脚平行于地面。

3. 整个练习过程中保持骨盆稳定并处于中立位置。

内收肌拉伸

主要参与肌肉

内收肌。

运动目标

提升内收肌的柔韧性，改善髋关节灵活性。

适应证

本练习对内收肌紧张或髋关节
活动范围受限的患者有益。

注意事项或禁忌证

无。

阻力

如果运动目标为提升稳定性，
则阻力为弱到中。如果运动目标为
增强力量，则阻力可适度提升。

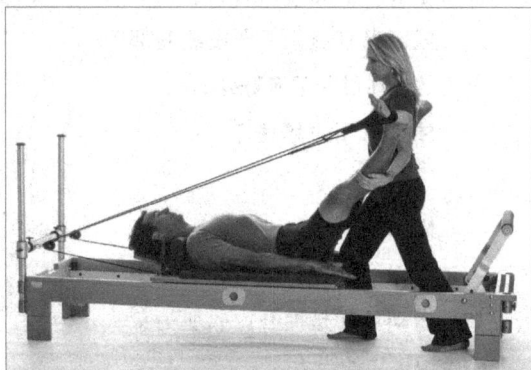

动作指导

患者完成重组训练器上的髋部练习系列后，教练站在器械空当中间，用一条腿
抵住滑板，再用双手支撑患者的双腿（上图）。让患者做几次深呼吸，释放身上的
所有压力，让滑板、脚蹬带和教练支撑全身的重量。

变式

患者可用手在大腿下侧支撑自己的腿部。

技术提示

1. 确保骨盆仍处于中立位置。

2. 教练应将患者的双腿放在手上，使患者产生被动拉伸。

3. 完成拉伸后，教练先将患者的腿放回身体中心线上，然后走出器械空档，开始下一次拉伸。

腘绳肌拉伸

主要参与肌肉

腘绳肌。

运动目标

提升腘绳肌柔韧性。

适应证

本练习非常适合对腘绳肌进行手动拉伸，并且非常方便教练操作。本练习对下背部疼痛，甚至是椎间盘源性下背痛的患者都非常安全，因为脊柱在运动中始终有支撑，并不进行屈曲。本练习还可在没有手动协助的情况下进行。

注意事项或禁忌证

严重的坐骨神经痛。

阻力

与内收肌拉伸相同。

动作指导

患者完成重组训练器上的髋部练习系列后，教练一只脚站在器械空当内，阻挡滑板的运动。去掉患者一只脚上的脚蹬带，让患者将这只脚放在脚踏杆上作支撑腿。然后患者伸直仍在脚蹬带上的那条腿（下图）。要进行拉伸时，支撑腿的膝关节下压，并使膝关节伸直，这样会使绳索将另一条腿向上拉，使髋关节产生更大的弯曲。教练可以在此位置的基础上进一步促进膝关节伸展和踝关节背屈，并确保安全。换侧时，首先拿掉患者脚上的脚蹬带，将这只脚放在脚踏杆上，然后再根据动作指导操作。

变式

要向外侧拉伸腘绳肌，将脚略微内翻，然后将腿轻柔地向身体中心线拉伸（小心，因为此动作可

能会加重坐骨神经痛）。要向内侧拉伸腘绳肌时，将脚向外翻并轻轻向外侧拉伸腿。

技术提示

1. 拉伸侧的髋关节应保持贴在滑板上，不要抬起。

2. 鼓励患者放松腿部，让脚蹬带支撑其腿部。

3. 确保未拉伸侧的脚始终踩在脚踏杆上。

坐姿肱二头肌练习

主要参与肌肉

肱二头肌。

运动目标

增强肱二头肌力量、肩胛骨稳定性及躯干稳定性。

适应证

本练习可以在功能性姿势下很好地锻炼肱二头肌的长头和短头。这个练习能够迫使我们使用躯干肌肉保持躯干挺直，并使用肩胛稳定肌群保持肩胛骨处于正确位置。本练习对颈椎病患者非常有好处，因为练习过程中颈部始终保持放松。

注意事项或禁忌证

无。

阻力

弱至中。

动作指导

坐在重组训练器上距离脚踏杆最近的一端，背朝脚踏杆，双手抓住脚蹬带或把手，双腿伸直放在肩枕上。这种姿势叫作长坐。伸直双臂，举至肩部高度，掌心向上。将肩胛骨向后、向下牵引（图 a）。呼气，尽量弯曲肘关节，保持躯干挺直，保持两条上臂在同一高度（图 b）。吸气，回到起始姿势。

变式

1. 如果难以做到长坐姿势,则可弯曲膝关节(图 c)、坐在一个小盒子上(图 d)或者盘腿坐(图 e)进行练习。

2. 若要在练习中增加腹部锻炼的强度,则可向后倾斜,使脊柱呈 C 字曲线。开始时将腹部向内牵引,回到骨盆后倾状态。保持这个非常有难度的姿势的同时进行肱二头肌弯举(图 f)。

进阶式

若要进一步锻炼躯干稳定性,则可在跪姿下进行练习,如简易划船式的进阶式(图 c,第 127 页)。向后倾斜至脚蹬带拉伸,并让骨盆后倾,使腹肌紧张。

技术提示

1. 上臂保持在肩部高度,想象上臂在整个练习过程中都在同一个平台上休息。

2. 每一次重复动作时都将手臂完全伸展。

3. 在坐姿版练习中,保持躯干挺直,尽量向上延伸身体。避免后倾。

坐姿菱形肌练习 1

坐姿菱形肌练习 1 是原版练习的一个变式，本练习由 BASI 普拉提导师计划中的雷尔·伊萨科维茨教授（Isacowitz，2018）进行教学。

主要参与肌肉

菱形肌和后三角肌。

运动目标

增强肩外展肌力量、肩胛外展肌力量、肩胛骨稳定性和躯干稳定性。

适应证

本练习对于锻炼肩部的一般力量和功能性来说，非常好。我喜欢让肩部和颈椎病患者练习这个练习，因为本练习可以功能性地锻炼肩胛骨稳定性，而且基本不会产生疼痛。长期的圆肩（含胸）是常见的姿势问题，本练习中的肩胛内收肌分离运动能够很好地解决这个问题。

注意事项或禁忌证

肩袖修复手术后早期。

阻力

弱。

动作指导

坐在重组训练器最靠近脚踏杆的一端，背朝脚踏杆，双腿伸直，双脚放在肩枕之间。双臂穿过脚蹬带，并将其置于前臂下，手肘处。上臂应与肩同高，肘关节屈曲 90 度，掌心朝向头部（图 a）。呼气，水平地外展双肩，双臂向外侧打开，上臂仍保持与肩部同高，并保持肘关节弯曲 90 度（图 b）。吸气，保持。呼气，内收肩胛骨（图

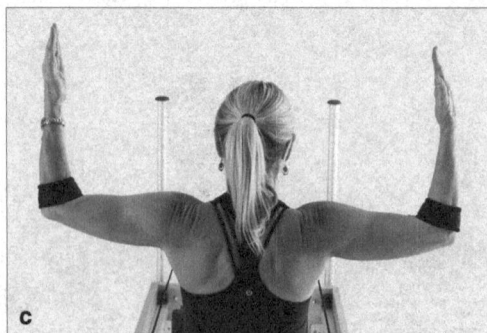

c）；吸气，放松肩胛骨。然后呼气，双臂回到起始姿势。

变式

1. 如果难以做到长坐姿势，则可弯曲膝关节、坐在一个小盒子上或盘腿坐进行练习（图 c、图 d 和图 e，第 117 页）。

2. 对于肩胛骨稳定性和控制力不足的患者，可省略肩胛内收肌分离运动部分。

进阶式

若要进一步锻炼躯干稳定性，可在跪姿下进行本练习。

技术提示

1. 整个运动过程中保持上臂与地面平行，手掌朝向头部。

2. 双臂在整个运动中保持门柱姿势（肩关节和肘关节屈曲 90 度）。

3. 肩部应轻微外旋。

4. 肩胛骨内收时不要向前推挤肋骨。

5. 上斜方肌保持放松，不要使肩部抬升。

坐姿菱形肌练习 2

坐姿菱形肌练习 2 是原版练习的一个变式，本练习由 BASI 普拉提导师计划中的雷尔·伊萨科维茨教授（Isacowitz，2018）进行教学。

主要参与肌肉

菱形肌和后三角肌。

运动目标

增强肩胛骨稳定性、肩部外展肌力量、肩部内收肌力量、躯干稳定性及姿势改善。

适应证

本练习的适应证与坐姿菱形肌练习 1 的适应证（第 118 页）相同。

注意事项或禁忌证

肩袖修复手术后早期。

阻力

弱。

动作指导

坐在重组训练器最靠近脚踏杆的一端，背朝脚踏杆，双腿伸直，双脚放在肩枕之间（脚踝可以交叉）。抓住把手，掌心向下，双臂抬起，与肩同高。核心收缩，延伸脊柱，肩胛骨向下、向后收缩（图 a）。

呼气，双臂向回收，肘关节保持与肩同高并屈曲 90 度（图 b），然后吸气并保持。呼气，挤压肩胛骨内收，但不移动双臂，吸气，放松肩胛骨，然后呼气，回到起始姿势。

变式

如果难以做到长坐姿势，则可弯曲膝关节、坐在一个小盒子上或者盘腿坐进行练习（图 c、图 d 和图 e，第 117 页）。

进阶式

1. 要进一步锻炼躯干稳定性，则可在跪姿下进行本练习。

2. 球门肩袖练习（第 120 页）。

技术提示

1. 整个练习过程中手肘保持与肩同高。

2. 下背部保持在中立位置。

3. 内收肩胛骨时不可向前推挤肋骨。

4. 上斜方肌和肩胛提肌保持放松，不要上提肩胛骨。

球门肩袖练习

球门肩袖练习是原版练习的一个变式，本练习由 BASI 普拉提导师计划中的雷尔·伊萨科维茨教授（Isacowitz，2018）进行教学。

主要参与肌肉

菱形肌、后三角肌和后肩袖。

运动目标

增强肩胛骨稳定性、肩部外展肌力量、肩部内收肌力量、肩袖力量和控制力、改善姿势及躯干稳定性。

适应证

本练习是一项极有难度的肩部运动，其益处与坐姿菱形肌练习 1 和坐姿菱形肌

练习 2 的益处相同，并且能够加强肩袖力量。

进行这项练习对进行投掷动作或摆臂动作（如网球和排球）的运动员，以及游泳运动员都很有好处，因为这一练习以具有功能性的姿势锻炼了肩袖控制力。

注意事项或禁忌证

肩袖撕裂、肩袖修复手术后早期或肌腱末端病。

阻力

弱。

动作指导

本练习是坐姿菱形肌练习 2 的进阶式，因此起始姿势相同（图 a，第 120 页）。从坐姿菱形肌练习 2 中手臂回拉、肩胛骨内收的动作开始，呼气，外旋肩关节，使手臂呈门柱姿势（图 a）。吸气，内旋肩关节回到之前的姿势，然后呼气，同时放松肩胛骨（图 b），最后吸气，回到起始姿势。

变式

如果难以做到长坐姿势，则可弯曲膝关节、坐在一个小盒子上、盘腿坐（图 c、图 d 和图 e，第 117 页）或者坐在长盒子上进行练习（图 a，第 127 页）。

技术提示

除了坐姿菱形肌练习 2 的技术提示（第 120 页）外，肩关节外旋和内旋时均保持肩胛骨内收。每一次练习均重复以下 6 个步骤。

1. 肩关节水平外展，肘关节屈曲。
2. 肩胛骨内收。
3. 肩关节外旋。
4. 肩关节内旋。
5. 肩胛骨外展。
6. 肩关节水平内收，肘关节伸展。

双侧肩肱外旋

双侧肩肱外旋是原版练习的一个变式，本练习由 BASI 普拉提导师计划中的雷尔·伊萨科维茨教授（Isacowitz，2018）进行教学。

主要参与肌肉

后肩袖、中斜方肌和菱形肌。

运动目标

增强肩袖力量与控制力、肩胛骨内收力量、肩胛骨稳定性，改善姿势及肩关节灵活性。

适应证

本练习也可很好地增强肩部力量和其功能性，以及肩胛骨稳定性，并能够改善姿势，因为这一练习强调打开胸部，且肩部既不向前收也不向后夹。本练习很容易做到，因此非常虚弱的患者或年长患者也可以练习。双臂放在身体两侧舒适无痛的位置，使这一练习对改善粘连性肩关节囊炎（肩周炎）和肩部撞击综合征都非常有益。

注意事项或禁忌证

肩袖修复手术后早期。

阻力

弱。

动作指导

坐在滑板靠近脚踏杆的一侧，背朝脚踏杆，双腿穿过肩枕（脚踝可以交叉）。交叉绳索，抓住把手，掌心相对，肘关节屈曲 90 度并紧贴于体侧。核心收缩，延伸脊柱，舒展锁骨，肩胛骨内收，肩部既不向前也不向后夹（图 a）。呼气，前臂尽量外旋至身体两侧，但既不要将肘关节从身体旁移动，也不要将肘关节向腰内紧扣（图 b）。吸气，回到起始姿势。

变式

如果难以做到长坐姿势，则可屈膝、坐在一个小盒子上、盘腿坐（图 c、图 d 和图 e，第 117 页）或者坐在长盒子上进行练习（图 a，第 127 页）。

进阶式

要进一步锻炼躯干稳定性，则可用跪姿进行练习（图 c）。

技术提示

1. 保持手肘紧贴于下背部。

2. 整个练习过程中，前臂应平行于地面运动，同时保持下背部处于中立位置。

3. 用手向下、向内推肩胛骨下角能够帮助激活中斜方肌和 LT。

4. 内收肩胛骨时不要将肋骨向前推。

5. 上斜方肌保持放松，使肩部不会上抬。

扩胸练习

扩胸练习是原版练习的一个变式，由雷尔·伊萨科维茨教授（Isacowitz，2018）进行教学。

主要参与肌肉

后三角肌、中斜方肌、菱形肌。

运动目标

增强肩关节水平外展力量、肩胛骨内收力量、肩胛骨稳定性和改善姿势。

适应证

本练习主要是一种姿势练习，因为本练习主要是打开胸腔，改善圆肩（含胸）姿势。本练习对在电脑前久坐的人非常有好处。

注意事项或禁忌证

无。

阻力

弱。

动作指导

坐在滑板靠近脚踏杆的一侧，背朝脚踏杆，双腿伸直，穿过肩枕（脚踝可以交叉）。

交叉绳索，抓住把手，掌心相对，手臂抬至与肩同高（图 a）。核心肌肉收缩，延伸脊柱，舒展锁骨，肩胛骨回缩。呼气，双臂打开，移至体侧（图 b），然后吸气，回到起始姿势。

变式

如果难以做到长坐姿势，则可屈膝、坐在一个小盒子上、盘腿坐（图 c、图 d 和图 e，第 117 页）或者坐在长盒子上进行练习（图 a，第 127 页）。

进阶式

要进一步锻炼躯干稳定性，可以在跪姿下进行练习。如此还可增加对肩胛下肌的锻炼强度，因为这一姿势中的阻力方向能够促进上斜方肌的运动。

技术提示

1. 双臂平行于地面运动，并且在整个练习过程中保持下背部处于中立位置。

2. 用手触碰肩胛骨下角，向下、向内压，有助于激活中斜方肌和 LT。

3. 内收肩胛骨时不要向前推肋骨。

4. 上斜方肌保持放松，使肩部不会上抬。

5. 保持双臂完全伸展，手肘放松——但不要过伸，也不要过屈。

6. 肩关节应稍外旋。

7. 如果在跪姿下练习，则应保持躯干挺直，骨盆略微后倾，使腹肌发力，髋伸肌拉伸。

抱树式

主要参与肌肉

胸大肌和胸小肌。

运动目标

增强肩关节水平内收力量和控制力、肩胛骨稳定性，改善姿势。

适应证

经常锻炼胸肌会导致圆肩，因此本练习中介绍的如何在双臂水平内收时，避免这种情况的发生非常有价值。

注意事项或禁忌证

无。

阻力

弱至中。

动作指导

面向脚踏杆，长坐在滑板上，髋部抵住肩枕，双腿向前延伸。手握把手或脚蹬带，双臂伸展至与躯干呈 T 字形，双肩轻微外旋，肘关节伸直，但不要僵硬，掌心向前（图 a）。呼气，双臂靠拢，使双臂与肩部在一条直线上（图 b），然后吸气，打开双臂，返回到起始姿势，整个过程中肩胛骨不动。

变式

如果难以做到长坐姿势，则可屈膝、坐在一个小盒子上提高骨盆位置、盘腿坐（图 c、d 和 e，第 117 页）或者坐在一个长盒子上进行练习（图 a，第 127 页）。

进阶式

要进一步锻炼躯干稳定性，可在跪姿下进行练习。

技术提示

1. 用小拇指带动运动，强调肩关节外旋。

2. 双臂平行于地面。

3. 上斜方肌保持放松，使肩部不会提升。

4. 为了避免含胸，要注意锻炼中部和上部背伸肌。

5. 双臂向外尽量延伸，但是不要过度弯曲肘关节。

6. 跪姿下进行练习，应保持躯干挺直，并使骨盆略微后倾，使腹肌发力并拉伸髋伸肌。

简易划船式

主要参与肌肉

背阔肌、中斜方肌和菱形肌。

运动目标

增强上、中背部力量和肩胛骨稳定性，改善姿势。

适应证

本练习是最受我的年长患者们喜爱的练习之一，因为对他们来说本练习的姿势比较舒适而且安全，动作很有益处而且练习简单。这个练习还对需要加强上背部肌肉力量、进行肩胛骨稳定肌群神经肌肉再训练或需改变驼背姿势的患者都很有效。本练习的手臂姿势适用于缓解大部分肩部伤病，包括肩周炎和肩部撞击综合征。

注意事项或禁忌证

无。

阻力

中至强。

动作指导

背对脚踏杆，坐在长盒子上，双脚踩在头枕上，双膝并拢。交叉绳索并抓住把手，掌心相对，双臂伸直（图a）。尽量延伸上身，腹肌发力，肩胛骨内收；然后呼气，手臂向后拉绳索，肘关节向躯干后方移动，双手与腰同高（图b）。吸气，回到起始姿势。

进阶式

双脚勾住滑板边缘，以跪姿进行练习（图c）。高阻力弹簧会将躯干向前、向下拉，因此需要谨慎。本进阶式练习对躯干控制力和躯干稳定性的要求很高。

技术提示

1. 双臂向前返回时，仍要保持向后的力量以抵抗绳索的拉力，而不是简单地将双臂前后摆动。

2. 整个练习过程中保持双臂紧贴躯干。

3. 教练将手放在患者肩胛骨下角并向下、向内推，可以帮助其激活中斜方肌和LT，如第4章第43页描述的LT激活步骤。

4. 内收肩胛骨时，避免前推肋骨。

5. 颈部保持放松，不要耸肩。

6. 收缩胸肌和背伸肌时保持躯干挺直。头顶尽量向上伸。

7. 在跪姿练习时，保持躯干挺直并使骨盆略微后倾，以锻炼腹肌并拉伸髋伸肌。

胸部扩展肩伸展

主要参与肌肉

背阔肌。

运动目标

增强肩部伸肌力量、躯干稳定性、核心控制力，改善姿势。

适应证

本练习是我最喜欢的改善姿势的练习之一。本练习强调肩胛骨发力，双肩打开，同时放松颈部。这个练习还能锻炼躯干挺直姿势和核心控制力。

注意事项或禁忌证

膝关节疼痛或缺乏核心控制力的患者可能感觉本练习比较困难。

阻力

弱。

动作指导

背朝脚踏杆跪在滑板上，双膝抵住肩枕，抓住绳索，掌心朝向身体，双臂放在身体略前方（图a）。吸气，核心收缩，向外舒展锁骨，肩胛骨向下、向后收缩。呼气，双臂尽量向后拉绳索，同时保持躯干直立排列适当（图b），然后吸气，返回起始姿势。

变式

1. 如果难以做到以跪姿练习，或是核心稳定性不足以安全地进行本练习，则可坐在长盒子上（图a和图b，第127页）或者以长坐姿势进行本练习。

2. 要改善颈椎稳定性，学习头部与躯干的分离运动，可在练习中增加头部扭转动作。向后拉绳索时，保持姿势并向左、向右扭转头部，然后回到中间位置并把绳索放回初始位置。本练习对于进行上身运动（甚至是只要涉及上身的运动）时会产生上斜方肌紧张、肩胛提肌紧张的患者非常有效。锻炼手臂时进行头部扭转能够同时实现上背部肌肉激活和颈部放松。

技术提示

1. 如果在跪姿下练习，则要保持躯干挺直，且骨盆略微后倾，使腹肌得到锻炼并拉伸髋伸肌。

2. 双臂尽量伸长。

3. 双臂向前返回时，要有意识地将双臂向身后拉，以抵抗绳索的拉力，而不要简单地前后摆动双臂。

肩肱内旋

主要参与肌肉

肩胛下肌。

运动目标

肩袖力量和控制力、肩胛骨稳定性。

适应证

本练习对改善肩袖肌腱变性或撕裂、术后修复、粘连性肩关节囊炎、肩部撞击综合征或关节盂唇撕裂引起的肩部力量弱非常有好处。本练习还能很好地提升或维持肩关节 TOM。

注意事项或禁忌证

无。

阻力

弱。

动作指导

面朝重组训练器侧面，坐在滑板上的长盒子上，靠近绳索的一只手握住把手，肘关节屈曲 90 度并紧贴躯干，下背部呈中立位置。将一个卷起的小毛巾或小球夹在屈肘侧的手肘和躯干之间（图 a）。腹肌发力，延伸脊柱，肩胛骨向后下方收缩。呼气，肩关节内旋（图 b），吸气，回到初始姿势。

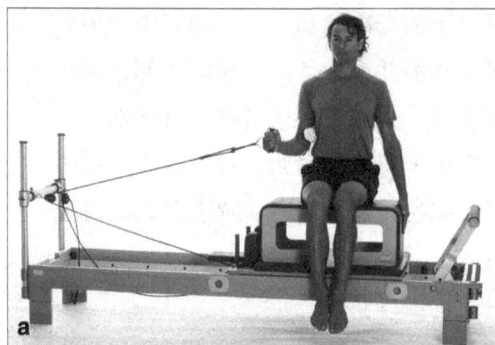

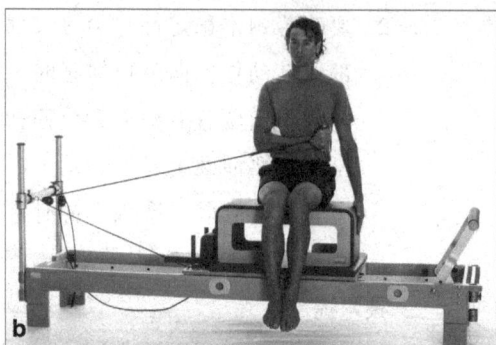

进阶式

要锻炼躯干稳定性，可以用跪姿进行练习。

技术提示

1. 肩胛骨向下、向后收缩的过程中让肩胛骨稳定肌群持续发力。

2. 下背部保持在中立位置。

肩肱外旋

主要参与肌肉

冈上肌、冈下肌、小圆肌。

运动目标

增强肩袖力量和控制力、肩关节 ROM 及肩胛骨稳定性。

适应证

本练习的适应证与肩肱内旋的适应证（第 129 页）相同。

注意事项或禁忌证

肩袖修复手术后早期。

阻力

极弱。本练习可能需要将滑板齿轮杆调整至远离脚踏杆的一侧以降低阻力。

动作指导

面朝重组训练器侧面，坐在滑板上的长盒子上，靠近脚踏杆一侧的手握住把手，肘关节屈曲 90 度并紧贴躯干，下背部处于中立位置。屈肘侧的手肘与躯干之间夹一个卷起的小毛巾（图 a）。

腹肌发力，伸展脊柱，肩胛骨向
后下方收缩。呼气，肩关节外旋（图
b），然后吸气，回到起始姿势。

进阶式

以跪姿进行练习可以锻炼躯干
稳定性。

技术提示

本练习技术提示与肩肱内旋的
技术提示（第 130 页）相同。

拔剑式

主要参与肌肉

肩袖肌肉、肩关节伸肌、肩关
节外展肌。

运动目标

增加肩部功能性力量和控制
力、肩胛骨稳定性、肩袖力量、肩关节 ROM。

适应证

本练习需要肌肉和关节之间有效的本体感觉沟通，由此达到灵活性和稳定性之
间的平衡，并产生功能性运动。本练习在交叉手臂拉伸的基础上进行改编，交叉手
臂拉伸是 BASI 普拉提综合方案的教学内容。练习中的动作遵循肩部 PNF 的 D2 模
式[a]。本体感觉神经肌肉促进这一方法广泛适用于协调运动中改进神经肌肉系统有
效性的康复。该方法包括了多种对角线方向、螺旋方向和经常跨越身体中轴线的动
作模式。上肢模式用于治疗肌肉力量弱、不协调和关节活动范围受限产生的功能不
良。这些手臂方法还常用于躯干练习（Adler、Beckers、Buck，1993）。尽管本练
习中的阻力不是真正的 PNF 技术中的人为阻力，但 D2 模式中重组训练器上弹簧产
生的阻力仍然使本练习非常有效，因为该练习以功能模式锻炼了肩胛骨和躯干稳定
肌群，同时增强了更多的手臂末梢肌肉的力量，并锻炼了协调性。

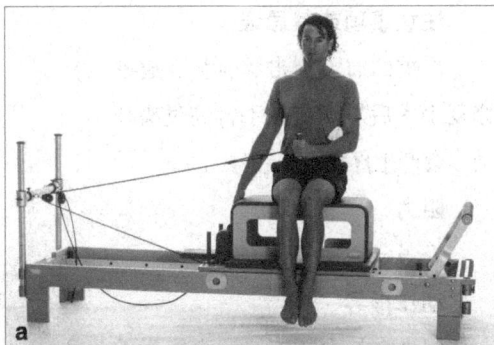

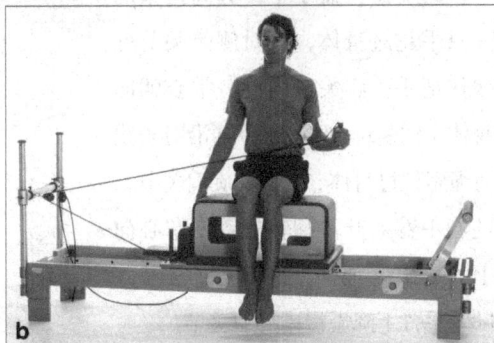

[a] 译者注：PNF 中的一种对角运动模式，肩部的 D2 模式为屈曲－外展－外旋模式（屈曲模
式）和伸展－内收－内旋模式（伸展模式）。

注意事项或禁忌证

严重的肩部撞击综合征、肩袖修复手术后早期或做手臂高过头顶动作会产生疼痛。

阻力

极弱。

动作指导

侧坐在长盒子上，远离绳索的一只手越过身体，在对侧髋关节处握住把手；肩关节内旋，掌心朝向身体（图 a）。呼气，手臂沿对角线将绳索拉过身体，慢慢外旋肩关节，随着手臂上升，翻转前臂使掌心向上（图 b）。吸气，回到起始姿势，随着手臂下降慢慢内旋肩关节。

进阶式

要锻炼躯干稳定性并由此提升整体所需 PNF 完成运动，可在跪姿下进行练习。

技术提示

1. 越过身体的动作应沿着平滑的对角线进行。

2. 当肩关节抬升至最高时，也应达到最大外旋，且大拇指朝后。

手臂上举式

主要参与肌肉

三角肌。

运动目标

增强手臂内收肌力量、肩胛骨稳定性，改善肩肱节律。

适应证

本练习对肩部伤病恢复和回归运动非常有好处，因为本练习对肩肱节律进行了适当的功能性再训练。保持肩胛骨和躯干稳定非常有难度，因为需要使用一只手臂抵抗弹簧阻力进行拉伸，而另一只手臂保持稳定。

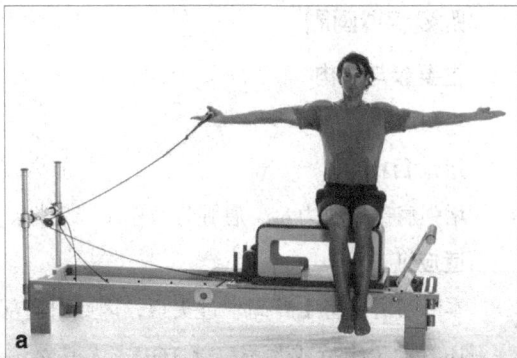

注意事项或禁忌证

肩部撞击综合征、肩袖肌腱炎或撕裂、关节盂唇撕裂或手臂举过头顶时引发疼痛。

阻力

极弱。

动作指导

侧向坐在靠近脚踏杆的长盒子上，靠近绳索的一只手握住把

手，手臂与躯干呈 T 字形，掌心向上（图 a）。呼气，手臂举过头顶（图 b），然后吸气，降低手臂，回到起始姿势。

进阶式

要锻炼躯干稳定性并使本练习更具功能性和难度，可用跪姿进行练习：双腿分开，与肩同宽，腿的外侧放在滑板前边缘。

技术提示

1. 整个练习过程中保持肩胛骨下沉，防止上斜方肌过度用力。

2. 两条手臂应同时抬起和放下，好像两条手臂上有相同的阻力。

3. 保持躯干挺直，避免侧屈。

跪姿手臂画圈

主要参与肌肉

三角肌。

运动目标

增强肩部屈肌力量、肩胛骨及躯干稳定性。

适应证

本练习需要将手臂高举过头顶，因此对肩部力量和肩胛骨稳定性极具挑战。本练习还有助于维持或改善肩部 TOM，尤其对游泳运动员、排球运动员、网球运动员和水球运动员等需要将手臂高举过头顶运动的运动员的康复有好处。本练习还锻炼了核心控制力和躯干稳定性。对于非运动员来说，这也是非常有用的，因为我们都需要有稳定的肩胛骨才能进行伸展和举手过头的动作。

注意事项或禁忌证

肩部撞击综合征、肩袖肌腱炎或撕裂、肩袖修复手术后早期至中期阶段或手臂高举超过头会引发疼痛。

阻力

弱。

动作指导

面朝脚踏杆跪在滑板上，双脚紧抵住肩枕，双手抓住脚蹬带或把手，双臂置于身体两侧，掌心向前（图 a）。按如下描述向上画圈或向下画圈。

向上画圈

呼气，从肩部屈肌处举起双臂（图 b）。当双臂抬升到最高点时（图 c），掌心朝向脸部方向（图 c），吸气，双臂下降至与躯干呈 T 字形位置（图 d），然后回到起始姿势。

向下画圈

本练习与向上画圈一样，只是动作顺序相反。从相同位置开始，然后呼气，将双臂抬起至与躯干呈 T 字形的位置，继续抬升直至超过头顶。在最高处翻转手掌使掌心向后，然后吸气，掌心向上，双臂下落回到起始姿势。

变式

躯干稳定性不足或只想改善肩部 ROM 的较为无力的患者，可跨坐在长盒子上进行本练习。

技术提示

1. 保持运动平稳，和仰卧手臂画圈（第 99 页）一样。

2. 手部不可运动至躯干后侧。

3. 保持躯干发力，保持躯干挺直。

4. 保持肩胛骨下沉，双臂抬升时肩部不会向耳朵方向抬升。

跪姿肱二头肌练习

跪姿肱二头肌练习是原版练习的一个变式，本练习由 BASI 普拉提导师计划中的雷尔·伊萨科维茨教授（Isacowitz，2018）进行教学。

主要参与肌肉

肱二头肌。

运动目标

增强手肘屈肌力量、肩胛内收肌力量、肩部屈肌拉伸、肩胛骨和躯干稳定性，以及改善姿势。

适应证

本练习是锻炼肱二头肌的另一个极好练习，本练习能够克服含胸（圆肩）的趋势，并且能运动到胸肌。双臂在背后，胸部打开，肩胛内收肌发力。这一姿势和阻力的方向都能锻炼到肩胛骨和躯干稳定性。

注意事项或禁忌证

无。

阻力

中。

动作指导

面向脚踏杆跪在滑板上，双脚抵住肩枕。手握把手或脚蹬带，双臂向后延伸并向上抬起。手肘向后移动，锁骨向上抬升（图 a）。呼气，屈肘（图 b），吸气，回到起始姿势。

变式

躯干稳定性不足的无力患者，可跨坐在长盒子上进行练习。

技术提示

1. 手肘和上臂保持稳定，并相互平行。

2. 锁骨向外舒展，肩胛内收肌持续发力，避免肩部下沉或圆肩。

3. 避免向前推挤肋骨。

四足式

主要参与肌肉

腹肌。

运动目标

腰椎－骨盆稳定性、肩胛骨稳定性，以及髋伸肌和膝伸肌力量和控制力。

适应证

BASI 普拉提将本练习归于全身整合练习范畴。该类别的练习需要依靠全身，而不是某一个单独区域来进行。全身整合练习属于闭链练习，因此非常具有功能性并且对伤病康复非常关键。本练习原被称为膝部拉伸，并包括弓背和直背两个版本。从实践和理论两方面来看，我都比较偏爱这一版本及"四足式"这一名称。这个练习也是下背部疼痛患者最爱的练习之一，因为它会使腹直肌进行离心收缩。同时这一练习也对肩胛骨稳定性和髋关节分离运动非常有好处。

注意事项或禁忌证

腰椎间盘病变或骨质疏松症患者应避免进行弓背版本的练习，脊椎前移和椎管狭窄患者则应避免使用直背姿势。如果运动中的姿势造成膝关节疼痛，可在膝关节下垫一个小垫子缓解。

阻力

极弱。

动作指导

跪在滑板上，脚踏杆放下来。双手撑在重组训练器的底板上，双膝在髋关节正下方。向后调整身体，让滑板后退几英寸，使肩关节屈曲，与手臂约成 120 度。这一动作能够预拉伸弹簧（图 a）。吸气，核心收缩，髋关节伸展，将滑板向后推，保持肩部和躯干稳定（图 b）。然后呼气，回到起始姿势。

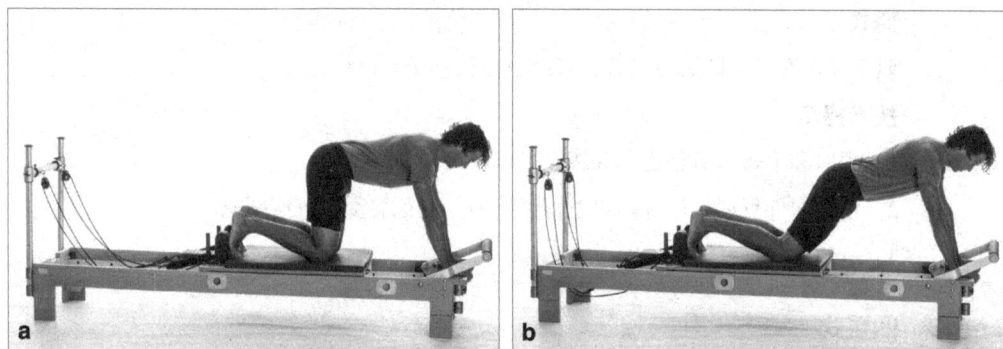

变式

椎间盘病变或骨质疏松症患者，腰椎应保持在中立位置或略微伸展（直背姿势）。脊椎前移或椎管狭窄患者，应使腰椎在整个练习过程中保持屈曲（弓背姿势）。

进阶式

不使用弹簧进行练习。

技术提示

1. 想象用腹肌发力将滑板拉回来，而不是使用手臂拉。

2. 肩胛骨向后、向下收缩。

3. 仅髋关节以铰链式运动，其他部位均不应移动。

反向四足式

反向四足式是原版练习的一个变式，本练习由 BASI 普拉提导师计划中的雷尔·伊萨科维茨教授（Isacowitz，2018）进行教学。

主要参与肌肉

腹肌和髋屈肌。

运动目标

增强腰椎 – 骨盆稳定性、肩胛骨稳定性、髋屈肌力量和控制力。

适应证

本练习的适应证与四足式的适应证（第 137 页）相同，但本练习强调腹肌向心收缩。

注意事项或禁忌证

除四足式的注意事项或禁忌证（第 137 页）外，还有髋屈肌伤病。

阻力

弱。

动作指导

跪在滑板上，背向脚踏杆。膝关节抵住肩枕，双手放在双肩下方略靠前位置的框架上，使弹簧略绷紧。下背部拱起，形成弯曲的 C 形曲线，并收缩核心（图 a）。呼气，将膝关节向双手方向牵引，形成更加弯曲的 C 形曲线（图 b）。吸气，使滑板返回起始位置，保持躯干屈曲。

变式

椎间盘病变或骨质疏松症患者在整个练习过程中应保持脊柱处于中立位置（直背），而不是弓背姿势。但是这会为腹肌带来不良应力，因为髋屈肌负重增加，因此可能会给下背部造成更大压力。

技术提示

1. 想象用腹肌发力将滑板拉回来，而不是使用手臂拉。

2. 肩胛骨向后、向下收缩。

3. 整个练习过程中躯干保持弯曲的 C 形曲线（如能做到）。

四足式肱三头肌腿伸展

主要参与肌肉

肱三头肌。

运动目标

增强肱三头肌力量与线条、肩胛骨稳定性及躯干稳定性。

适应证

本练习非常有好处，因为它除了使肱三头肌力量加强外，也使躯干和肩胛骨稳定性得到了锻炼。要使肩胛骨呈正确姿势，则必须激活前锯肌、LT 和背阔肌。

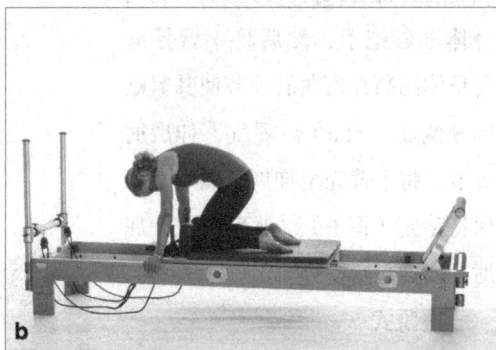

注意事项或禁忌证

如果练习姿势造成膝关节疼痛，则可在膝关节下方放一个垫子缓解。

阻力

弱至中。

运动指导

跪在滑板上，背对脚踏杆，膝关节在髋关节正下方，脊柱呈中立位置。一只手在肩部正下方，放在头枕上。用这只手向下压头枕，同时肩胛骨向骨盆方向收缩，确定肩胛稳定肌群。另一只手朝向身体握着把手，然后将手臂抬起与身体同高并弯曲肘关节使其紧贴胸腔侧面（图a）。呼气，伸展肘关节，将手臂完全伸展，同时上臂保持稳定（图b），然后吸气，屈肘，回到起始姿势。

进阶式

要进一步锻炼躯干稳定性，可伸展对侧腿进行练习（图c）。

技术提示

1. 支撑侧手臂的手掌用力向下压，激活前锯肌、LT和背阔肌，以避免肩胛骨移动。

2. 保持躯干肌肉发力，但颈部肌肉放松。

3. 保持运动侧肩部向后、向上拉伸，肩部不可向前倾。

4. 进阶式中，伸展的腿应保持在髋关节的高度，同时骨盆位置不变，尽量伸展腿部。

向上拉伸式 1

主要参与肌肉

腹肌和背伸肌。

运动目标

增强肩部和躯干稳定性、核心力量，改善腘绳肌、小腿和肩部柔韧性。

适应证

本闭链练习中对肩部稳定性和灵活性的提升需要肩部肌肉、腹部肌肉以及背伸肌的协同收缩。和其他全身整合练习一样，本练习主要通过锻炼核心力量和稳定性来提升练习难度，而不是通过增加阻力。（身体以肩关节为支点运动能在锻炼控制力的同时使肩部压力最小化。）锻炼肩胛内收肌和下沉肌避免肩胛骨上提和外翻。

注意事项或禁忌证

核心无力或核心控制力较弱、肩部撞击综合征、肩袖或关节盂唇修复手术后早期，以及腰椎间盘病变患者因腘绳肌紧张或髋关节缺乏灵活性而在向上拉伸姿势中无法避免地发生下背部屈曲。

阻力

弱至中。

动作指导

站在滑板上，双手握住脚踏杆，手臂伸直并分开至与肩同宽，脚跟抵在肩枕半高的位置。头部放在两手臂之间，骨盆朝向天花板抬起，背部伸展（图 a）。吸气，从髋关节处进行铰链式运动，将滑板略微向后推（图 b）。保持躯干和肩部稳定。呼气，腹肌内收，将滑板拉回挡栓位置，回到起始姿势。

变式

脚跟无须抵在肩枕半高位置，而是平踩在滑板上。这个变式被称为大象式，可以提升腘绳肌柔韧性和拉伸小腿，并增强稳定性。

进阶式

向上拉伸式 2（第 142 页）和长背拉伸式（第 143 页）。

技术提示

1. 保持头部与脊柱处于同一直线。

2. 尾椎骨保持向上提伸。

3. 身体呈金字塔形，胸部朝向大腿牵引，保持背部平直。

4. 保持躯干处于中立位置，并尽量维持稳定。

5. 以髋关节为轴，像钟摆一样前后摇摆腿部。

6. 重点是向前移动的阶段。

7. 肩胛骨朝髋部向下运动，避免肩胛骨上提。

向上拉伸式 2

主要参与肌肉

腹肌和背伸肌。

运动目标

增强肩部与躯干稳定性、核心力量，提升腘绳肌、小腿和肩部柔韧性。

适应证

本练习的适应证与向上拉伸式 1 的适应证（第 141 页）相同。

注意事项或禁忌证

本练习的注意事项或禁忌证与向上拉伸式 1 的注意事项或禁忌证（第 141 页）相同。

阻力

弱。

动作指导

本练习的起始姿势与向上拉伸式 1 的（图 a，第 141 页）相同。吸气，降低身体，双腿将滑板向后推，双臂保持稳定，以肩部和髋关节为轴进行运动，直至成为平板支撑姿势（右图）。吸

气，朝天花板抬升骨盆，将滑板拉回挡栓处，再次以肩部和髋关节为轴进行运动。

进阶式

长背拉伸式（第 143 页），向上拉伸式 3（第 144 页）

技术提示

本练习的技术提示与向上拉伸式 1 的技术提示（第 142 页）相同。

长背拉伸式

主要参与肌肉

腹肌和肩胛稳定肌群。

运动目标

增强肩部和躯干稳定性、核心力量及肩部屈肌力量。

适应证

本练习适应证与向上拉伸式 1 的适应证（第 141 页）相同，但本练习对腹肌力量、核心力量和稳定性的要求更高。

注意事项或禁忌证

核心力量弱或核心控制力较弱、肩部撞击综合征、肩袖或关节盂唇修复手术后早期。

阻力

弱。

动作指导

以向上拉伸式 1 的起始姿势（图 a，第 141 页）开始。与向上拉伸式 2 练习中一样，以肩部和髋关节为轴进行运动，身体降低至平板支撑姿势（第 142 页图）。吸气，身体向前，向脚踏杆滑动，直至滑板碰到挡栓（下图）。呼气，将滑板推回到起始位置。保持平板支撑姿势，继续向前滑动滑板 5～10 次。

进阶式

向上拉伸式 3（第 144 页）。

技术提示

1. 骨盆略微后倾以帮助确保腹肌发力，避免脊柱过度前凸。

2. 头部保持与脊柱排列恰当。

3. 锁骨外展，肩胛骨向下、向后运动。

向上拉伸式 3

主要参与肌肉

腹肌、背伸肌、肩胛稳定肌群。

运动目标

增强肩部及躯干稳定性、核心力量、肩部屈肌力量，并提升腘绳肌、小腿和肩部柔韧性。

适应证

本练习是向上拉伸式 2 和长背拉伸式的综合版兼进阶式，适应证与两者相同（第 142 和第 143 页）。

注意事项或禁忌证

核心无力或核心控制力较弱、肩部撞击综合征、肩袖或关节盂唇修复手术后早期，以及腰椎间盘病变患者因腘绳肌紧张或髋关节缺乏灵活性而在向上拉伸姿势中无法避免地发生下背部屈曲。

阻力

弱。

动作指导

以向上拉伸式 1 的起始姿势（图 a，第 141 页）开始。吸气，降低身体至长背拉伸位置（第 142 页图）。向前滑动滑板，直至滑板碰到挡栓（第 143 页图）。呼气，提升骨盆，回到起始姿势（图 a，第 141 页）。

技术提示

1. 遵循向上拉伸式 1 的技术提示（第 142 页）和长背拉伸式的技术提示（第 143 ~ 144 页）。

2. 腹肌深度发力，启动从长背拉伸式位置到向上拉伸式位置的运动。

3. 从长背拉伸式到向上拉伸式位置运动时，滑板用力压向挡栓。

向下拉伸式

主要参与肌肉

腹肌和上背部伸肌。

运动目标

提升躯干和肩胛骨稳定性、肩部伸肌和上背部伸肌控制力，改善姿势。

适应证

本练习需要很强的躯干稳定性，以及肩胛骨和骨盆控制力。如果这些控制力不足，腰椎会过度前凸，产生过度的压力。练习中使用提升核心力量和稳定性的方法提升难度，而不是用增加阻力的方式提升难度。本练习也对脊柱过度后凸或圆肩的人非常有好处，因为这一练习能够矫正这些姿势。

注意事项或禁忌证

脊椎前移、椎管狭窄、核心无力或核心控制力较弱。

阻力

弱。

动作指导

跪在滑板上，双脚抵住肩枕，双手握住脚踏杆，双臂分开至与肩同宽。身体呈弧形，骨盆略微后倾。锁骨外展，胸腔尽量外扩（图 a）。呼气，以肩部为轴进行运动，将滑板向后推，同时保持身体的弧形姿势（图 b）。吸气，向下压脚踏杆，身体回到起始姿势。滑板应碰到挡栓，并且胸腔应扩展至最大，同时下背部不应过度前弯。

技术提示

1. 整个练习过程中，腹肌持续发力，骨盆保持略微后倾以保护腰椎。

2. 整个练习过程中，保持背部、髋部和肩部伸展，努力维持身体呈弧形的状态。

3. 想象身体呈一艘船的形状，胸骨随着海浪带动身体上下起伏。

肩肘推拉式

肩肘推拉式是原版练习的一个变式，本练习由 BASI 普拉提导师计划中的雷尔·伊萨科维茨教授（Isacowitz，2018）进行教学。

主要参与肌肉

腹肌和肩胛稳定肌群。

运动目标

增强躯干和肩胛骨稳定性、核心控制力、肩部力量和控制力。

适应证

本练习介绍了肩部的闭链运动，这种运动不会给下背部带去压力，也不会将肩部置于对撞击综合征或肩周炎有负面影响的位置。本练习锻炼肩胛骨和核心的稳定性及控制力，并且练习的姿势比向上拉伸练习的姿势更加稳定。肌动电流图显示，手肘撑地的平板支撑姿势下肌肉被共同激活，且不会为腰椎带来外部负重，因此可作为提高运动员的表现和预防受伤的稳定性练习及耐力练习（Ekstrom，Donatelli & Carp，2007）。若在不稳定的平面上保持这一姿势，本练习会对核心稳定肌群更具有挑战性。

注意事项或禁忌证

表现为患者由于腘绳肌紧张或缺乏髋关节灵活性而在练习中无法避免地发生腰椎屈曲的腰椎间盘病变，肩袖修复手术早期。

阻力

弱。

动作指导

将脚踏杆放在最低位置。面朝肩枕跪在滑板上，手肘撑在滑板上，掌心相对，并放在肩枕底部。一侧膝关节放在滑板上，位于髋部正下方，另一侧的脚放在脚踏杆上，将脚踏杆向外推（图 a）。小心地将膝关节屈曲侧的脚抬起，放到脚踏杆上，做手肘撑地的平板支撑姿势（图 b）。肩胛骨向下、向后收缩，并激活核心肌肉。呼气，抬升髋部，将滑板拉回挡栓处，胸部向大腿方向移动（图 c）。吸气，回到平板支撑姿势。

进阶式

可升高脚踏杆或将一条腿抬离脚踏杆几英寸进行练习（图 d）。

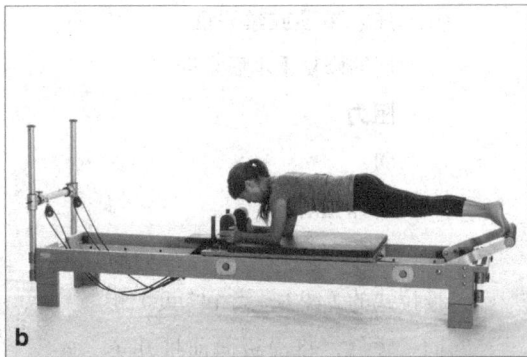

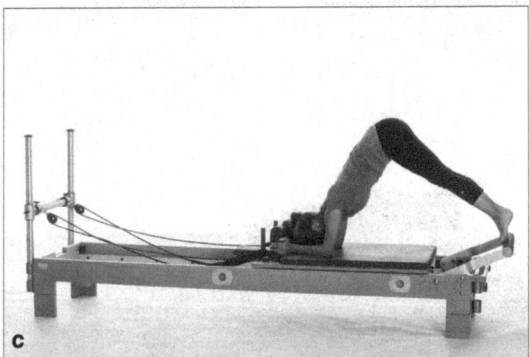

技术提示

1. 整个练习过程中保持核心肌肉持续发力。

2. 放松头部和颈部。平板支撑时，头部与脊柱保持排列恰当。

3. 两个手肘向对侧发力。手肘应位于肩部正下方，不应外展。

4. 平板支撑时保持髋部与身体其他部位的高度一致。

肩肘平衡式

主要参与肌肉

腹肌和肩胛稳定肌群。

运动目标

增强躯干和肩胛骨稳定性、核心控制力、肩部力量和控制力。

适应证

本练习的适应证与肩肘推拉式的适应证（第146页）相同。本练习虽省略了髋关节屈曲部分，但仍需要较强的腹肌力量、核心控制力和肩胛骨稳定性。

注意事项或禁忌证

肩袖修复手术后早期。

阻力

弱。

动作指导

本练习的起始姿势与肩肘推拉式的（图 b，第 147 页）相同。呼气，将滑板向前推几英寸，同时保持手肘撑地的平板支撑姿势（图 a）。吸气，将滑板拉回起始位置（图 b）。

进阶式

可将脚踏杆升高或将一条腿抬离脚踏杆几英寸进行练习。

技术提示

本练习的技术提示与肩肘推拉式的技术提示（第 147 页）相同。

滑冰式

主要参与肌肉

臀中肌和股四头肌。

运动目标

增强髋外展肌力量、腰椎－骨盆稳定性、膝关节稳定性和控制力，恰当的髌股排列。

适应证

本练习对运动员非常有好处，因为本练习在功能性姿势下增强髋外展肌力量，锻炼膝关节稳定性和控制力，并强化恰当的髌股排列。当然，核心肌肉也需要发力，以维持腰椎－骨盆稳定性。

注意事项或禁忌证

不可负重状态。

阻力

中。

动作指导

左脚站在底板上，右脚踩在滑板边缘并与左脚平行。以运动姿势站立，即膝关节和髋关节屈曲，背部保持挺直。膝关节与第 2 和第 3 脚趾对齐。双手放在髋关节处（图 a）或背在背后。呼气，下压滑板，并将其推开，伸直右腿（图 b），然后吸气，有控制地慢慢将滑板拉回挡栓处。右腿运动时，左腿始终保持稳定。

变式

反向滑冰式：右腿保持稳定，左腿将滑板推开（图 c）。

技术提示

1. 一条腿将滑板推开时，保持躯干和支撑腿完全静止。

2. 支撑腿的足跟向下压。

3. 患者在本练习中应当能够感受到臀部紧绷。如果感受不到，则进一步加大髋关节和膝关节的弯曲角度。

4. 想象向外推滑板时应像速滑一样有力，向内收时应缓慢而有控制。

侧劈腿

主要参与肌肉

内收肌。

运动目标

增强内收肌力量和控制力及腰椎 – 骨盆稳定性。

适应证

本练习以简单的方法在功能性站姿下增强通常力量较弱的内收肌的力量，并在增大髋关节 ROM 的同时提供了很好的拉伸。下压分开的阶段为内收肌提供了离心收缩锻炼，而拉回内收阶段为其提供了向心收缩锻炼。本练习还需要腹肌、盆底肌和背伸肌的协同激活，以保持身体直立。为防止内收肌过度发力，应使用弱阻力。

注意事项或禁忌证

不可负重状态。

阻力

弱。

动作指导

像滑冰式（第 148 页）一样，左脚踩在底板上，然后右脚踩在滑板的防滑垫上，尽量踩得比较远。双臂平举保持与躯干呈 T 字形（图 a）。吸气，使滑板向远离脚踏杆的方向移动，越远越好，同时要控制住滑板。滑板移动到最远处时保持几秒（图 b）。呼气，将滑板拉回起始位置，大腿夹紧，直到滑板抵住挡栓。

进阶式

1. 如果患者的腿比较长且比较强壮灵活，则可将右脚踩在肩枕旁。

2. 如果有附加站立平台，则可通过髋关节外旋进行练习，这一练习对舞者的训练非常有好处（图 c）。如果滑板在外侧，则可屈膝，呈下蹲姿势，不让滑板移动（图 d），然后伸直双腿，将滑板拉回挡栓处。

技术提示

1. 骨盆略微后倾能刺激腹肌发力并保护腰椎。

2. 运动期间身体会有向前倾斜的趋势。要克服此趋势，应保持躯干挺直向上，头顶尽量向上延伸。

3. 保持肩胛骨向背部下方收缩，锁骨外展。

4. 将滑板向内拉动时，想象身体在向上提且双腿中间夹着一个大球。

伸膝练习

主要参与肌肉

股四头肌。

运动目标

股内侧斜肌神经肌肉再训练、股四头肌力量增强、臀中肌力量增强、提升平衡性。

适应证

本练习分离膝关节深层局部稳定肌群，即股内侧斜肌。该肌肉正常发挥功能对恰当的髌股运动轨迹和膝关节稳定性至关重要。这也是我最喜欢用于膝关节损伤患者的练习之一，因为无论患者有什么伤病，深层局部稳定肌群都不会被限制。本练习中的身体姿势使患者既可以感受到，也可以观察到正确的运动轨迹，并可激活其股内侧斜肌，是进行神经肌肉再训练的极好方法。

由于这是个单侧负重练习，所以也对改善单侧髋部稳定性（加强臀中肌力量）和平衡性极有好处。

注意事项或禁忌证

不可负重状态。

阻力

弱。

动作指导

站在脚踏杆前面的地板上，面对滑板。一只脚放在滑板边缘，足跟悬空在外，脚趾紧压滑板。膝关节屈曲90度，且与第2和第3脚趾对齐。双臂放松置于体侧或髋关节两侧（图a）。慢慢向前推滑板，使腿伸直，膝关节完全伸展（图b）。不移动腿，向上抬膝关节，等长收缩股内侧斜肌（及下方的股四头肌中部）。然后有控制地慢慢弯曲膝关节，将滑板拉回起始位置。

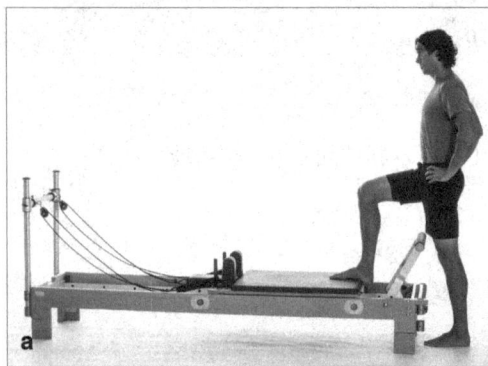

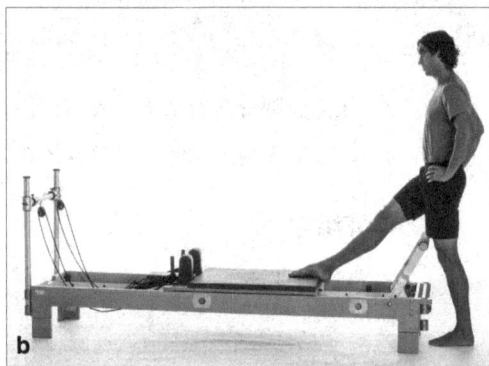

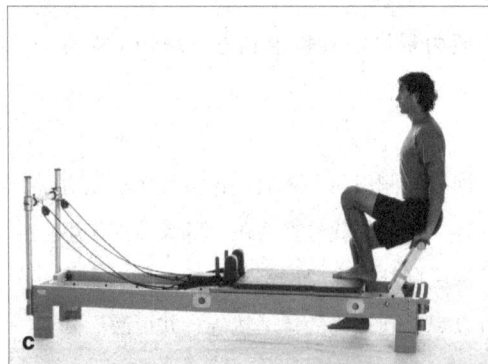

变式

不可负重的患者或平衡方面有严重问题的患者，可半坐在脚踏杆上（图 c 和 d，第 152 页）进行练习。

进阶式

站在平衡垫或泡沫轴上进行本练习。

技术提示

1. 整个练习过程中保持髋关节水平，支撑腿稳定不动。滑板移动时，骨盆不应向前或向后扭转。

2. 收紧核心肌肉，站立时身体尽量向上延伸。

3. 如果感受股内侧斜肌有困难，则可触摸膝盖上面大腿内侧的肌肉，感受肌肉的激活。

4. 要保持正确的髌股运动轨迹，将滑板向外推和向内拉时，应确保膝关节在第 2 和第 3 脚趾上方滑动。

腘绳肌屈膝练习

主要参与肌肉

腘绳肌。

运动目标

增强腘绳肌力量和正确膝关节运动轨迹。

适应证

本练习提供了一种锻炼腘绳肌的简单方法。在本练习中，患者能观察到膝关节的排列情况和运动轨迹，而这一点在俯卧腘绳肌屈膝练习中是难以做到的。坐立姿势使得刚进行过膝关节置换手术等无法负重的患者也能够练习。

注意事项或禁忌证

如果坐在盒子上，需要将髋关节屈曲 90 度以上，则本练习不适合全髋关节置换手术后的患者。

阻力

中。

动作指导

在重组训练器框架上放置短盒子。盒子与滑轮升降管间的距离依练习者的腿长而定——腿长越短，盒子距离滑板越近。面向脚踏杆，坐在盒子上，双腿向外延伸，将两个足跟悬在肩枕上。双手放在盒子两侧以帮助其处于正确位置（图 a）。收紧核心肌肉，上身坐直并向上延伸。呼气，弯曲膝关节，将滑板拉向盒子 （图 b），然后吸气，双腿有控制地慢慢伸直，回到起始姿势。

变式

每次用一条腿进行练习。另一条腿收在胸前，在盒子上休息或者向前伸直进行股四头肌等长激活练习。

进阶式

去掉盒子，在站立姿势下进行练习（图 c 和图 d）。这一进阶式能锻炼平衡性和髋关节侧面的稳定性，因此是运动员功能性再训练的极好方法。

技术提示

1. 腹肌尽量收紧，坐着或站立时脊柱向上伸展。

2. 双手尽量向盒子内压，这样既可使盒子保持稳定，也可激活上半身肌肉。

3. 为了维持正确的膝关节运动轨迹，向外推和向内收滑板的同时应密切注意使膝关节在第 2 和第 3 脚趾上方滑动。

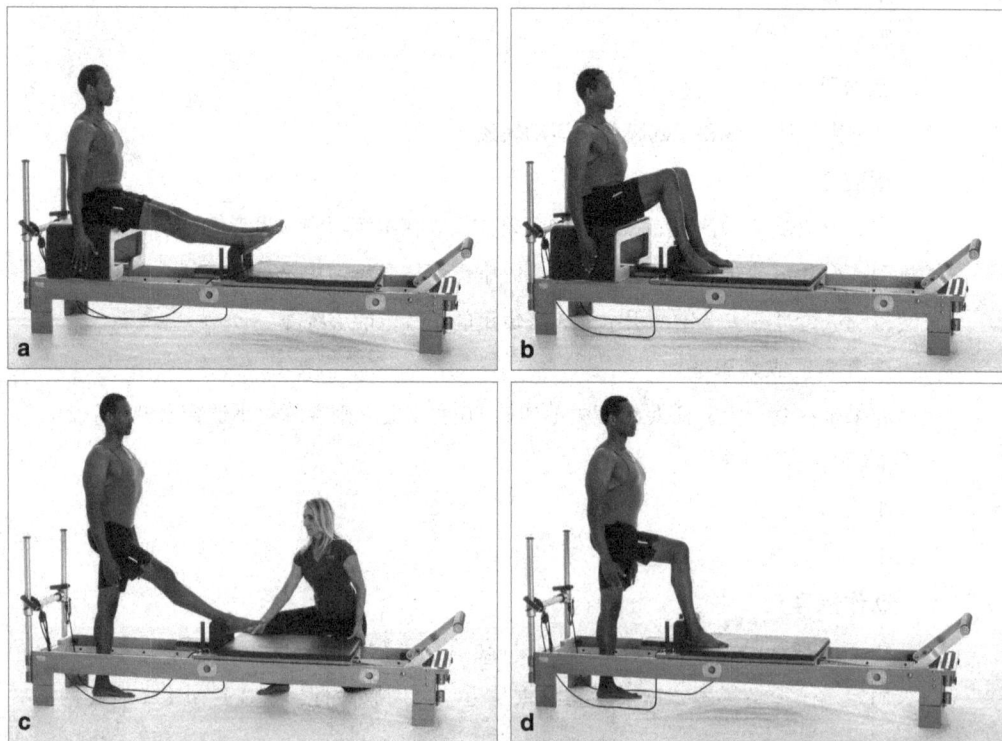

滑板车式

主要参与肌肉

髋伸肌、膝伸肌、腹肌。

运动目标

锻炼躯干和肩胛骨稳定性、髋部分离，加强髋伸肌和膝伸肌力量，并提升功能性运动下收缩深层腹肌的能力。

适应证

这是我最喜爱的练习之一，因为这个练习非常具有功能性而且很通用。本练习是一个平衡练习，几乎人人都能进行。练习目的在于伸展运动的腿并伸展髋关节，同时锻炼骨盆、躯干和肩胛的稳定性。这一练习可以根据练习者的目标（增强平衡性、核心力量、髋伸肌力量或协同收缩能力）进行调整。

注意事项或禁忌证

腰椎间盘病变、骨质疏松症、不可负重状态。

阻力

弱至中，但如果运动目标是增强腿部力量，而非躯干稳定性，则可加强阻力。

动作指导

站在重组训练器旁的地面上，面对脚踏杆。双臂打开至与肩同宽，双手放在脚踏杆上，双臂伸直。一只脚站在地上与肩枕处于同一直线，膝关节略微弯曲，另一只脚抵住肩枕，膝关节悬空在滑板上。拱起下背部，形成一个弯曲的C字形，并收紧核心（图a）。吸气，将滑板向后推，伸展在滑板上的腿（图b）。呼气，通过腹肌发力将滑板拉回，滑板上的腿弯曲，回到起始姿势。

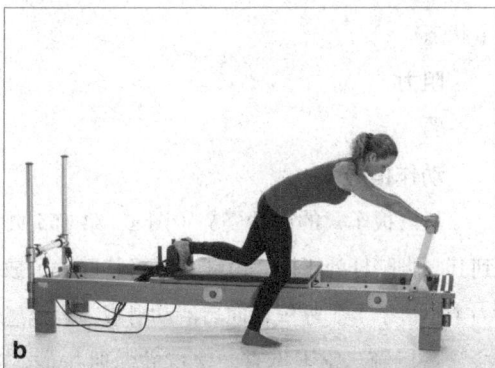

变式

1. 椎间盘病变和骨质疏松症患者应在脊柱中立位置姿势（直背）下进行练习，而不要在弯曲的 C 字形姿势下练习。这样更强调髋部伸展，而不是躯干屈曲。

2. 对于年长者、行动不便者或极度虚弱的患者，其用于支撑的脚可以距离脚踏杆更近一些，给予身体更多支撑，也更有利于髋关节伸展。

进阶式

一只手离开脚踏杆并向前延伸，提升在水平面保持腰椎 – 骨盆稳定的难度。

技术提示

1. 肩胛骨向下、向后收缩，避免上背部拱起。

2. 在经典版中，患者在整个练习过程中保持腰椎屈曲，骨盆略微后倾。

3. 想象跑步运动员准备做冲刺的姿势，用力压肩枕。

站姿弓步

主要参与肌肉

腘绳肌和髋屈肌。

运动目标

提升腘绳肌和髋屈肌柔韧性。

适应证

这是滑板车式的一个很好的后续练习，因为它能极好地拉伸腘绳肌和髋屈肌。

注意事项或禁忌证

滑椎、髋屈肌拉伸姿势下骨盆过度前倾或腰椎伸展导致的腰椎管狭窄及不可负重状态。

阻力

弱。

动作指导

从滑板车式的起始姿势（图 a，第 155 页）开始，将地面上的脚向前移动，直到其与脚踏杆处于同一直线，并可将膝关节放在滑板上（如果膝盖敏感，推荐使用一个小垫子）。呼气，向后滑动滑板，直至感觉到滑板上那条腿的髋屈肌拉伸。保持骨盆后倾，躯干挺直。保持髋屈肌拉伸，呼吸 3 ～ 5 次（图 a）。呼气，站立的那条腿膝关节伸直，脚尖抬起。胸部朝向伸直的腿前倾，背部保持挺直。保持腘绳肌拉伸，呼吸 3 ～ 5 次（图 b）。

技术提示

1. 髋屈肌拉伸时保持骨盆后倾或骨盆收紧。
2. 腘绳肌拉伸时，骨盆略微前倾。
3. 前腿伸直时骨盆沿着水平线移动。
4. 头部与脊柱保持对齐，背伸肌发力。

俯卧拉绳 1

主要参与肌肉

肩部伸肌和背伸肌。

运动目标

增强肩部和背伸肌力量并改善姿势。

适应证

采用俯卧姿势进行本练习可对肩部肌肉进行抗重力锻炼，这与康复运动中常见的练习相似。重组训练器上的脚蹬带提供了额外的阻力，并提升了背伸肌锻炼强度。肩关节屈曲的整体 ROM 小于 90 度，这对所有的肩部疾病都很安全，对肩周炎也很有效，因为这一运动有一些长轴轨迹的运动，所以比较放松。本练习对游泳运动员和冲浪运动员来说也是极好的功能性练习，因为练习动作与划水动作相似。练习中伸展的幅度取决于运动目标是肩关节伸展、胸部扩展还是腰椎伸展。

注意事项或禁忌证

脊椎前移或椎管狭窄。

阻力

弱。

动作指导

俯卧在长盒子上，胸骨位于盒子边缘，脚朝向脚踏杆，双臂向下伸展，双手抓住绳索，掌心向内，肩关节略微向前（约20度）（图a）。吸气，向上将绳索拉到身体两侧，肩胛骨向后、向下收缩。如果可以做到，将双臂高举过大腿（图b）。呼气，双臂下降，回到初始姿势。

变式

重复5～10次后，双臂举至与腿同高，进行肱三头肌伸展。弯曲并伸直肘关节，肩胛骨持续向后、向下收缩（图c）。

进阶式

吸气时，一起伸展躯干和肩关节（图d）。

技术提示

1. 整个练习过程中要确保腹肌发力以保护下背部。

2. 即使不做背部伸展，背伸肌也要发力，以启动双臂的运动。

3. 双臂保持伸直，掌心始终朝向重组训练器，避免肩关节内旋和圆肩（含胸）。

4. 双臂靠紧大腿上方，激活肩胛内收肌。

5. 当运动目标为改善姿势时，注意从中背部抬升，拱起胸椎，打开胸腔（锁骨外展，肩胛骨向下、向后运动，不可将上背部拱起或肩关节向前耸）。

6. 保持 DNF 发力，使颈椎不会过度伸展。想象使用上背部抬升，而不是用头部和颈部。

俯卧拉绳 2

主要参与肌肉

肩内收肌和外旋肌，背伸肌。

运动目标

增强肩关节 ROM 和力量、肩胛骨稳定性、肩肱节律，改善姿势。

适应证

本练习的适应证与俯卧拉绳 1 的适应证（第 157 页）相同，本练习中的俯卧姿势可对肩部肌肉进行抗重力锻炼，重组训练器的阻力为背伸肌提供了额外的锻炼。这个练习比俯卧拉绳 1 更为复杂和困难，因为外旋肌必须发力抵消肩部内旋和胸部抬起的常规模式。这也是一个对游泳运动员和冲浪运动员，以及需要改善姿势和肩关节功能患者极好的练习。

注意事项或禁忌证

脊椎前移及疼痛性椎管狭窄。

阻力

弱。

动作指导

俯卧在长盒子上，脚朝向脚踏杆，胸骨位于盒子边缘。抓住绳索，双臂向外伸直，与躯干呈 T 字形，掌心朝向地面（图 a）。吸气，抬升躯干，肩部向后、向下收缩，双臂回到体侧，保持掌心朝向地面（图 b）。呼气，双臂回到起始姿势。

变式

重复 5 ～ 10 次后，双臂保持与躯干呈 T 字形，对抗绳索的阻力，朝天花板抬升双臂，收紧肩胛骨。滑板不要移动。

进阶式

吸气时，躯干伸展的同时肩关节内旋（图 d，第 158 页）。

技术提示

1. 整个练习过程中要确保腹肌发力以保护下背部。

2. 即使不做背部伸展，也要使背伸肌发力，以促进双臂的运动。

3. 整个练习过程中掌心朝向地面，确保肩关节外旋。让小拇指（而不是掌心或者拇指）触碰大腿。

4. 在水平面上移动双臂，肩关节内收或外展时保持与地面平行。

5. 当运动目标为改善姿势时，注意从中背部抬升，拱起胸椎，打开胸腔。

6. 保持 DNF 发力，使颈椎不会过度伸展。想象使用上背部抬升，而不是用头部和颈部。

腰方肌拉伸

主要参与肌肉

腰方肌。

运动目标

拉伸腰方肌。

适应证

这一练习可以很好地使时常会紧张的腰方肌被拉伸。这块肌肉通常是下背部疼痛的源头，并且很难被有效拉伸。重组训练器的设计使得患者能够处在较好的拉伸位置，并且方便教练手动协助，也易于运动。

注意事项或禁忌证

腰椎间盘病变或骨质疏松症（仅第 2 部分）。

阻力

强（所有弹簧）。

动作指导

将弹簧固定器向前移动，从下面抓住脚蹬带，然后将弹簧固定器放回到恰当的位置。若练习者身高较高，则弹簧固定器应远离脚踏杆，如身高较矮，则弹簧固定器应靠近脚踏杆。将所有弹簧都挂上，在重组训练器上放一个盒子，与弹簧垂直。侧坐在盒子上，下面的腿弯曲，并将该侧髋关节放于盒子后边缘。上面的脚从脚蹬带下方穿过，勾住脚蹬带，保证自身安全（图 a）。

第 1 部分

向远离脚蹬带的方向侧向弯曲，并将一只手或手肘放在头枕上（取决于柔韧性和躯干长度）；另一只手的上臂延伸过头顶，直至感觉到拉伸，保持 3～5 次呼吸（图 b）。

第 2 部分

如果可以做到，将躯干向地面扭转，双手分别放在框架上。降低躯干，直至感受到拉伸，保持 3～5 次呼吸（图 c）。

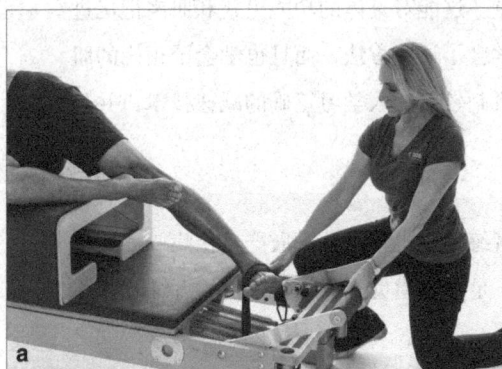

变式

患者在以此姿势拉伸时，教练帮助其将肌筋膜放松或帮助其恢复软组织灵活性。

进阶式

柔韧性更好或身高较高的人可将一只手放在地面上。

技术提示

1. 确保髋关节排列恰当，使髋部侧向弯曲时脊柱不会扭转（第 1 部分适用）。

2. 确保勾住脚蹬带的那条腿完全伸展，使脚蹬带伸展，让身体得到拉伸。如有需要，可根据情况调整弹簧固定器的位置。

3. 两种姿势下，身体都应完全放松并悬躺在盒子上，在脚蹬带提供的稳定力量和重力的作用下产生被动拉伸。

跳跃系列

主要参与肌肉

股四头肌和腓肠肌。

运动目标

增强膝伸肌力量、髋伸肌力量、跖屈肌力量、腰椎 – 骨盆稳定性，跑步和跳跃神经肌肉的再训练。

适应证

附加跳板为运动员提供了极好的功能性再训练练习。在重组训练器上跳跃可以使用零重力弹簧阻力来提供早期渐进式负重。这能对具体的功能模式和肌肉记忆进行再训练，患者在准备重返运动场时已经学会了这些方法，而且也学会了正确的肌肉发力部位。本练习还可很好地帮助落地机制较差的人学习正确的减速技术，并且本练习对核心区域来说极具挑战。

注意事项或禁忌证

不推荐脊柱关节炎和下肢骨关节炎患者练习；也不推荐下肢严重伤病，如髌腱炎、髂胫束综合征、跟腱炎、胫后肌腱炎、足底筋膜炎或踝关节扭伤的人练习。

阻力

弱至中。

动作指导

根据器械说明书将跳板安装牢固。仰卧在滑板上，保持脊柱处于中立位置，双腿平行，脚踩跳板，分开至与髋关节同宽，足跟下压（图 a）。呼气，伸直膝关节，双脚跖屈，跳离跳板（图 b）。吸气，让膝关节屈曲，足跟慢慢降低直至回到跳板上，回到起始姿势。重复10 ～ 20 次，保持核心发力，滑板不要晃动。

变式

1. V 字姿势　本变式的起始动作与原练习相同，但双腿外旋，双脚踩在跳板上呈 V 字形（图 c）。悬空时双腿夹紧，内收肌发力，落回时膝关节与第 2 和第 3 脚趾对齐。重复 10 ～ 20 次。

2. 单侧练习　这一变式中，一只脚踩在跳板上，与原练习一样，而另一条腿保持桌面姿势。使用同一条腿跳起（图 d）后落下，进行 10 次后换腿。

3. 换腿（轻快地跳）　这一变式与单侧练习变式相同，但在离开滑板，一条腿伸直时，对侧腿也要伸直。在空中换腿，用对侧腿落地，落下时膝关节屈曲，另一条腿保持桌面姿势（图 e）。

4. 双膝伸展（跳跃）　这个变式中，落下和跳起时都要保持双膝伸展（图 f 和 g）。这一变式对小腿肌肉的锻炼强度超过对股四头肌的锻炼强度，因此其对慢性踝关节扭伤和跟腱炎等伤病的康复和预防非常有价值。本练习

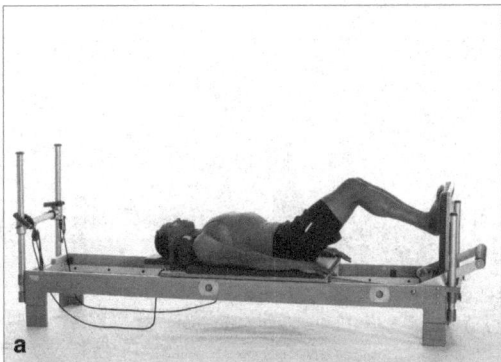

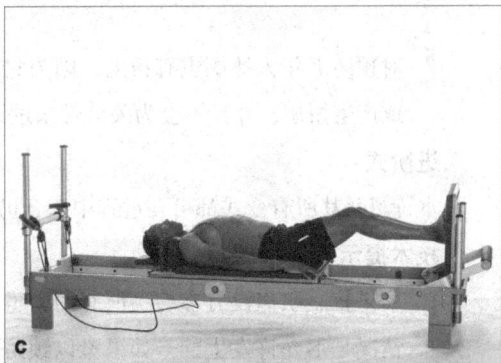

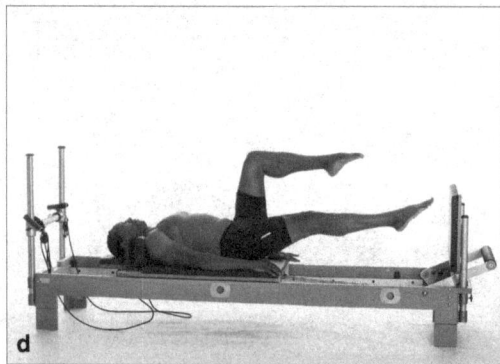

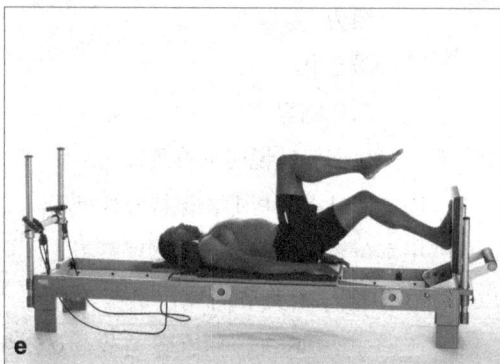

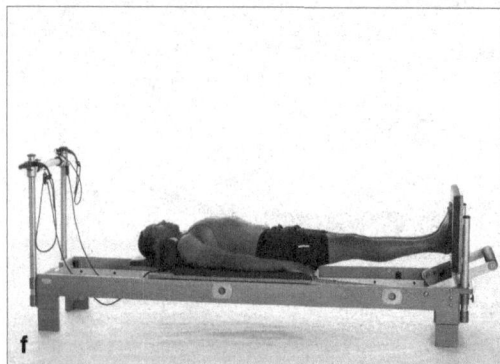

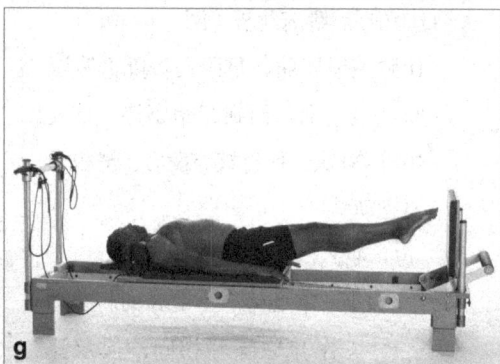

对预防老年人摔倒也有帮助，因为它能够训练神经肌肉系统迅速产生力量或产生扭矩，并且不会为关节带来过大压力。

进阶式

本练习及其所有变式都可在过程中配合扔抓球或举小型哑铃进行练习。

技术提示

1. 如果核心肌肉没有参与，所有的力量来自腿部，这会导致滑板晃动。这种情况是不允许发生的。如果难以预防，可将弹簧阻力减弱，直至学会正确的肌肉发力模式，并可以做到在运动过程中让滑板不左右晃动。

2. 努力做到回落时保持足跟接触跳板，避免二次弹起。

3. 跳起和落下时脚上应有明确的动作，就像一个人要跑步或要跳跃时一样。

4. 在单侧练习变式中，骨盆应保持稳定，呈桌面姿势的腿要保持稳定不动。

多功能器械训练台练习

多功能器械训练台虽然庞大且价格昂贵，但是非常有用。器械的高度和宽度设计合理，使其用户体验感极佳，且对年长和虚弱的患者，以及手术后运动受限的患者来说也非常安全。多功能器械训练台还非常稳定，适用于对在重组训练器的滑板上感到不适的患者。它还能用作关节和软组织灵活性练习、促进神经肌肉本体感觉练习和手动拉伸练习的底座。由于其设计原理，多功能器械训练台还能让患者在多个不同运动面锻炼身体。和重组训练器及稳踏椅一样，多功能器械训练台上的练习也能以俯卧、仰卧、侧卧、坐姿、跪姿和站姿进行。还有一些很棒的功能性练习是站在多功能器械训练台旁边的地面上，利用它的弹簧或滑动横杆提供的阻力或支撑进行的。在安全性方面，使用多功能器械训练台上的推杆时要格外注意安全。上端负重如果突然被释放，推杆会快速弹起，可能击中教练和患者。如需使用底部负重的推杆进行练习，应使用安全带。

多功能器械训练台上的每一个练习都会从主要参与肌肉、运动目标、适应证、注意事项或禁忌证等方面详细描述，如有需要还有变式和进阶式，并有技术提示以帮助进行正确练习。除此之外，还会给出建议准备动作和弹簧阻力。运动指导从指导教练对练习者进行指导的用语角度表达，练习者也可根据这些步骤自行练习。我建议没有普拉提经验的人在将其用于康复训练之前，先在具有资质的普拉提教师的指导下进行实操，分别体验练习者和指导教练的角色。这是安全高效地执行训练计划的一个必要过程。

卷腹杆骨盆卷起

本练习是原版练习的一个变式，由 BASI 普拉提导师计划中的雷尔·伊萨科维茨教授（Isacowitz，2018）进行教学。

主要参与肌肉

腹肌、腘绳肌、臀大肌。

运动目标

增强脊柱与骨盆区域的灵活性、脊柱关节运动、腘绳肌控制力、骨盆－腰椎稳定性、核心肌肉的再激活和协同收缩、温和的脊柱牵引。

适应证

本练习是在垫上骨盆卷起（第 57 页）的基础上在膝关节下放一个卷腹杆的练习。这样会提供少量脊柱牵引力，并有利于释放髋屈肌。额外的阻力可以帮助因为患有全身僵硬或脊柱关节炎、核心无力或受限、背伸肌或髋屈肌紧张而难以做到卷腹动作的人。本练习是一个很好的热身练习，因为它可以促进放松和身心相通，并促进脊柱运动，为更有难度的练习做好准备。

注意事项或禁忌证

严重的腰椎间盘病变或（深层脊柱屈曲产生的）骨质疏松症。

阻力

中（在垂直立柱约 3/4 高度处挂 2 条蓝色或红色弹簧）。

动作指导

弯曲双膝仰卧在垫子上，双腿平行并分开至与髋部同宽，双臂放在身体两侧，掌心向下，保持骨盆处于中立位置。将 RUB 勾在膝关节下（图 a）。吸气，准备。呼气，收紧核心，并从骨盆处卷起，脊柱一节一节地离开垫子（图 b）。吸气，在髋关节 ROM 最大处保持，此时，骨盆应达到最大限度的后倾，应感到髋屈肌拉伸。呼气，从胸椎开始一节一节地放下脊柱，直到尾椎骨接触垫面。

变式

1. 椎间盘病变患者，不用深度腰椎屈曲，在抬起时仅保持脊柱与骨盆处于中立位置即可。
2. 双膝之间夹一个球，可促进内收肌发力。

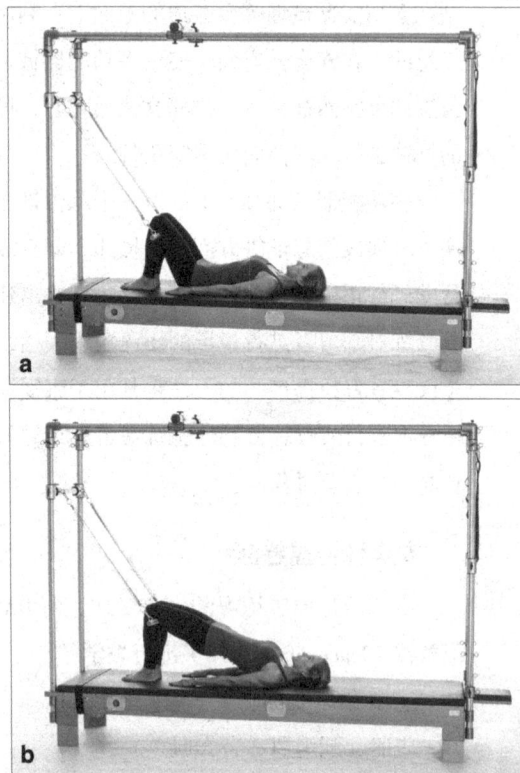

进阶式

1. 骨盆抬升时，双臂举过头顶，激发上身脊柱更多的控制（图 c 和图 d）。
2. 重组训练器上的提臀（第94页）和重组训练器上的提臀腿伸展（第95页）。

技术提示

1. 保持颈部与肩部放松。
2. 将耻骨向下颌拉近（骨盆后倾），使脊柱抬离垫子时腰椎屈曲达到最大。
3. 想象将足跟拉向尾椎骨，保持腘绳肌发力，骨盆后倾。
4. 想象脊柱像弹簧玩具一样，逐节地降低脊柱，有意识地每次只放下一节。这样有助于髋关节 ROM 达到最大，锻炼脊柱灵活性。

推杆呼吸

主要参与肌肉

腹肌和背伸肌。

运动目标

增强腹部力量、脊柱关节运动与灵活性、肩部灵活性，改善协同收缩能力、平衡性和呼吸。

适应证

正如我们在第 2 章和第 3 章中讨论过的，BASI 普拉提中运用的基础的呼吸模式是呼气时脊柱屈曲，吸气时脊柱伸展。利用这种模式可以很好地学习呼吸与运动相协调的概念。身体流畅地通过肩部屈曲与伸展、腰椎屈曲、腰椎和胸椎伸展、髋部屈曲与伸展而运动。弹簧能够为因运动或核心力量不足而无法做到这些姿势的患者提供协助。

注意事项或禁忌证

严重的椎间盘病变、骶髂关节功能障碍或剧烈疼痛、严重的肩部撞击综合征。

阻力

中（2 根蓝色或 1 根红色弹簧）。如需降低难度，可减少阻力；如需增大难度，可增加阻力。

动作指导

仰卧在垫子上，保持骨盆处于中立位置，双脚放在吊杠上，双手抓住 PTB，双臂分开至与肩同宽。双腿伸直，双脚向外扭转，肩关节呈 90 度屈曲（图 a）。吸气，将 PTB 拉过头顶（图 b）。呼气，将 PTB 拉回初始位置。吸气，收腹，骨盆和脊柱向上卷起形成桥式（图 c）。呼气，脊柱和骨盆回落至垫上。吸气，收腹，卷起身体呈折叠式（图 d）。呼气，身体回落，回到起始姿势。

变式

椎间盘病变患者抬升至桥式时，应保持脊柱处于中立位置（直背），以铰链式运动抬起，而非卷起。用这种方法进行练习能够增强髋部伸展，而非深层腹肌激活。

进阶式

用一个大理疗球代替吊杠将其放在双脚之下起支撑作用，进行本练习。这样可以在多个平面上锻炼腰椎－骨盆稳定性，增大练习难度。

技术提示

1. 运动与呼吸协调，并保持流畅。
2. 保持脊柱处于中立位置，PTB 拉过头顶时，避免肋骨外张。
3. 折叠式下（图 d，第 168 页）胸部朝向双脚方向延伸，使脊柱尽量延伸，让 PTB 略微拉伸。

髋部练习：仰卧双腿式

本练习是一项可以学习髋部分离概念及提升髋部灵活性、矫正髋部肌肉失衡的运动。髋部肌肉失衡通常会造成腰椎、骨盆、髋部甚至膝部病变。这个系列的练习之所以可以解决髋部肌肉失衡问题，是因为练习中主要锻炼的肌肉是髋伸肌和内收肌，而不是通常已经十分紧张的髋屈肌。这些练习与重组训练器上的髋部练习系列类似（第 108 页），但由于阻力角度的缘故，这些练习施加在髋伸肌上的负重更加大。和重组训练器上进行练习不同的是，在多功能器械训练台上，两条腿分别使用一根独立的弹簧，这样使得两条腿能够完全独立地进行锻炼，由此增加了骨盆稳定性方面的挑战，并能更好地发现髋部两侧肌肉的不平衡问题。我喜欢将多功能器械训练台用于具有不稳定、平衡或协调问题的患者（如中风、多发性硬化症或纤维肌痛等神经性疾病的患者），因为它可以增强患者对稳定性的感受。由于多功能器械训练台比重组训练器低，所以在上下器械时更加安全简单。因运动过程中不会产生超过 90 度的髋关节屈曲动作，所以该练习对于全髋关节置换手术后的患者非常有价值。和在重组训练器上一样，教练可根据患者的能力或限制对其 ROM 进行调节。

蛙式

主要参与肌肉

内收肌。

运动目标

增强腰椎-骨盆稳定性、髋关节灵活性、内收肌力量和控制力、膝伸肌控制力。

适应证

本练习非常有益于髋关节和膝关节僵硬或关节炎、骶髂关节病变，需要锻炼腰椎-骨盆稳定性的患者。

注意事项或禁忌证

全髋关节置换手术后的患者要谨慎，因为双腿拉成蛙式时，髋关节屈曲有超过90度的趋势。

阻力

腿部弹簧挂在垂直立柱约3/4高度处。如果运动目标是锻炼腰椎-骨盆稳定性，则可使用弱阻力（黄色弹簧）。如果运动目标是加强髋伸肌或内收肌的力量，则可增加阻力（使用紫色腿部弹簧）。

动作指导

保持骨盆处于中立位置，仰卧在垫子上，双脚踩在脚蹬带上，膝关节屈曲成蛙式，双脚背屈。双臂放在身体两侧，肩部放松（图a）。呼气，足跟靠拢，双腿努力伸直（图b）。吸气，回到起始姿势。

变式

稳定性极差或神经性疾病患者，可将脚蹬带放在膝关节上以缩短杠杆长度。

进阶式

单腿仰卧：可仅一条腿在脚蹬带上进行蛙式练习，另一条腿在垫子上伸直（图c）。

技术提示

1. 用腘绳肌和内收肌带动身体运动。

2. 膝关节伸直时，集中注意力将双腿夹紧，好像双腿之间夹了一个球。

3. 整个练习过程中足跟靠拢，尤其是在膝关节屈曲伸直的过程中。

4. 双脚沿着水平面运动。

5. 整个练习过程中，骨盆保持稳定。
6. 避免双膝过于靠近胸部，否则会使尾椎骨抬升，使练习不适用于全髋关节置换手术后患者。

髋关节画圈

主要参与肌肉

内收肌和髋伸肌。

运动目标

增强腰椎 – 骨盆稳定性，髋部灵活性，内收肌、外展肌和伸肌力量及控制力，髋部灵活性，内收肌和腘绳肌拉伸。

适应证

这是一项非常有利于内收肌控制和力量的练习，因为其主要集中于等长、向心和离心收缩。我非常喜欢将这一练习用于提升髋关节 ROM。

注意事项或禁忌证

无。

阻力

腿部弹簧挂在垂直立柱约 3/4 高度处。如果运动目标是锻炼腰椎 – 骨盆稳定性，则可使用弱阻力（蓝色腿部弹簧）。如果运动目标是加强髋伸肌和内收肌力量，则可增大阻力（使用紫色腿部弹簧）。

动作指导

保持骨盆处于中立位置，仰卧在垫子上，双脚勾住脚蹬带，双腿伸直，髋关节呈90度弯曲（如果可能，尽量不要抬升骨盆）。髋关节外旋，双脚跖屈。双臂放在身体两侧，肩关节放松（图a），呼气，将双腿牵引回身体中线，保持双腿夹紧（图b），然后吸气，打开双腿（图c）。双腿画圈，回到起始姿势。重复5～10次，然后反向练习。

变式

稳定极差或神经性疾病的患者，可将脚蹬带放在膝关节上以缩短杠杆长度。

进阶式

单腿仰卧　本练习的进阶式与蛙式的进阶式（第170页）相同，可将一条腿踩在脚蹬带上，另一条腿平放在垫子上。

技术提示

1. 整个练习过程中保持弹簧绷紧，想象在天花板上画圆形。
2. 双腿夹紧，好像在中心位置上下画一条直线。
3. 双腿沿身体的中心线下降时，想象双腿在向内、向下挤压一个气球，这样是让腘绳肌和内收肌共同发力。
4. 双腿开合时，最大限度地收缩内收肌。
5. 注意力集中于骨盆稳定性和髋部分离运动。

行走练习

主要参与肌肉

髋伸肌。

运动目标

提升腰椎 - 骨盆稳定性、髋关节灵活性、髋伸肌力量。

适应证

本练习可加强髋部运动时骨盆在矢状面的稳定性，并且能有效地向患者展示其保持脊柱处于中立位置的髋关节 ROM，并让患者了解哪些肌肉可用于控制这些动作。练习的起始姿势为利用腘绳肌带动腿部运动，同时让腘绳肌开始拉伸。由于活动范围可根据患者的能力和局限进行增大或减小，因此本练习适用于所有人。

阻力

腿部弹簧挂在垂直立柱约 3/4 高度处。如果运动目标是锻炼腰椎 - 骨盆稳定性，则可使用弱阻力（黄色腿部弹簧）。如果运动目标是加强髋伸肌和内收肌力量，则可增大阻力（使用紫色腿部弹簧）。

注意事项或禁忌证

无。

动作指导

保持骨盆处于中立位置，仰卧在垫子上，双脚勾住脚蹬带，双腿伸直、并拢，髋关节屈曲 90 度（如果可以做到，骨盆尽量不要倾斜）。双臂放在身体两侧，肩部放松（图 a）。呼气，双腿前后交叉像剪刀一样小幅运动，同时伸展髋关节，腿部朝垫子下压 5 次（图 b）。吸气，双腿抬起，回到起始姿势，再用同样的剪刀式动作拉伸弹簧 5 次。

变式

稳定性极差或神经性疾病患者，可将脚蹬带放在膝关节上以缩短杠杆长度。

进阶式

单腿仰卧 和蛙式（第170页）及正反画圈练习（第180页）一样，本练习也可单腿进行。仅一条腿放在脚蹬带上，另一条腿伸直放在垫子上。踩着脚蹬带的一条腿向下压，拉伸髋关节；骨盆和另一条腿保持稳定，最大限度地锻炼腘绳肌（图 c）。

技术提示

1. 保持受控并且幅度较小的腿部运动，就像游泳时用腿拍水花的姿势。

2. 整个练习过程中都将弹簧绷紧。

3. 注意力集中于腰椎－骨盆稳定性。

辅助髋屈肌拉伸

主要参与肌肉

髋屈肌。

运动目标

放松髋屈肌，提升髋屈肌柔韧性。

适应证

这个练习安全舒适，适用于髋屈肌紧张的所有人。滑动横杆提供的向下的压力能够预防腰椎拉伸时常见的过度伸展。常见的补救方法是将不拉伸的那条腿的膝关节抱在胸前，但这样会使其他肌肉发力，从而阻碍肌肉放松并削弱了拉伸带来的益处。多功能器械训练台的设计配合人工协助，能让患者体验到髋屈肌的拉伸。

注意事项或禁忌证

禁忌证包括全髋关节置换手术后早期阶段（由于非拉伸腿一侧的髋部屈曲大于90度）。脊椎前移患者应谨慎练习。

阻力

无。

动作指导

仰卧在垫子上，尾椎骨放在垫子的边缘。一条腿的膝关节朝胸部屈曲，另一条腿悬在边缘，双臂放松，放在身体两侧（图a）。教练将滑动横杆降低到令患者舒适的位置，让患者的脚蹬住滑动横杆下面。然后教练半跪在地面上，轻轻下压患者悬空的一条腿，进行拉伸，使其髋关节伸展，膝关节屈曲，直到患者可以感受到明显的髋屈肌拉伸（图b）。保持几个呼吸周期，然后抬起患者的拉伸侧腿，将这条腿放在另一条腿的旁边，换另一侧进行拉伸。

技术提示

1. 这一练习起始和结束时，仅将滑动横杆抬起，让患者借助垂直立柱的支撑，慢慢坐起即可。

2. 确保滑动横杆能够提供足够的向下的压力，从而持续地向患者的脊柱施加压力。

3. 脚在滑动横杆上保持背屈，脚底朝向天花板。

4. 如果患者无法感受到髋屈肌拉伸，则可让其向远离多功能器械训练台边缘的方向移动，使其髋关节更加伸展。

泡沫轴脊柱练习

主要参与肌肉

前锯肌、菱形肌、中斜方肌。

运动目标

增强肩胛骨前伸和回缩力量、肩胛骨灵活性。

适应证

肩部疾病患者的前锯肌通常都非常无力。本练习能够更好地锻炼并加强前锯肌的力量，这对肩部正常发挥功能非常重要，尤其对于运动员来说。前锯肌的主要作用是在上升过程中保持肩胛骨的稳定及促使肩胛骨向前运动并围绕胸腔拉伸，这些作用在游泳、前推、出拳或投掷动作中会用到。正如第3章中所述，研究表明，前锯肌和下斜方肌通常是肩胛肌肉中最无力最受抑制的肌肉，可能会产生不正常的动作。因此，肩部疾病患者加强前锯肌的力量非常关键。本练习提供了简单的锻炼前锯肌的方法，让患者感受到前锯肌被激活时的感觉，然后利用更有难度的练习和体育活动正确地锻炼前锯肌。

注意事项或禁忌证

无。

阻力

强（PTB下方使用两根红色手臂弹簧）。

动作指导

仰卧在半泡沫轴上，手持下方加有负重的PTB（系上安全带），双手在肩部正上方。弯曲膝关节，双脚平放在垫子上，脊柱呈中立位置，半泡沫轴放在两个肩胛骨之间（图a）。呼气，伸直双臂，抵抗阻力向上推PTB，前伸肩胛骨（图b）。吸气，降低PTB，回缩肩胛骨，双臂仍保持伸直状态。

变式

如果运动目标是加强肩胛骨回缩力量（菱形肌和中斜方肌），则在PTB上方增加负重，进行同样的锻炼（图c）。

进阶式

1. 要锻炼核心稳定性，则在完整的泡沫轴上练习。

2. 进行单侧练习（图d）。

技术提示

1. 整个练习过程中保持肘关节伸直。

2. 保持腹部发力,使身体保持稳定。

3. 将 PTB 拉下时,肩胛骨内收挤压泡沫轴。

4. 下颌轻收,DNF 发力。

5. LT 持续发力,以确保肩部不会朝着耳朵方向上提。

单腿侧卧系列

本系列练习的益处与"髋部练习:仰卧双腿式"(第 169 页)的益处相同。因为本系列练习都在侧躺姿势下进行,髋外展肌和斜方肌都得到再激活。

单腿前后点地

主要参与肌肉

髋外展肌。

运动目标

增强外展肌力量和控制力以及腰椎－骨盆稳定性。

适应证

本练习迫使内收肌进行等长、离心和向心收缩，因此是锻炼内收肌控制力和力量的极佳练习。并且，本练习还能够有效地展示出患者在保持脊柱处于中立位置前提下可达到的 ROM 及进行这些运动时使用的肌肉。本练习适用于所有人，教练可根据患者的能力和局限性扩大和缩小 ROM。

注意事项或禁忌证

禁忌证包括大转子滑囊炎和全髋关节置换手术后早期（由于髋关节内收至同侧腿跨过身体中线）。肩部撞击综征患者可简化手臂姿势。

阻力

弱至中（腿部弹簧使用黄色，挂在垂直立柱 3/4 高度处，或者在垂直立柱顶部的滑动横杆处挂阻力更强的弹簧）。

动作指导

侧卧在垫子上，双腿伸直，向外扭转。上方的脚勾住脚蹬带，并朝斜前方伸出（约 45 度）（图 a）。下方的手臂伸直，放在头部下，上方手臂抓住多功能器械训练台的垂直立柱或放在多功能器械台上的身体前。呼气，上方的腿降低，放在下方的腿前方（图 b），然后吸气，抬起上方的腿。呼气，降低上方的腿，

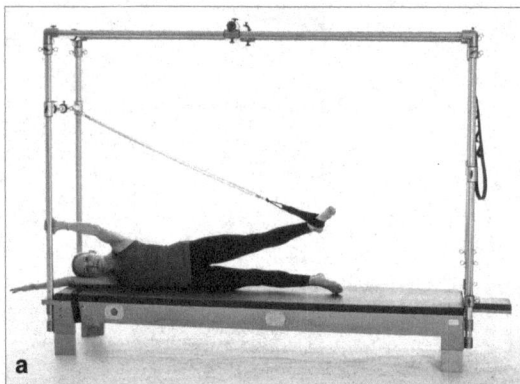

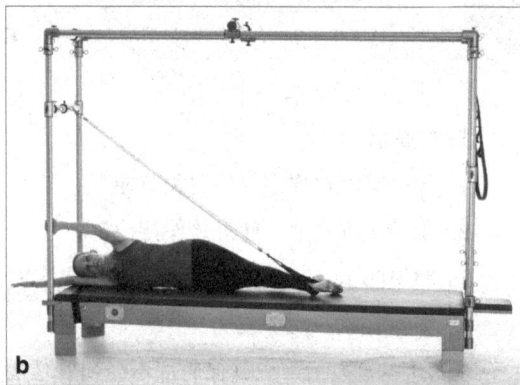

直至触碰到下方的腿后侧的垫子（图 c），然后吸气，将上方腿抬起，回到起始姿势。

变式

1. 稳定性极差或神经性疾病患者，可将脚蹬带放在膝关节上，以缩短杠杆长度。

2. 肩部或颈部疾病患者，可用一个枕头支撑头部，将手臂放在舒适的位置。

技术提示

1. 整个练习过程中注意力集中于腹斜肌，保持下背部以下产生一个小空间，并维持住。

2. 尽量减少骨盆运动，使一侧髋关节在另一侧的正上方。

3. 想象双腿从髋臼处伸出并延伸。

剪刀式

主要参与肌肉

髋伸肌和髋屈肌。

运动目标

增强髋伸肌力量和控制力、髋屈肌拉伸、腰椎 - 骨盆稳定性。

适应证

本练习强调行走练习（第 173 页）强调的骨盆稳定性和矢状面的髋部灵活性，但是本练习在侧躺姿势下进行，更多地锻炼到内收肌、外展肌和斜方肌。本练习的一个额外益处是腿部运动使髋部伸展越过中立位置，由此髋屈肌得到拉伸，并能有效地向患者展示其保持脊柱处于中立位置前提下能够达到的 ROM，以及控制做这些运动时使用的肌肉。本练习适用于所有人，并且教练可根据患者的能力和局限扩大或缩小 ROM。

注意事项或禁忌证

禁忌证包括大转子滑囊炎。肩部撞击综合征患者可简化手臂姿势。

阻力

弱至中（腿部弹簧用黄色，挂在垂直立柱 3/4 高度，或者在立架顶部的滑动横杆处挂阻力更大的弹簧）。

动作指导

侧躺在垫子上，双腿伸直并拢，向外扭转。上方的脚勾住脚蹬带（图a）。下方手臂伸直，放在头部下方，上侧手臂抓住垂直立柱（图a）或放在身体前方。呼气，上方的腿向前伸，同时下方的腿向后伸，双腿伸直，保持两个节拍（两个小动作的时长）（图b）。吸气，双腿换侧，保持两个节拍。

变式

本系列练习的变式与单腿侧卧系列——单腿前后点地的变式（第179页）相同。

技术提示

1. 单腿侧卧系列——单腿前后点地的技术提示（第179页）在此处同样适用。

2. 上下两侧的腿向前后运动的幅度相同，保持骨盆和关节的稳定。

3. 腿部向后伸时，努力感受髋屈肌的拉伸。

正反画圈

主要参与肌肉

内收肌、髋伸肌和髋屈肌。

运动目标

增强腰椎－骨盆稳定性，髋部灵活性，髋内收肌、髋外展肌、髋屈肌及髋伸肌力量和控制力；髋部分离运动和髋部肌肉延伸。

适应证

本练习的适应证与"髋部练习：仰卧双腿式"中的髋关节画圈的适应证（第171页）相同，并能带来额外的益处，即双腿延伸过身体中线使髋伸展，由此使髋屈肌得到拉伸。

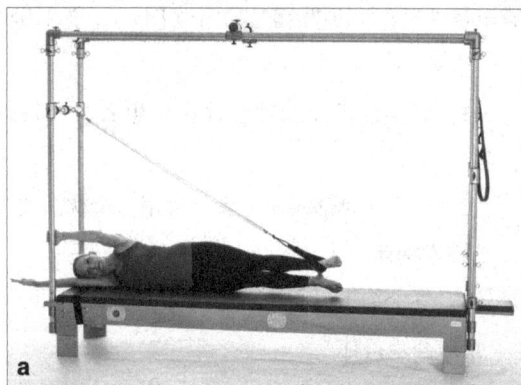

注意事项或禁忌证

禁忌证包括大转子滑囊炎。肩部撞击综合征患者可简化手臂姿势。

阻力

弱至中（腿部弹簧用黄色，挂在垂直立柱 3/4 高度，或者在垂直立柱顶部的滑动横杆处挂阻力更大的弹簧）。

动作指导

双腿伸直，侧卧在垫子上，双腿并拢并向外扭转，上方的脚勾住脚蹬带。下方的手臂伸直放在头部下方，上方的手臂抓住垂直立柱（图 a）或放在身体前侧。吸气，上方的腿向前伸（图 b）。呼气，用这条腿向上、向后再向下画圈，然后回到起始姿势（图 c 和 d）。重复 5 ～ 10 次，然后换方向练习。

变式

本系列的变式与单腿侧卧系列——单腿前后点地的变式（第 179 页）相同。

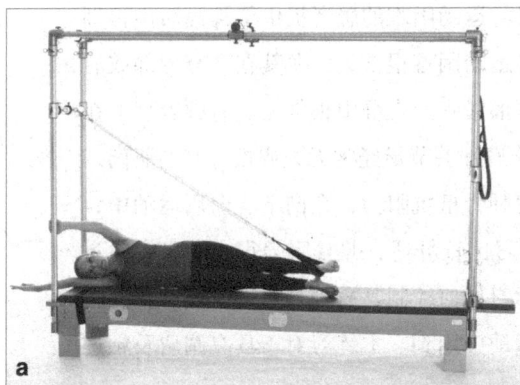

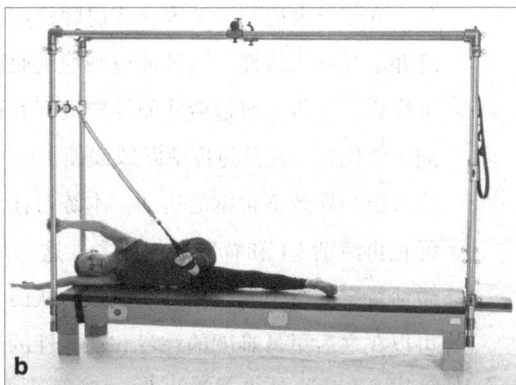

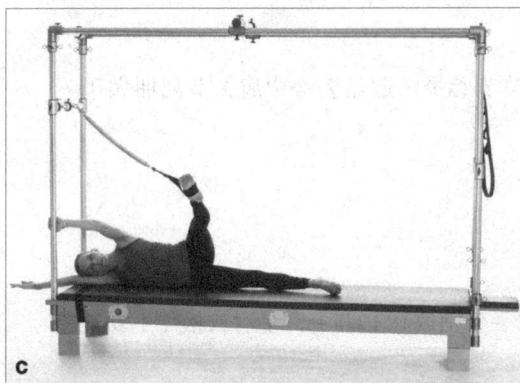

技术提示

1. 单腿侧卧系列——单腿前后点地的技术提示（第 179 页）在此处也适用。

2. 画圈的整个过程中保持弹簧紧绷。

3. 髋关节尽可能外旋。

4. 腿向后伸时，努力感受髋屈肌的拉伸。

坐姿肩胛骨前伸回缩

主要参与肌肉

背阔肌和下、中斜方肌。

运动目标

增强肩部内收和下沉力量及控制力、肩胛骨灵活性和稳定性。

适应证

本练习为肩胛运动困难或肩胛稳定肌群运动困难的患者提供了神经肌肉再训练并增强其灵活性。肩胛或肩胛稳定肌群运动困难很常见，尤其在患有颈部或肩部疾病、上斜方肌过劳从而导致肩部和颈部紧张的人群中很常见。肩胛容易卡在同一个位置，使其过度活跃或僵硬。LT 是肩胛关节最经常无力或被抑制的肌肉，这可能会导致不正常的运动。本练习让肩胛骨抵抗阻力，在向下、向后运动中，强化再激活 LT 和背阔肌的能力。这一练习比较舒适，并且阻力很小，患者通过激活特定的肌肉而放松其他肌肉，从而学习如何控制其肩胛骨运动。这种新能力可以在之后更具难度的练习和功能性的运动中用到。本练习对于具有圆肩及粘连性肩关节囊炎的患者都非常有好处。

注意事项或禁忌证

严重的肩部撞击综合征或粘连性肩关节囊炎（起始姿势中肩关节屈曲大于90 度）。

阻力

中（PTB 上挂两根蓝色手臂弹簧）。

动作指导

直立跨坐在垫子上，双臂伸直，两只手分别放在 PTB 上，手肘放松（不要过度伸展）（图 a）。

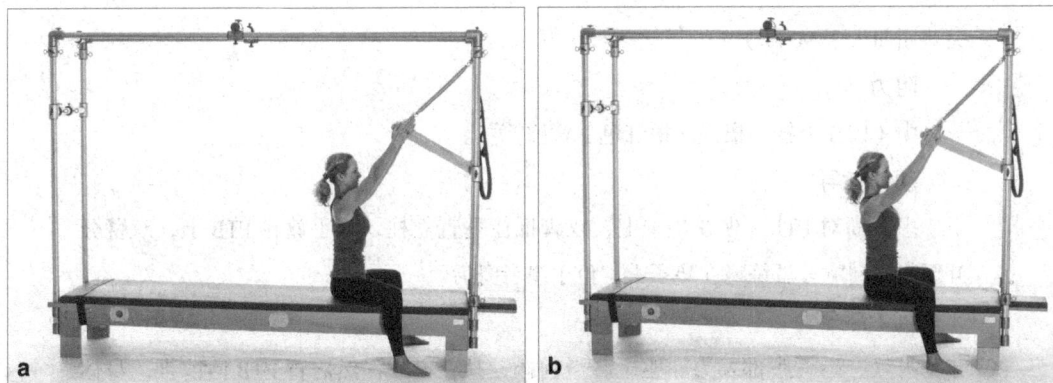

呼气，将 PTB 向下、向后牵引，肘关节不要弯曲，回缩并下沉肩胛骨（图 b）。吸气，维持阻力，让 PTB 将手臂拉回起始姿势。

变式

在经典版的练习中，本练习应当弯曲手臂将 PTB 向下牵引。但是这样做时，易将注意力从 LT 转移至肱二头肌。

技术提示

1. 坐立时尽量向上延伸上身，骨盆尽量接近中立位置。

2. 向下牵引 PTB 时，想象将肩胛骨放入后侧口袋。

3. 将 PTB 返回起始位置时应积极抵抗阻力，使前锯肌在一定程度上得到锻炼。

4. PTB 返回起始位置时，避免肩部抬升。

坐姿推杆拉伸

主要参与肌肉

腘绳肌和脊柱伸肌。

运动目标

增加脊柱灵活性、腘绳肌拉伸、下背部拉伸、背阔肌拉伸。

适应证

本练习能够很好地对背部紧张的患者进行拉伸和运动。多功能器械训练台上的设计使患者处于一个非常方便拉伸的位置，教练也能方便地协助患者，帮助其进行运动和收缩动作。

注意事项或禁忌证

腰椎间盘病变、骨质疏松症或全髋关节置换手术后早期阶段（因为本练习中髋关节屈曲大于90度）。

阻力

中（PTB上挂一根或两根红色手臂弹簧）。

动作指导

患者面对PTB，坐在垫子上，双脚抵住垂直立柱，双手放在PTB上，双臂分开至与肩同宽。教练跪在垫子上，位于患者身后。

第1部分

吸气，患者腹部发力、躯干轻微前倾，拉住PTB，然后将PTB向前推，身体向前屈曲呈拉伸姿势。拉伸姿势保持3～5个呼吸周期。教练可帮助其加强拉伸并（或）帮助其运动关节或软组织（图a）。

第2部分

患者吸气时将PTB向自己身体拉近，然后呼气，将PTB推向天花板方向。教练站着将膝关节抵在患者背部的适当位置，为其施加向前、向上的压力。同时，教练用双手下压PTB，助力脊柱压缩。拉伸姿势保持3～5个呼吸周期（图b）。

第3部分

患者吸气，同时将PTB拉向起始位置，然后呼气，扭转上半身，一只手臂抓住对侧的垂直立柱。教练半跪，大腿抵住患者手臂抓住垂直立柱侧的肩部，轻柔施加压力，帮助脊柱扭转。教练用一只手将PTB向上推，提供拉伸力，另一只手和前臂支撑住患者抓着PTB手臂的胳膊，轻柔地帮助加深扭转。将拉伸姿势保持3～5个呼吸周期（图c），然后换另一侧重复动作。

变式

以上拉伸还可通过弯曲膝关节完成，如坐在垫子或小盒子上进行，腘绳肌非常紧张的人，甚至可以跨坐进行练习。

技术提示

1. 在每个阶段中，患者都应想象脊柱拉伸，而不是脊柱压缩。

2. 患者保持腹肌持续发力，以保护下背部肌肉，尤其在第 1 部分练习中。

3. 第 2 部分练习中，患者想象胸部朝前延伸，尽量延伸脊柱。

4. 第 3 部分练习中，教练与患者的接触面越大，患者越容易感到稳定和安全。教练不要只是远远地直接抓住患者的手臂，应当靠近患者，利用整个前臂作支撑。

辅助深蹲

主要参与肌肉

股四头肌、臀肌和肱二头肌。

运动目标

增强下肢力量与稳定性，减轻功能性运动中髋关节和膝关节的负重。

适应证

向上的强阻力弹簧可以减轻髋关节和膝关节上的负重（减小关节挤压和总负重），让患者能在较小压力下进行深蹲这一功能性运动。因此这一练习对髋关节炎和膝关节炎非常有益。因为本练习在直立姿势下进行，没有典型深蹲动作中的向前屈曲动作，所以加强了中央排列，并减轻了下背部的负重。这个练习还对因中风或年长等原因而全身无力的患者非常有益，因为弹簧能够提供部分稳定力量，从而使患者能够完成运动和锻炼神经肌肉。如果运动目标是锻炼运动员的下肢力量和平衡性，则可减小阻力或改为单腿练习，以提高练习难度。

注意事项或禁忌证

不可负重状态，严重的髋关节炎或膝关节炎。

阻力

运动目标为去除关节负重时，使用极强强度（两条红色手臂弹簧）；运动目标为锻炼力量、稳定性和平衡性时，使用弱至中阻力弹簧。

动作指导

站在多功能器械训练台旁的地上，面对带有 RUB 的垂直立柱。双脚分开至与肩同宽，两腿平行。双手抓住 RUB，双臂分开至与肩同宽，掌心向上，肘关节略微弯曲，使弹簧略微拉伸（图 a）。呼气，弯曲膝关节，做半蹲姿势（膝关节在脚踝正上方，背部伸直），肘关节屈曲 90 度，做肱二头肌卷起动作（图 b）。吸气，伸直膝关节回到起始姿势。

变式

如果上肢有疾病或缺乏协调性，可省略肱二头肌卷起动作（手臂从伸直状态屈曲至 90 度）。

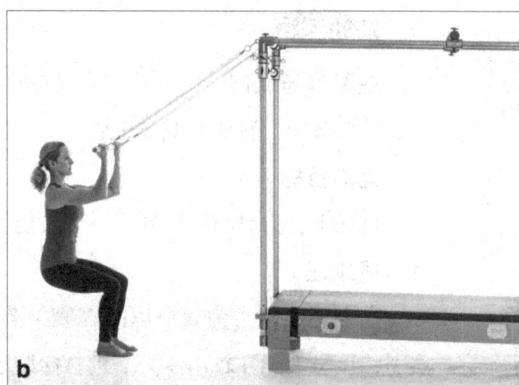

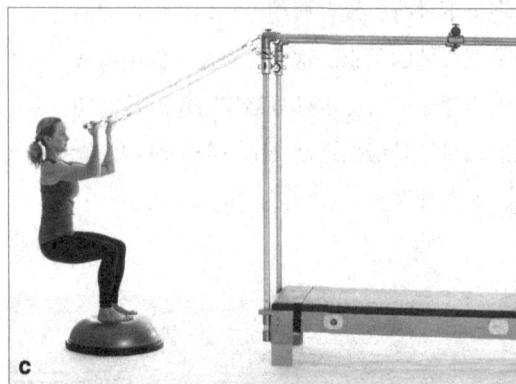

进阶式

1. 在弹簧上连接把手，而不是 RUB。这样可降低稳定性，从而增加锻炼难度。

2. 要进一步增加锻炼难度，可以将弹簧连接在滑动横杆上，而不是连在顶部滑动轨道上。滑动横杆越低，弹簧提供的阻力越小，膝关节和髋关节上的负重越大。

3. 在平衡球或平衡垫上进行本练习（图 c）。

4. 要进一步锻炼平衡性和力量，可单腿半蹲进行以上练习（图 d）。

技术提示

1. 整个练习过程需要保持膝关节的正确运动轨迹（膝关节应与第 2 和第 3 脚趾排列恰当）。

2. 向后延伸髋部，好像要向椅子上坐一样，半蹲时应确保膝关节在脚踝（而不是脚趾）正上方。

3. 保持躯干挺直，好像身体贴着墙向上、向下滑动。

阻力箭步蹲

主要参与肌肉

股四头肌和臀大肌。

运动目标

增强下肢力量、平衡性、协调性、离心控制力和核心力量。

适应证

这是一个对运动员非常有益的练习，因为它使得肌肉在功能性运动中得到离心收缩锻炼。箭步蹲本身是一个比较有难度的练习，两侧弹簧的阻力增加，使其难度提高一级。本练习不仅强调股四头肌的离心力量和控制力，而且锻炼了臀大肌、腘绳肌、腹肌和背阔肌，同时平衡性和协调性也能得到锻炼。本练习易于调节难度，因此适用于不同的运动目标和水平。

注意事项或禁忌证

不可负重状态。

阻力

弱至中（根据患者身高和力量，将两条黄色腿部弹簧挂在垂直立柱 1/2 至 3/4 高度处）。

动作指导

站在多功能器械训练台一端，及 RUB 的两根弹簧之间，背朝多功能器械训练台，双臂分开至与肩同宽，双手抓住 RUB。双脚分开呈箭步站姿，将 RUB 抬起，肩关节屈曲约 20 度。弹簧应略微拉伸（图 a）。呼气，保持躯干挺直向上，弯曲膝关节呈箭步蹲姿势，将 RUB 拉至与肩同高（图 b）。吸气，保持抵抗弹簧阻力，回到起始姿势。

进阶式

要增加练习难度，可将滑动横杆向垂直立柱上方移动，以产生更大阻力。

技术提示

1. 箭步蹲的向下阶段中，保持膝关节在踝关节正上方，膝关节不要超过踝关节或脚趾。

2. 确保膝关节的运动轨迹与第 2 和第 3 脚趾在同一垂直面。

3. 保持躯干向上挺直，背部挺直。不要向前倾斜超过前侧膝关节。

4. 骨盆略微后倾，预防脊柱过度前凸，确保臀大肌发力。

5. 在箭步蹲的向下阶段中，后侧膝关节应几乎触地。

6. 在箭步蹲的向上阶段中，保持核心和背阔肌发力，以防腰椎过度拉伸。

站姿手臂练习系列

站姿扩胸

主要参与肌肉

背阔肌和后三角肌。

运动目标

增强肩部伸肌力量、躯干稳定性和控制力、平衡性，改善姿势。

适应证

本练习在本质上与重组训练器上的胸部扩展肩伸展（第128页）是相同的，都是在站立姿势下进行。对因为身体情况需要负重练习的患者，如骨质疏松症、平衡性或本体感觉较弱的患者来说，这是一个很好的选择。除了锻炼肩部和手臂力量、柔韧性及控制力以外，本练习还会优化直立躯干姿势的整体排列、功能性和直立姿势下的核心控制力。

注意事项或禁忌证

不可负重状态。

阻力

中（两根黄色腿部弹簧，位于肩部或肩部略上的高度）。

动作指导

面对RUB，站在多功能器械训练台的一端，双臂伸直，贴紧身体两侧。双手抓住把手，掌心向后，手部放在身体稍前侧，使弹簧轻微拉伸（图a）。吸气，收紧核心，向外舒展锁骨，肩胛骨向下、向后运动。呼气，两手臂尽量向后拉，同时保持躯干挺直（图b）。吸气，回到起始姿势。

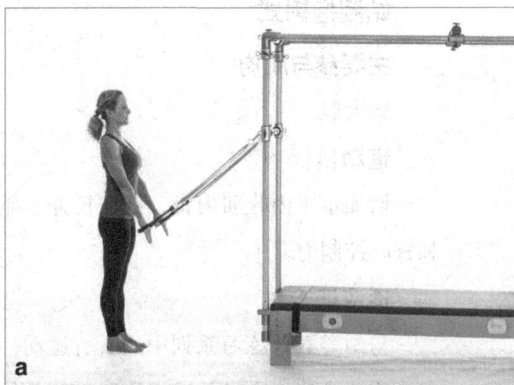

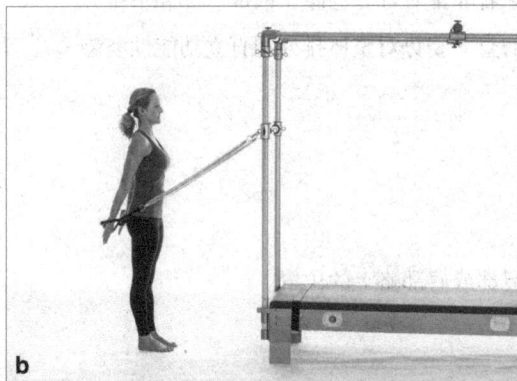

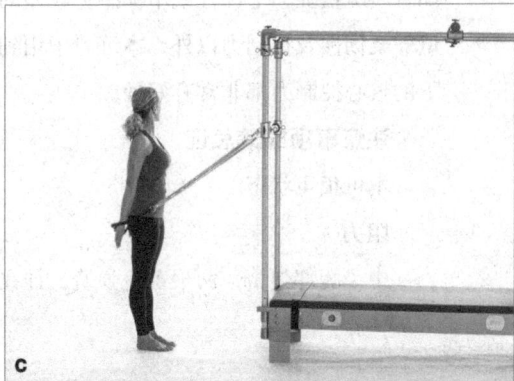

变式

要改善颈椎灵活性，学习头部和躯干的分离动作，则可增加头部扭转程度。向后拉弹簧，保持姿势并将头慢慢向左（图c）、向右扭转，再回到中间。将弹簧退回到起始位置。然后改变头部最先扭转的方向，重复动作。这一练习对进行上半身练习（或仅涉及上半身的练习）时上斜方肌和肩胛提肌会趋于紧张的患者非常有效。扭转头部的同时保持手臂发力，能够使上背部肌肉收缩的同时放松颈部。

进阶式

要增加运动难度，可加大与多功能器械训练台的距离进行练习，也可以单腿练习，或者站在旋转盘或平衡垫等不稳定表面上进行练习。

技术提示

1. 延伸双臂，想象用指尖去触碰地面。

2. 双臂向前返回时，应有意识地将双臂朝躯干后侧拉伸，以抵抗弹簧阻力，而不要前后甩动双臂。

站姿抱树式

主要参与肌肉

胸大肌。

运动目标

增加水平内收肌力量、胸肌拉伸、躯干和肩胛骨稳定性，并改善姿势、平衡性和核心控制力。

适应证

与站姿双臂练习系列中的所有运动一样，本练习对需要进行负重练习的患者，如骨质疏松症、平衡性或本体感觉较差的患者非常有好处。除了锻炼肩部和手臂力量、柔韧性及控制力以外，本练习中用到的直立姿势对整体排列和直立功能性姿势下的核心控制力都非常有好处。

注意事项或禁忌证

不可负重状态。

阻力

中（腿部弹簧，两根黄色弹簧，挂在肩部或肩部略上的位置）。

动作指导

站直，双脚分开至与肩同宽，背对多功能器械训练台的RUB端。双手握住把手，伸展双臂至与躯干呈T字形，手肘放松，掌心向前。腹部发力，躯干略向前倾斜，将弹簧略微拉紧（图a）。呼气，将两手臂向对侧牵引，直至双臂平行，双臂与肩部在一条直线上（图b），然后吸气，回到起始姿势。

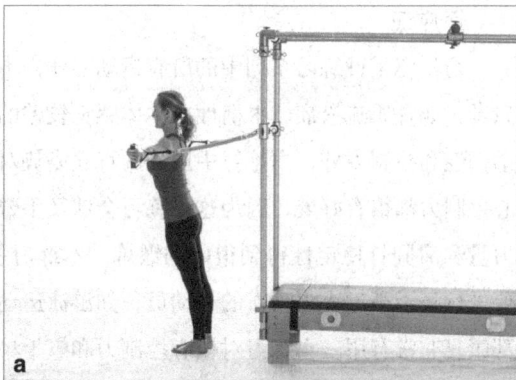

进阶式

若要增加锻炼难度，可站得离多功能器械训练台更远一些，或双脚略并拢，或用一条腿保持平衡，再或者站在转盘或平衡垫等不稳定表面上进行练习。

技术提示

1. 整个练习过程中保持腹部发力，身体微微前倾抵抗弹簧阻力，以维持身体的良好姿势。
2. 双臂延伸，但手肘放松，让指尖向远处延伸。
3. 小拇指带动运动，使肩关节略微向外扭转。
4. 肩胛骨向下、向后运动，使肩胛骨保持适当的稳定。

站姿手臂画圈

主要参与肌肉

肩部伸肌和内收肌。

运动目标

增强肩部灵活性、肩部力量和控制力、躯干和肩胛骨稳定性，并改善姿势、平衡和核心控制力。

适应证

与站姿手臂练习系列中的所有运动一样，本练习非常适合需要进行负重练习的患者，如骨质疏松症、平衡性或本体感觉较差的患者。除了锻炼肩部和手臂力量、柔韧性和控制力外，本练习中用到的直立姿势对整体排列和直立功能性姿势下的核心控制力都很有好处。因为这一练习会涉及手臂伸过头顶的姿势，所以能够使肩部力量和肩胛骨稳定性得到很好的锻炼。本练习还能维持和改善肩关节 ROM。对需要进行将手举过头顶动作的运动员，如游泳运动员、排球运动员和水球运动员的肩部康复非常有用。本练习对核心控制力和躯干稳定性也具有很大挑战。对于非运动员来说，这一练习也是非常有用的，因为我们在做过顶动作时，都需要有一个稳定的肩胛骨。

注意事项或禁忌证

不可负重状态、肩部撞击综合征、肩袖肌腱炎或肩袖撕裂、肩袖修复手术后早期至中期或手臂超过头顶引发疼痛。

阻力

中（腿部弹簧，两根黄色弹簧，挂在肩部或肩部略上的位置）。

动作指导

背对多功能器械训练台的 RUB 端站立，双脚分开至与髋部同宽。双手抓住把手，伸展双臂至与躯干呈 T 字形，肘关节屈曲，掌心向前。腹部发力，身体抵抗弹簧阻力略向前倾斜（图 a）。

站立向上画圈

呼气，双臂靠近，直至双臂平行（图 b）。吸气，旋转掌心向前，双臂抬升直至超过头顶（图 c）。双臂向外侧画圈，然后回到起始姿势（图 d）。重复 5～10 次，然后反方向练习。

进阶式

要增加锻炼难度，可站得离多功能器械训练台更远一点，或双脚靠得更近一些，或用一条腿保持平衡，再或者站在转盘或平衡垫等不稳定表面上进行练习。

技术提示

1. 动作保持流畅，就像重组训练器上的仰卧手臂画圈（第 99 页）和重组训练器上的跪姿手臂画圈（第 134 页）一样。
2. 双手不要越过躯干后侧。

3. 保持核心发力，维持直立姿势。

4. 保持肩胛骨下沉，使手臂抬升时肩部不会朝向耳朵的方向抬起。

站姿肱二头肌练习

主要参与肌肉

肱二头肌。

运动目标

增加手肘屈肌力量、肩胛骨力量、前肩和胸肌拉伸、肩胛骨和躯干稳定性，改善姿势、平衡性和核心控制力。

适应证

与站姿手臂练习系列中的所有练习一样，本练习对骨质疏松症、平衡性或本体感觉较差等需要进行负重练习的患者都非常有好处。除了锻炼肩部和手臂力量、柔韧性及控制力外，本练习的直立姿势对整体排列和功能性直立姿势下的核心控制力都非常好。

本练习为锻炼肱二头肌提供了一种不同的姿势——这种姿势可以改善圆肩及降低使用胸肌的频率。双臂背在身后，打开胸部，上半身不向前弯，肩胛内收肌发力。本练习中通过阻力的方向可锻炼肩胛骨和躯干稳定性。

注意事项或禁忌证

不可承重状态。

阻力

中（两根黄色腿部弹簧，挂在肩部高度或肩部更高的位置）。

动作指导

背对多功能器械训练台的 RUB 一端站立，双脚分开至与髋部同宽。抓住把手，身体略微前倾，双臂保持平行，并向身体后侧伸。从手肘处向后牵引，锁骨上抬（图 a）。呼气，弯曲肘关节，双臂保持稳定，手肘保持在同一高度（图 b），然后吸气，伸直手臂，回到初始姿势。

进阶式

若要增加难度，可站在离多功能器械训练台更远的地方练习，或双脚并拢，或用一条腿保持平衡，也可以站在转盘或平衡垫等不稳定表面上进行练习。

技术提示

1. 手肘和前臂保持稳定，前臂相互平行，同时肩部伸展。

2. 锁骨向外伸展，保持肩胛骨发力，避免肩部下塌或圆肩。

3. 保持腹部发力，避免前推肋骨。

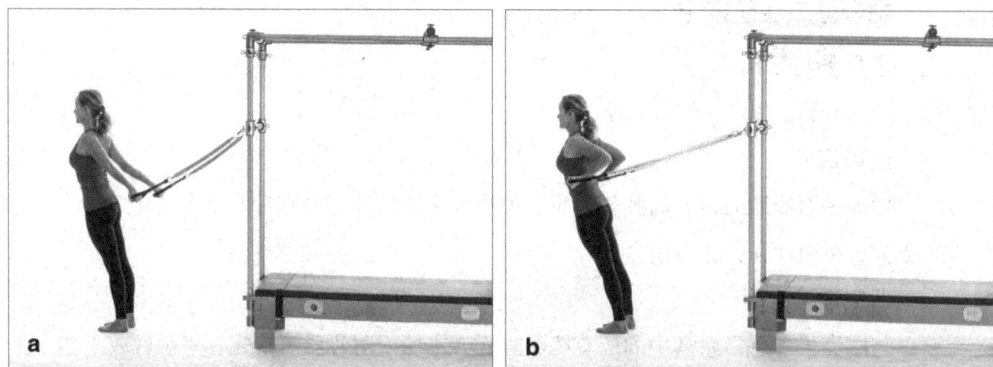

8

稳踏椅练习

稳踏椅或组合椅非常适用于多种核心练习与上肢练习，但我常将其用于髋关节和膝关节有伤病或有平衡问题的患者的康复及预康复。这种器械也很适用于渐进式承重状态下的练习，从重组训练器上仰卧的零重力姿势到无支撑的坐立姿势，再逐渐进入座椅上的站姿练习。稳踏椅是普拉提基础康复中心的一种重要器械，因为它功能多、重量轻、价格相对低廉且不需占据过大空间，适用于多种承重功能性练习。

和重组训练器及多功能器械训练台一样，稳踏椅上的阻力也由弹簧提供。但是稳踏椅或组合椅上的弹簧阻力大小更难标准化，因为不同厂家生产的弹簧产生的阻力不尽相同，而且评价系统也不一样。我建议在让患者进行练习之前教练先进行试验，以确保完全了解所使用的稳踏椅的弹簧系统。可遵循以下指南。

极弱设置＝一个踏板最低位置挂 1 根弱弹簧（通常为白色）。

极强设置＝每个踏板最高位置分别挂 2 根最强弹簧（通常为黑色）。

运动指导使用指导教练指导患者或客户的用语进行表达，练习者也可根据这些指导自行练习。我建议没有普拉提经验的人在将其用于康复实践之前，先在具有资质的普拉提教练的指导下进行练习，分别体验练习者和指导教练的角色。这是安全高效地执行练习计划的一个必要过程。

骨盆卷起

主要参与肌肉

腹肌和腘绳肌。

运动目标

改善脊柱和骨盆区域的运动、脊柱关节运动，增强腘绳肌力量和控制力、腰椎-骨盆稳定性、核心肌肉激活和协同收缩能力。

适应证

这是垫上骨盆卷起（第57页）的另一个版本，并额外具有锻炼腘绳肌的益处。本练习对全身僵硬、脊柱关节炎、核心无力或被抑制，或者背伸肌或髋屈肌紧张的患者非常有益。本练习也非常适合作为普拉提疗程的起始练习，因为它能够促进放松和身心相通，使脊柱活动并为更有难度的练习做好准备。

注意事项或禁忌证

严重的腰椎间盘病变或骨质疏松症（因为练习涉及深度脊柱屈曲）。

阻力

极弱至弱。

动作指导

仰卧在地板上，保持骨盆处于中立位置，双膝弯曲，两个足跟放在踏板上。双臂放松，置于身体两侧，掌心向下。吸气，双脚向下踩踏板（图a）。呼气，核心发力，然后卷起骨盆，脊柱一节一节地离开地面，保持下压

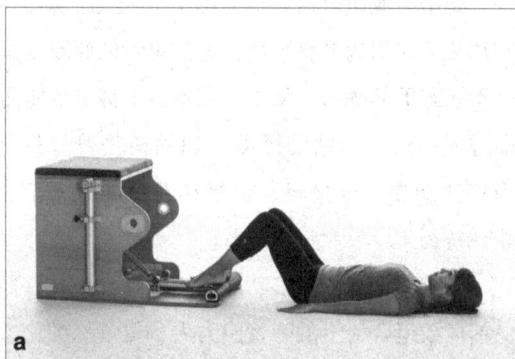

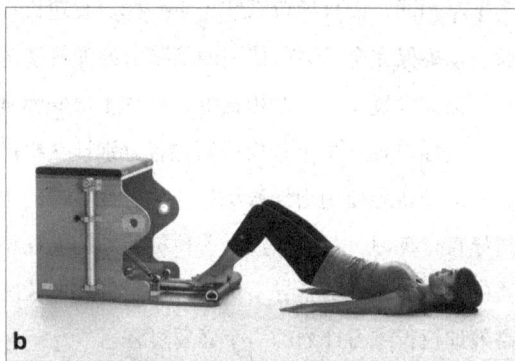

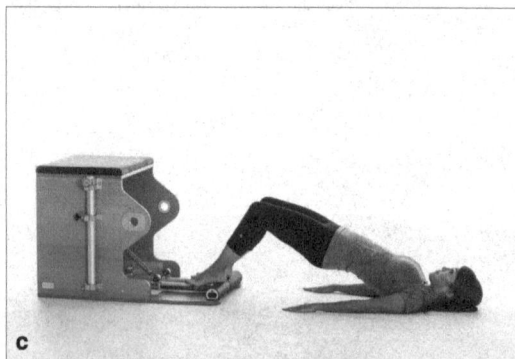

踏板状态（图 b）。吸气，在达到活动范围的最高点处保持（图 c）。理想状态下，应当能够感受到能量沿着对角线从肩部穿过髋部流向膝关节。呼气，将脊柱一节一节地放下，回到起始姿，保持下压踏板。

变式

1. 椎间盘病变患者在抬升骨盆时可省略深度腰椎卷起，保持脊柱和骨盆处于中立位置即可。

2. 双膝之间夹一个球，可以促进内收肌发力。

3. 骨盆抬升时，双臂伸展并举过头顶，更多地发挥出脊柱上部的控制力。

技术提示

1. 想象着将足跟拉向尾椎骨，保持腘绳肌发力、骨盆后倾。

2. 保持颈部和肩部放松。

3. 脊柱抬离垫面时，将耻骨向下颌拉（骨盆后倾），使腰椎屈曲达到最大。

4. 想象下放脊柱时像弹簧玩具一样，一次放下一节椎骨。这有助于关节和脊柱灵活性的最大化。

腘绳肌屈膝练习

主要参与肌肉

腘绳肌。

运动目标

增强腘绳肌力量和控制力，以及腰椎 – 骨盆稳定性。

适应证

大部分腘绳肌下压练习都是在俯卧姿势下进行的，但这一姿势会将腰椎置于过度拉伸的危险之中。在稳踏椅上进行这一练习能让患者在脊柱保持稳定和舒适的姿势下进行单独的腘绳肌锻炼，这一练习对腰椎或骶髂关节剧烈疼痛、椎管狭窄或腰椎前移的患者非常有用。这一练习还可单侧进行，单侧练习对肌肉不平衡或手术后的力量加强都很有好处。

注意事项或禁忌证

严重的腘绳肌伤病。

阻力

弱。

动作指导

以骨盆中立位置仰卧在地面上，双膝屈曲约 90 度，足跟置于稳踏椅踏板上。双腿平行，双臂置于身体两侧并放松（图 a）。呼气，进一步弯曲膝关节，将踏板下压一半（图 b）。吸气，伸展膝关节，有控制地、慢慢地将踏板返回到起始位置。

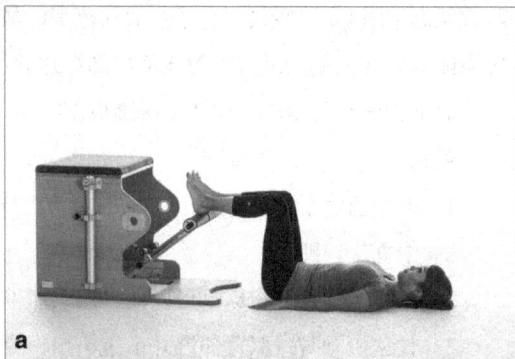

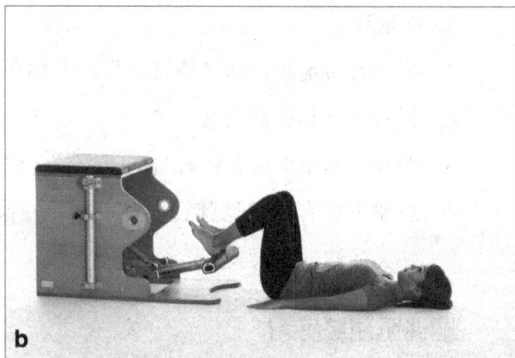

进阶式

将一条腿保持在桌面姿势，进行单侧练习。

技术提示

1. 整个练习过程中保持骨盆处于中立位置（特殊情况者则尽量保持骨盆处于中立位置即可）。

2. 想象足跟与坐骨之间绑着一根橡皮筋。膝关节屈曲时，将足跟向坐骨处拉，橡皮筋长度缩短。膝关节伸展时，橡皮筋被拉伸，使足跟与坐骨之间的拉力增强，抵抗膝关节伸展的运动，像是试图使膝关节屈曲。这种内在阻力能够加强对肌肉的锻炼，使离心收缩达到最大。

3. 不要使踏板远离地面，否则会使骨盆前倾，无法锻炼到腘绳肌。

简易版天鹅

主要参与肌肉

中斜方肌和 LT。

运动目标

头颈肩带（DNF、LT 和前锯肌）共同激活再训练，增强背伸肌力量、中斜方肌和 LT 的力量与控制力以及肩胛骨的稳定性与灵活性。

适应证

本练习对胸椎极度僵硬或肩胛骨不可移动的患者非常有好处。很多人（尤其是压力较大、长时间坐在电脑前的人或需要将手举过头顶的运动员）的上斜方肌过劳，但中斜方肌和 LT 难以发力，甚至找不到这两块肌肉，肩胛骨因此变得活动不足或僵硬。LT 是肩胛胸壁关节中最常见的无力或被抑制的肌肉，这可能会导致不正常的运动。身体的姿势、稳踏椅踏板及阻力的方向能够很好地使 LT 激活，并产生切实的反馈。下压踏板动作能够激活前锯肌。此外，躯干保持伸直，能使得背部力量加强并改善姿势，这是本练习提供的另一个益处。

注意事项或禁忌证

禁忌证包括肩部撞击综合征、脊椎前移和剧烈的颈部与下背部疼痛。注意事项与颈椎和腰椎管狭窄症的注意事项相同。

阻力

极弱至弱。

动作指导

以狮身人面式（手肘撑起身体）俯卧在地板上。教练将踏板压下，让患者将双手放在踏板上，同时不给其颈部或肩部带来压力（图 a）。然后患者抬起双臂伸展脊柱，双手放在踏板上。核心肌肉发力，骨盆可以略微后倾，以保护腰椎（图 b）。吸气，将踏板拉向身体，肩胛骨朝向骨盆，向下、向后运动，慢慢下压踏板（图 c）。呼气，慢慢将踏板放回起始位置。重复 10 ～ 20 次肩胛骨下沉和上提动作，并保持背部伸展。

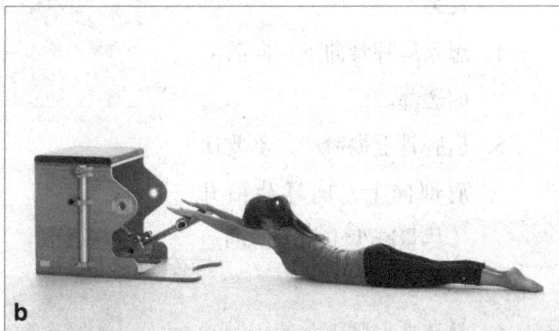

完成最后一次重复后，教练抓住踏板，使其保持稳定（图 d），让患者安全地返回狮身人面式。

变式

如果患者没有颈部或肩部问题，则本动作的经典练习法可以在没有教练协助的情况下进行。从俯卧在地面上开始，双手放在踏板上，前额几乎贴在地板上，放松（图 e）。吸气，下压踏板（图 f）。呼气，身体下落回到地板上，同时踏板回升至起始位置。这一练习提升的是背伸肌的力量和活动范围，而非肩胛骨灵活性和 LT 力量和控制力。

技术提示

1. 整个练习过程中保持轻收下颌，避免下颌前突。

2. 不要想着抬头，而是想着将头顶拉离尾椎骨，以此拉伸整个颈部。

3. 整个练习过程中保持腹部发力。

4. 想象肩胛骨向下、向后滑向髋部。

5. 肩胛骨上提阶段，不要让肩部向上，向耳朵抬升（尽量减少上斜方肌的运动）。

6. 教练在肩胛下角使用触觉提示在本练习中非常有效。

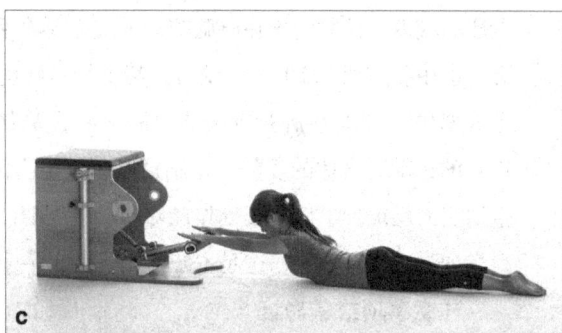
c

d

e

f

单手俯卧撑

本练习是原始版练习的一个变式，由 BASI 普拉提导师计划中的雷尔·伊萨科维茨教授（Isacowitz，2018）进行教学。

主要参与肌肉

胸大肌和胸小肌。

运动目标

增强肩部水平内收力量、肩胛骨稳定性、腰椎－骨盆稳定性，核心肌肉的激活和协同收缩能力。

适应证

这也是一个全身整合练习的运动。这一部分的练习需要依靠全身的整合，而非依赖单独区域。全身整合练习是闭链练习，因此本练习非常具有功能性，并且对伤病康复和运动员都非常重要。俯卧撑系列练习对全身都非常具有挑战性，但只要将身体处于低位时的姿势进行一些简单改变，该练习即可适用于绝大部分的人。这种特殊的改变强调了胸小肌（而非传统俯卧撑中集中锻炼的胸大肌）的激活与力量，胸小肌是肩胛稳定肌群中非常重要的一部分，但是经常被忽视。

注意事项或禁忌证

膝部敏感的患者可在膝下使用靠垫或厚毯子。

阻力

使用中至强度阻力。本练习中阻力的使用非常微妙：既要够弱，从而能够只用胸小肌发力就可压下踏板；又要够强，从而足以支撑身体保持单侧平板支撑姿势。

动作指导

以手膝跪位跪在稳踏椅旁边的地板上，保持脊柱处于中立位置，双膝位于髋部正下方，支撑的手位于肩部正下方，对侧手肘和前臂放在踏板上（图 a）。核心肌肉发力，向下、向后牵引肩胛骨，支撑的手向下压地板，激活前锯肌。呼气，用手肘（水平内收）将踏板拉向身体。直至手肘无法进一步拉动，让手肘悬空，用手掌继续朝地面下压踏板（图 b）。吸气，有控制地让踏板慢慢回到手肘位置，然后慢慢外展手臂，使其回到起始位置。

进阶式

1. 以半手膝跪位进行练习（图 c）。
2. 膝部离地，在完全平板支撑姿势下进行练习（图 d）。

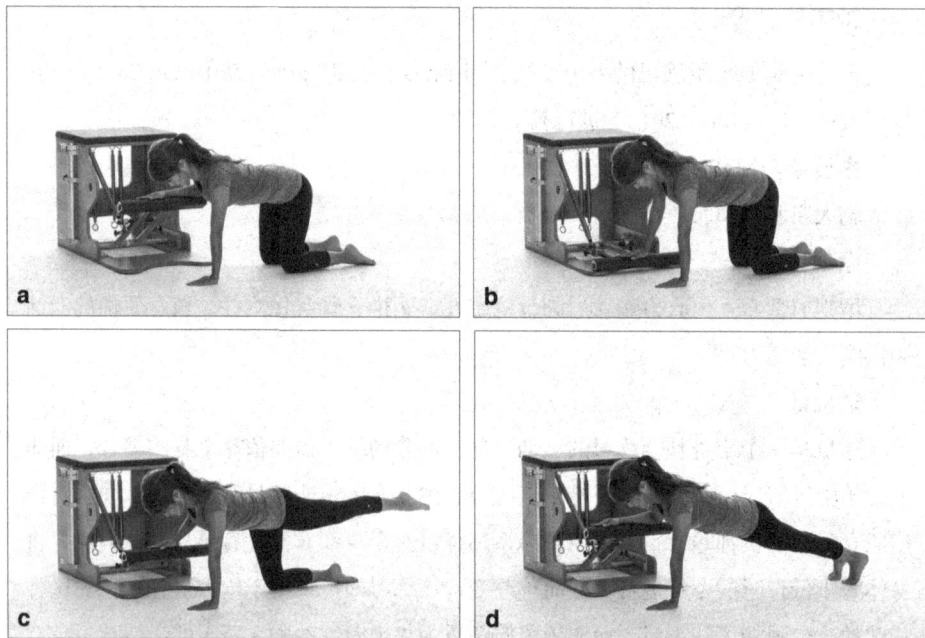

3. 要进一步降低稳定性，锻炼核心肌肉，可在练习开始时将身体向后移动，使手肘不接触踏板。

技术提示

1. 整个练习过程中保持核心肌肉发力。

2. 双手都在低位时，压踏板的手略微朝支撑手移动。

3. 不要只是把踏板向下压（主要利用肱三头肌和胸大肌），而应该尽量强调将手肘拉近身体的动作。

反向肩部下压

主要参与肌肉

中斜方肌和 LT。

运动目标

增加肩胛下沉肌的力量、躯干稳定性，并改善姿势。

适应证

举手过头的运动员、画家、发型师等，甚至是久坐电脑前工作，上斜方肌过劳且紧张，但难以找到 LT 和中斜方肌且这两块肌肉发力困难的人。本练习与传统耸肩练习相反。传统耸肩练习加强上斜方肌力量，而本练习中的耸肩是加强中斜方肌和 LT 的力量，这两块肌肉对正确的肩胛胸壁关节的运动和防止颈部及肩部伤病非常重要。

注意事项或禁忌证

无。

阻力

中。

动作指导

坐在地上的小盒子上，背对稳踏椅，双腿并拢，膝关节屈曲，双脚平放在地上。双手放在踏板上，指尖朝向身体，用双臂下压踏板，向后牵引肩部（图 a）。吸气，踏板和肩部抬起（图 b）。呼气，下压踏板。

变式

身高较高或髋屈肌紧张的患者可坐在较大的盒子上。

进阶式

要加强对核心稳定性的训练，可在盒子上放一个转盘或平衡垫，或坐在泡沫轴上，而不是盒子上。

技术提示

1. 要避免运动过程中有向后朝踏板倾斜的趋势，应使腹肌和背伸肌同时发力，保持躯干向上挺直并正坐在盒子上。
2. 整个练习过程都应保持肩胛内收肌发力牵引（两侧肩胛骨靠近）。
3. 锁骨向外舒展，避免肩部向前产生圆肩。
4. 肩部抬起时应笔直向上靠近耳朵，不要向前或向后移动。

 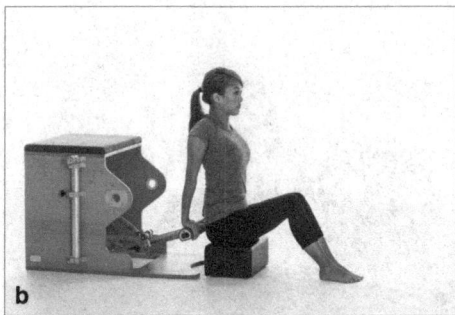

坐姿肱三头肌练习

主要参与肌肉

肱三头肌。

运动目标

增强手肘伸肌力量、肩胛骨稳定性的躯干稳定性，改善姿势。

适应证

本练习提供了一种能够同时锻炼肱三头肌、核心力量并强调直立姿势的简单方法。除了手肘伸肌以外，肩胛回缩肌和下沉肌会得到锻炼。

注意事项或禁忌证

严重的肩部撞击综合征。

阻力

中。

动作指导

背对稳踏椅，坐在地上的小盒子上，双腿并拢，膝关节屈曲，双脚平放在地面上。双手放在踏板上，指尖朝向身体。肘关节屈曲并拉向对侧（图 a）。呼气，伸直肘关节下压踏板（图 b）。吸气，弯曲肘关节，使踏板回到起始位置。

变式

与反向肩部下压练习相同，身高较高或髋伸肌紧张的人可坐在较大的盒子上练习。

进阶式

与反向肩部下压练习相近，要进一步锻炼躯干稳定性，可用泡沫轴代替盒子，让患者坐在泡沫轴上面，或者在盒子上放一个转盘。

技术提示

1. 保持躯干向上挺直，核心肌肉发力。不要向后倾斜。

2. 整个练习过程中肩胛骨向下、向后收缩，保持中斜方肌和 LT 发力。

3. 锁骨向外舒展，避免肩部向前卷起。

4. 两个手肘保持平行。

5. 下压踏板时，想象肩胛骨向下滑动，身体向上抬起。

俯卧肱三头肌练习

主要参与肌肉

肱三头肌。

运动目标

增强手肘伸肌力量、躯干伸肌力量、肩胛和躯干骨稳定性。

适应证

这又是一个能够增强肱三头肌力量的好方法，并且能够额外锻炼核心力量和控制力。本练习的动作与俯卧撑的相同，但是本练习是在无承重姿势下进行的，因此也是学习正确的俯卧撑姿势的好方法。甚至连那些核心力量不足无法做平板支撑姿势的人也能够进行这种"俯卧撑"。本练习没有腰椎－骨盆区域塌陷带来的风险。

注意事项或禁忌证

脊椎前移。

阻力

中。

动作指导

俯卧在座椅上，双腿伸直并拢。双手放在踏板上，双臂伸展，肩部与腕部对齐。手指向前伸直，双肘向内拉，保持平行。核心发力，尾椎骨略收，防止腰椎过度伸展（图 a）。吸气，弯曲肘关节（图 b），然后呼气，伸直肘关节。

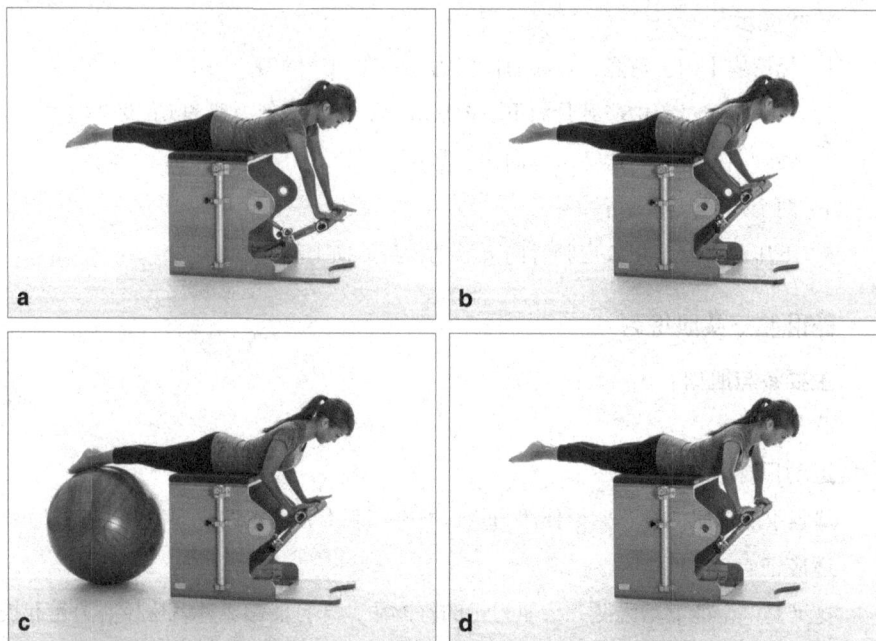

变式

1. 要降低练习难度，可在双脚下放一个理疗球以支撑下半身（图 c）。

2. 要着重锻炼胸肌力量或为胸肌俯卧撑做准备，可将双手间的距离加大，指尖指向内侧，并将手肘向外旋转（图 d）。

进阶式

可单侧进行练习，即一只手臂向旁边伸出，掌心向下。这样可以进一步锻炼手臂力量和核心稳定性。

技术提示

1. 身体与地面保持平行，并完全静止。

2. 整个练习过程中保持腹部肌群和背伸肌共同发力。

3. 保持头部与脊柱在一条直线上。

4. 单侧练习中，上半身不要发生扭转。身体应保持在一条直线上，看起来应该像手臂推踏板一样。

基础版天鹅（背部伸展）

主要参与肌肉

背伸肌。

运动目标

增强背伸肌力量、肩胛骨稳定性、腹肌控制力并改善姿势。

适应证

这是背部受伤后很好的一个康复练习，因为本练习能够对背伸肌进行神经肌肉再训练。开始时教练可以使用弹簧张力提供辅助，之后可根据患者痊愈状况，随着背部肌肉逐渐强壮而逐渐减少辅助。本练习还是学习背部伸展时核心肌肉协同收缩的好方法，因为练习中必须用腹肌发力，防止腰椎区域的过度拉伸。本练习还是一个很好的姿势练习，因为踏板可以在躯干伸展时让肩部打开。

注意事项或禁忌证

脊椎前移、椎管狭窄和严重的背部伤病或剧烈疼痛。

阻力

在 ROM 内，仅使用弱至中等程度的阻力；如需锻炼背伸肌力量，则可减弱阻力。

a

动作指导

俯卧在座椅上，双腿伸直并拢，躯干平行于地面。双手放在踏板上，双肩在腕部正上方，双臂伸直（图 a）。腹部发力。吸气，踏板抬升时，抬升脊柱，（图 b）。缓慢呼气，有控制地回到起始姿势。

变式

要使练习更容易，可在脚下放一个理疗球，以支撑下半身（图 c，第 206 页）。

b

进阶式

可单侧进行练习。与原练习的起始姿势相同,只是一侧手臂伸直并向旁边伸出。吸气,抬伸脊柱,抬升踏板,保持另一侧手臂完全静止。然后呼气,使踏板下降至起始位置。

技术提示

1. 脊柱关节从头部开始抬升(前提是没有颈部问题)。理想状态下,脊柱应呈弓形,而不应从腰椎处折叠,否则会使该区域过度伸展。

2. 整个过程中保持腹部发力。

3. 保持内收肌发力。

4. 在单手臂练习中,抬升和降低过程中不要让脊柱发生任何扭转或侧屈。

上肢下压式

主要参与肌肉

腹肌和背伸肌。

运动目标

增加腹肌与背伸肌力量、核心稳定性与控制力、肩部和胸部拉伸、髋屈肌控制力,并改善姿势。

适应证

这是一个难以正确完成的练习,但同时也是锻炼全身力量和控制力的极好方法。本练习的动作由髋关节完成,但腹肌和背伸肌必须协同收缩以抵抗重力保持身体排列和稳定。本练习对伏案工作者非常有益,因为其能够强化背部伸展和肩部外展,进而改变不良坐姿。

注意事项或禁忌证

脊椎前移、背部剧烈疼痛、髋屈肌损伤。

阻力

极弱至弱。

动作指导

背对踏板,坐在座椅上。双手放在踏板上,指尖向外。肩部与手对齐,双臂伸直。双腿伸展并平行于地面,躯干呈一条对角线(图 a)。吸气,朝地面压低身体和踏板,直至身体与地面平行(图 b)。呼气,使踏板回到起始位置。

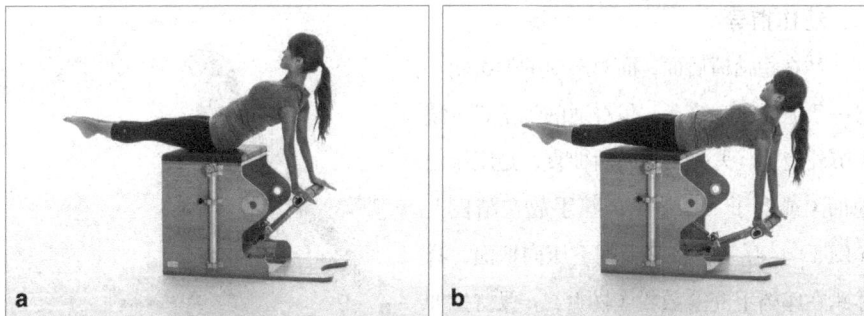

变式

在双脚下方支撑一个大理疗球或盒子，以降低髋屈肌负重。

技术提示

1. 整个练习过程中保持腹肌和背伸肌协同收缩。

2. 整个运动过程中，头部应与脊柱在一条直线上，DNF 略微发力。

3. 双腿应保持稳定并与地面平行。

4. 想象身体无限延长，从头顶到脚底尽量拉伸，让身体伸展。

梨状肌拉伸

主要参与肌肉

梨状肌。

运动目标

拉伸梨状肌和跟腱。

适应证

在瑜伽练习中，这个练习可以替代鸽子拉伸式。这一练习对膝关节施加的压力较小，因为与在地面上进行练习相比，在稳踏椅上进行练习时身体有更多支撑。这一练习的另一个好处是可使对侧腿的跟腱得到拉伸，并轻柔地舒缓躯干肌肉。

注意事项或禁忌证

禁忌证包括腰椎间盘病变、骨质疏松症或严重的膝关节伤病。注意事项与全髋关节置换手术的术后注意事项相同。

阻力

弱。

动作指导

站在稳踏椅后面，面对座椅的弹簧侧。将一条腿放在座椅上，呈舒适的鸽子式（髋关节外旋）。另一条腿向后伸直，足跟压向地面（或盒子、靠垫），双手放在踏板上（图 a）。呼气，将踏板朝下压向地面，身体趴在座椅上完全放松（图 b）。保持拉伸和呼吸 30 秒~1 分钟。

变式

在拉伸之前或之后，身体可慢慢进入或结束拉伸姿势。踏板抬起时吸气，朝地面下压踏板时呼气。

技术提示

1. 若要进一步拉伸，可将脚放在距离座椅踏板侧边缘更近的位置，并让小腿与座椅踏板侧边缘平行。肌肉紧张的人需要把脚放在座椅踏板侧边缘较远的位置，靠近骨盆。

2. 要锻炼跟腱，则用脚平贴着地面（个子高的人踩在地板上，个子低的人可以踩在盒子或垫子上），这非常重要。

跟腱拉伸式

主要参与肌肉

足底屈肌（比目鱼肌、胫骨后肌、腓骨长肌和短肌、跖肌、趾长屈肌和踇长屈肌）

运动目标

增强足底屈肌力量和拉伸小腿及髋屈肌。

适应证

这是在功能性姿势下锻炼单关节足底屈肌的简单方法。小腿的 ROM、力量和柔韧性都能在此动作中得到提升。这一练习还非常适合用于学习正确的足部对位，也能为站立侧的腿带来髋屈肌拉伸感并使躯干稳定性得到提升，躯干稳定性是其他高级练习中保持姿势所需的。本练习还可以用于锻炼平衡性。

注意事项或禁忌证

无负重状态。

阻力

中至强。

动作指导

面对稳踏椅的踏板，站在地面上，一只脚的脚趾放在踏板上，膝盖下部在座椅前边沿。膝关节和座椅边沿之间可以放一个垫子，以增强舒适性。后侧腿蹬直，足跟踩在地面上，脚趾向前伸直。双手放在座椅两侧（图 a）。呼气，足部跖屈，将踏板下压（图 b）。吸气，足部背屈，让踏板回到起始位置。

变式

双臂可向外侧伸出或放在头部后侧以增加平衡难度。

进阶式

可用斜拉阻力带等方式增加上肢的运动或阻力，以锻炼平衡性和协同收缩能力（图 c）。

技术提示

1. 髋部保持水平，身体从头顶到后侧腿的足跟保持呈一条对角线。

2. 整个运动过程中都应注意控制住踏板。

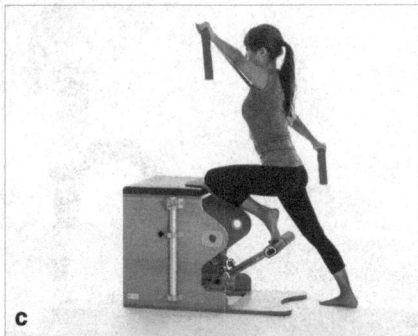

3. 保持腹部发力。

4. 如果后侧腿（跟腱和髋屈肌）感觉不到被拉伸，可向后退一步并确保脚趾朝向正前方（不要内旋或外旋）。

站姿压腿

主要参与肌肉

腘绳肌和臀中肌。

运动目标

提高平衡性、髋伸肌力量、单侧髋稳定性，并改善直立姿势。

适应证

这是一个锻炼平衡性、本体感觉、单侧髋稳定性和下肢离心收缩的好方法。本练习非常具有功能性，类似于上楼梯动作，因此对膝、髋或踝关节伤病或手术不可承重阶段之后的神经肌肉再训练非常有意义。本练习对骨质疏松症患者来说也是个非常好的选择。

注意事项或禁忌证

不可承重状态。

阻力

弱至中。

动作指导

面朝稳踏椅，站在地面上，一只脚放在踏板上。身体站直，向上伸展，腹肌发力，手臂伸展至与躯干呈 T 字形（图 a）。呼气，将踏板朝下压向稳踏椅底板（图 b），吸气，有控制地让踏板回到起始位置。

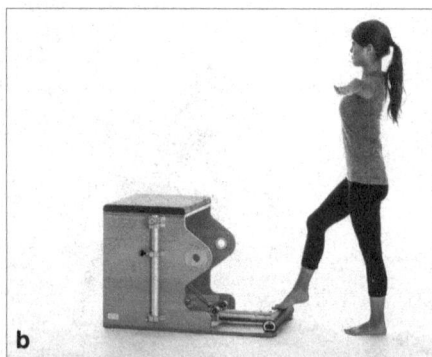

变式

1. 这一练习的传统方法是背朝稳踏椅，站在距离稳踏椅 12 ～ 14 英寸（30.5 ～ 35.6 厘米）的位置，并使一只脚跟屈放在踏板上。但我发现这一姿势对于年长的练习者来说很难保持平衡，因此我让他们尽量靠近稳踏椅站立，并用脚掌中部踩住踏板。如果在没有辅助的情况下他们无法用一条腿保持平衡，我会为他们提供人工辅助或让他们抓住一根圆木杆保持平衡。

2. 要进一步激活臀部肌肉并锻炼不同运动面上的平衡性，可将身体转向稳踏椅的侧面，让髋关节在下压踏板时外旋。

进阶式

站在转盘、半泡沫轴或平衡垫上进行练习。

技术提示

1. 身体站直，不要向前或向后倾斜。

2. 用髋伸肌而非膝伸肌带动运动。

前弓步

主要参与肌肉

腘绳肌、臀中肌和股四头肌。

运动目标

锻炼髋伸肌、髋部外展动作，增强膝伸肌力量并提高平衡性。

适应证

这是我非常喜欢用于运动员的练习之一，尤其是那些涉及跑步或者跳跃运动的运动员。这个练习非常具有挑战性，要正确地进行练习就需要出色的平衡性、力量、控制力、肌肉模式和腰椎－骨盆稳定性。正确的练习需要用髋屈肌抬升，脚抬离踏板时需要用到单侧稳定性，最后膝关节在最高处伸展时需要用到肱四头肌的力量和控制力。

注意事项或禁忌证

不可负重状态、下肢骨关节炎、承重状态下深度弯曲膝关节会加剧的膝关节疾病（半月板撕裂、髌股关节疼痛综合征或髌腱炎）。

阻力

强。若减弱阻力更能达到锻炼效果。

动作指导

一只脚放在座椅上，膝关节与第2和第3脚趾排列恰当，另一只脚跖屈，将踏板下压至地面。身体站直，髋关节在踏板正上方，核心肌肉发力。双臂向外伸展至与躯干呈T字形（图a）或抱在头后。呼气，前侧腿的足跟用力压座椅，后侧腿伸直，使踏板抬升（图b）。继续伸直前侧腿，直至膝关节完全伸展，后侧腿的脚离开踏板，触碰座椅后边缘（图c）。吸气，有控制地下降身体，直到前侧腿的大腿与地面平行（图d）。重复8～10次，然后将踏板完全踩到地面上，或在最后一次重复时保持结束姿势，然后直接进入下一侧练习（后弓步后腿下蹬，第216页）。

变式

正如前面提到的，这个练习非常有难度，以下是几个将其简化的方法。

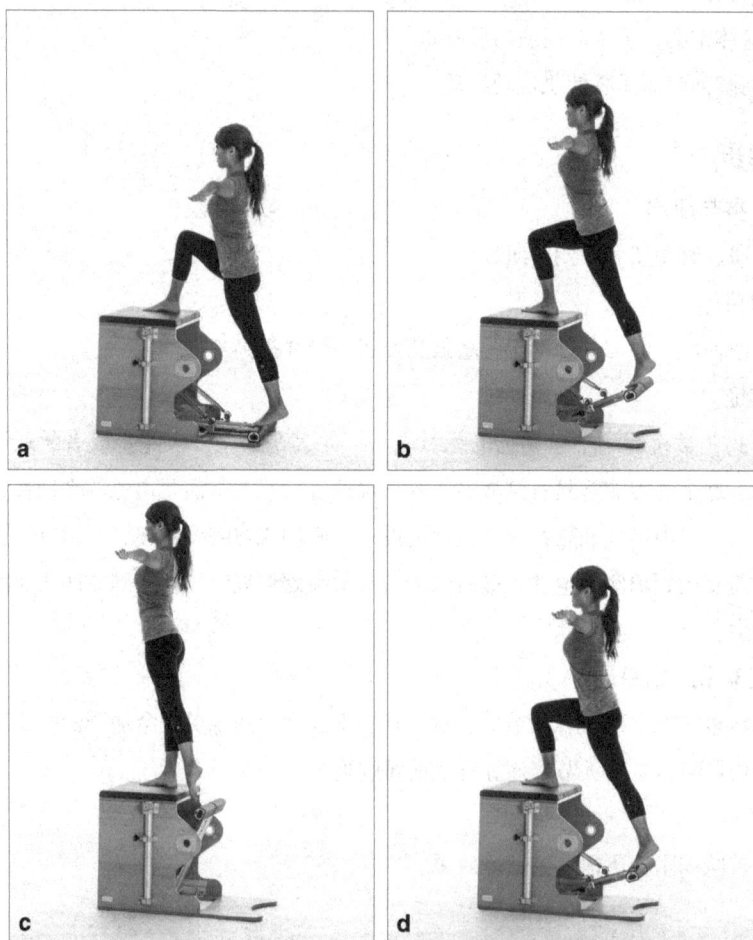

1. 患者可使用稳踏椅旁的把手学习本练习，或者身体较为虚弱者可以在刚开始练习时利用把手进行辅助（图 e）。但使用把手辅助时会产生向前倾斜的趋势，这样会改变肌肉发力情况。因此最好尽快脱离把手，转而学习并使用正确的练习方法激活肌肉。

2. 将稳踏椅放在多功能器械训练台旁边，利用多功能器械训练台的立柱保持平衡。

3. 可使用圆木杆辅助保持平衡。

4. 不可进行承重状态下膝关节深度屈曲，但需要进行膝关节伸展、股四头肌和臀中肌力量加强练习的膝关节疾病患者，可在稳踏椅下放置一个盒子，减小膝关节屈曲的角度。让患者像上楼梯一样爬上稳踏椅，以避免使膝关节发生不必要的深度屈曲（图 f 和图 g）。

进阶式

座椅上可放置一个平衡垫或转盘，以进一步锻炼平衡性和本体感觉。

技术提示

1. 在患者面前摆放一面镜子，非常有助于其学习正确的技巧和下肢排列。

2. 应有顺序地激活肌肉：首先是髋伸肌，然后是髋外展肌，最后是膝伸肌。

3. 要使本练习充分发挥其益处，则单腿站在最高处时让膝关节完全伸展非常重要。这能确保激活股内侧斜肌。患者可以通过向上牵引髌骨达到这一点。

4. 应当感觉好像身体笔直向上伸展，靠

近天花板。用前侧腿的足跟向下踩座椅时，身体应上下移动，避免向前倾斜。

5. 整个练习过程中骨盆应保持稳定且水平。骨盆会有下降的趋势，尤其在脚离开踏板时。要避免这一点，则应尽量让臀中肌发力。

6. 整个练习过程中，膝关节应保持与第 2 和第 3 脚趾对齐。

后弓步后腿下蹬

主要参与肌肉

臀部肌肉、腘绳肌和股四头肌。

运动目标

增强髋伸肌和外展肌力量，锻炼股四头肌力量和控制力，提高平衡性。

适应证

这是一个对运动员非常好的练习，因为它能以功能性姿势增强髋外展肌力量，锻炼膝关节稳定性和控制力，并加强正确的髌股对位。当然，它也会利用核心肌肉维持腰椎-骨盆稳定性。锻炼重点在于髋外展肌，尤其是臀中肌。相比过劳的股四头肌和腘绳肌，臀中肌通常较无力。这种情况在以矢状面运动（跑步、自行车、游泳）为主的运动员中非常常见。肌肉失衡的原因可能源自髌股疼痛综合征、髂胫束综合征和髌腱病等疾病。要以正确的姿势向前弓步，就需要极佳的平衡性、力量、控制力、肌肉模式和腰椎-骨盆稳定性。

注意事项或禁忌证

不可承重状态或下肢骨关节炎。

阻力

使用中至强度阻力。向前弓步时，阻力越小，难度越大。

动作指导

一只脚放在座椅上，膝关节位于第 2 和第

3 脚趾正上方，另一只脚跖屈并踩在踏板上。身体略向前倾，把全部体重都放在前侧腿上，前侧腿的大腿与地面平行，踏板停留在约中间高度。背部伸直保持呈一条对角线，腹肌发力，双臂交叉置于胸前（图 a）。吸气，弯曲后侧腿（图 b），呼气，伸展后侧腿（做抽泵动作），使踏板上下运动。座椅上的腿应保持稳定不动。

　　注意　可由前弓步练习直接过渡至本练习。保持前弓步练习中的结束姿势（图 d，第 214 页），然后开始后弓步后腿下蹬，以前弓步的抬升位置结束，双脚都放在座椅上，换腿，然后重复动作。

变式

1. 和前弓步一样，患者可以使用把手学习此练习，或非常虚弱的人可用把手做辅助（图 e，第 215 页）。但是，使用把手会带来向前倾斜的趋势，从而改变肌肉发力情况。因此最好尽量摆脱使用把手，以学会正确的姿势和肌肉运动。

2. 如果需要平衡协助和辅助，可利用多功能器械训练台的立柱或圆木杆。

3. 可将双臂伸直高举过头顶。

进阶式

可在座椅上放一个平衡垫或转盘，以进一步增加平衡性和本体感觉难度。

技术提示

1. 练习中随着踏板的运动，支撑腿侧的髋关节会有上下移动的趋势。应用足跟向下压座椅，主动激活臀大肌来克服这种趋势。

2. 支撑腿的膝关节应与踝关节和脚趾对齐。膝关节不要超过脚趾，否则会为膝关节带来过大压力。

3. 骨盆应保持稳定且水平。

4. 踏板上的脚应保持跖屈。

前弓步小腿下蹬

主要参与肌肉

腓肠肌。

运动目标

增强足屈肌力量、臀中肌力量、髋关节和膝关节稳定性及控制力，以及提升平衡性。

适应证

这是一个对运动员非常好的练习，因为它能在功能性姿势下增强腓肠肌的力量，锻炼膝关节稳定性和控制力，其需要很强的平衡性和核心稳定性。腓肠肌是膝关节稳定肌群中非常重要的一部分，但是在膝关节康复中经常被忽视，因为我们通常都会将注意力放在股四头肌和腘绳肌上。如果腓肠肌无力或紧张，则膝部其他肌肉会被迫用力过度以稳定髌股关节，从而导致肌肉失衡，并产生髌骨和腘绳肌肌腱病变。

此外，这一练习迫使臀中肌单侧稳定髋关节，从而锻炼了平衡性，并因此加强一侧臀中肌的平衡性，这是本练习的另一个额外好处。本练习也是全身整合练习的又一个实例。

注意事项或禁忌证

不可承重状态或下肢骨关节炎（因为支撑腿上需要负重）。

阻力

中。

动作指导

一只脚放在座椅上，膝关节对齐第 2 和第 3 脚趾，另一只脚放在踏板上，使踏板保持在 3/4 高度。身体站直，核心肌肉发力。双臂伸开至与躯干呈 T 字形（图 a）或抱在头后。呼气，踏板上的脚跖屈，保持膝关节完全伸展，身体其他部分保持稳定不动（图 b）。吸气，踏板上的脚背屈，有控制地让踏板上抬。

注意　本练习和后弓步后腿下蹬一样，可以从前弓步（第 213 页）直接过渡而来。

变式

双臂可朝天花板伸展或抓一个球或魔术圈以激活上半身肌肉。

进阶式

可在座椅上放一个平衡垫或转盘，以进一步锻炼平衡性和本体感觉。

技术提示

1. 支撑腿的膝关节保持与踝关节及脚趾对齐，不要让它向前超过脚趾，否则

会给膝关节带来过大的压力。

2. 向上站直，保持核心肌肉发力。

3. 保持骨盆稳定且水平。

4. 整个练习过程中，踏板上的腿应完全伸展，因为运动对象是双关节腓肠肌，而不是比目鱼肌或其他单关节足底屈肌。

屈背卷上

主要参与肌肉

腹肌和前锯肌。

运动目标

增强腹肌力量、肩胛骨稳定性和肩带力量及控制力。

适应证

这是一个非常具有挑战性的练习，其能够锻炼到深层腹肌。肩带肌肉的激活与核心深层发力带来的稳定相结合，通常会让人感受到腹肌发力时比以往更加紧张。正确进行本练习所需的力量、控制力和肌肉协调性及练习重点与倒立时所需的类似。

注意事项或禁忌证

严重的肩部伤病或剧烈疼痛，背部严重伤病或剧烈疼痛，腰椎间盘病变或骨质疏松症。

阻力

中（阻力越小，难度越大）。

动作指导

面对稳踏椅，站在踏板上，双手放在座椅两侧边缘，指尖向外。双肩在手腕上方。向下、向后牵引肩胛骨，用力向下压座椅，以激活前锯肌。最深层的腹肌发力，把身体拉至 C 形姿势（图 a）。呼气，进一步向上、向内牵引腹部，使踏板上升至最顶端（图 b

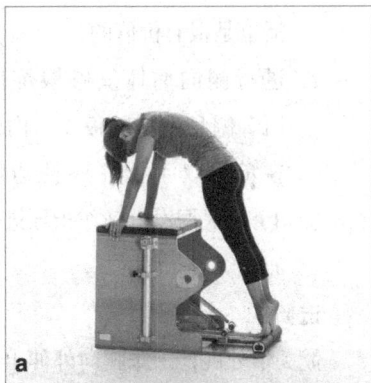

和图 c）。吸气，使踏板下降接近地面，保持屈体姿势。

变式

1. 即使患者无法做到完全屈体，让其在距离屈体姿势几英寸的姿势下保持协调并感受深层腹肌的激活也是很有价值的。

2. 进行侧向屈体能够锻炼体侧腹肌。侧身站在踏板上，内侧的腿在前，双手扶住座椅边缘（图 d）。根据以上动作指导进行完全屈体练习（图 e）。

进阶式

髋关节外展，一条腿向外伸出，进行单腿屈体练习。单腿屈体练习既可进行完全屈体，也可进行侧向屈体。

技术提示

1. 使用最深层核心肌肉将腰椎拉伸至曲度最大。让骨盆和头部尽量相互靠近，好像要尽量把身体缩到最小。

2. 肩部保持在手的上方，头部与脊柱对齐。不要用肩部向前夹的动作带动身体的抬升。

3. 想象身体随着踏板向上漂浮，就像悬浮起来一样。

4. 如果患者无法想象让身体漂浮，教练则应增加阻力，以帮助患者做到并感受这个动作。有些人做不到这个练习通常不是因为力量问题，而是因为神经肌肉协调问题。

第 3 部分

针对常见伤病的普拉提

9

颈椎与胸椎

颈部疼痛非常常见，而其原因也多种多样：压力或紧张、长时间保持固定的姿势、轻微摔伤或事故、上背部伤病引起的疼痛、过劳（肌肉拉伤），还有单纯因为年龄产生的疼痛。事实上，有 2/3 的成年人在一生之中的某个阶段经历过颈部疼痛（Cote et al., 2008），颈部疼痛是伤病和伤残索赔中第二大常见疾病（Childs et al., 2004）。

普拉提非常适合用于颈部伤病和颈椎疾病康复，因为这一运动强调良好的姿势、正确的呼吸及肌肉的拉伸。在锻炼颈椎时，我们还必须注意到上半身胸部区域、锁骨和肩胛骨——因为它们的肌肉表面都相互存在着关联。一般情况下，针对肩胛骨和肩部稳定性及灵活性的练习也适用于颈部疾病的康复治疗。教练通过本章中的表格，可知如何将其应用于特定疾病的康复治疗。

注意，这些表格所提供的信息通常适用于有相关诊断或疾病的患者。但每个人的表现不同并且问题不同，因此对每个患者进行单独评估，根据情况省略某些练习或选择正确的练习方式是至关重要的。如果患者没有足够的力量、柔韧性或控制力来正确地完成练习，则该练习不应包括在这位患者的治疗计划当中。

常见颈部伤病的推荐练习

颈椎病			
疾病	一般禁忌证和注意事项	常见问题	目标
椎间盘 ·退变 ·突出 ·脱出	·避免深度屈曲和挤压（垂直负重），及过度扭转	·颈部疼痛 ·脊柱上部不稳定 ·头颈肩带无力 ·上斜方肌和肩胛提肌紧张 ·姿势不良（头部前伸、圆肩） ·周围区域症状（手臂疼痛、麻木、刺痛或无力）	·对上肢的上半部分再训练 ·颈椎处于中立位置时，加强头颈肩带力量 ·改善颈部、胸部稳定性 ·放松紧张的颈肩部肌肉 ·改善姿势 ·提升核心力量

推荐练习

垫上练习

单腿抬起、仰卧脊柱旋转式、预备版百次拍击（第 1～3 级）、简化版单腿伸展、平板支撑、平板腿拉伸、侧支撑伸展、简化版背部伸展、狮身人面式、球门式、游泳式。

重组训练器练习

足部练习（头枕放下）、手臂仰卧系列、屈背 AB 开合（变式）、髋部练习系列（腿部使用脚蹬带）、坐姿肱二头肌练习、坐姿菱形肌练习 1、坐姿菱形肌练习 2、球门肩袖练习、双侧肩肱外旋、扩胸练习、抱树式、简易划船式、胸部扩展肩伸展、肩肱内旋、肩肱外旋、拔剑式、手臂上举式、跪姿手臂画圈、跪姿肱二头肌练习、四足式、反向四足式、四足式肱三头肌腿伸展、向上拉伸式 1、向上拉伸式 2、长背拉伸式、向上拉伸式 3、向下拉伸式、肩肘推拉式、俯卧拉绳 1、俯卧拉绳 2

多功能器械训练台练习

髋部练习：仰卧双腿式中的辅助髋屈肌拉伸、泡沫轴脊柱练习，单腿侧卧系列、坐姿肩胛骨前伸回缩、坐姿推杆拉伸，站姿手臂练习系列

稳踏椅练习

简易版天鹅、单手俯卧撑、反向肩部下压、坐姿肱三头肌练习、俯卧肱三头肌练习、基础版天鹅（背部伸展）、上肢下压式、屈背卷上

颈部或胸部关节炎			
疾病	**一般禁忌证和注意事项**	**常见问题**	**目标**
骨关节炎 ·骨关节病 ·退行性骨关节病 ·椎关节僵硬	·避免高强度锻炼 ·炎症发作或疼痛时减弱强度（减小阻力）	·颈部疼痛 ·颈部僵硬 ·ROM 受限 ·症状在清晨时加重 ·脊柱上部不稳定 ·头颈肩带无力 ·上斜方肌、肩胛提肌和前颈部表层肌肉紧张 ·姿势不良(头部前伸、圆肩）	·上肢上半部分再训练 ·改善颈部和肩胛骨稳定性 ·放松颈肩部紧张的肌肉 ·改善姿势 ·增强核心力量

推荐练习

垫上练习

骨盆卷起、单腿抬起、仰卧脊柱旋转式、胸部抬起（变式2）、胸部抬起旋转式（变式2）、预备版百次拍击（第1～3级）、简化版单腿伸展、平板支撑、平板腿拉伸、侧支撑伸展、简化版背部伸展（变式）、狮身人面式、球门式、游泳式

重组训练器练习

足部练习、提臀、提臀腿伸展、手臂仰卧系列、屈背 AB 开合（变式）、髋部练习系列（腿部使用脚蹬带）、坐姿肱二头肌练习、坐姿菱形肌练习1、坐姿菱形肌练习2、球门肩袖练习、双侧肩胛外旋、扩胸练习、抱树式、简易划船式、胸部扩展肩伸展、肩胛内旋、肩胛外旋、拔剑式、手臂上举式、跪姿手臂画圈、跪姿肱二头肌练习、四足式、反向四足式、四足式肱三头肌腿伸展、向上拉伸式1、向上拉伸式2、长背拉伸式、向上拉伸式3、向下拉伸式、肩肘推拉式、肩肘平衡式、俯卧拉绳1、俯卧拉绳2、腰方肌拉伸

多功能器械训练台练习

卷腹杆骨盆卷起，推杆呼吸，髋部练习：仰卧双腿式中的辅助髋屈肌拉伸、泡沫轴脊柱练习，单腿侧卧系列，坐姿肩胛骨前伸回缩，坐姿推杆拉伸，站姿手臂练习系列

稳踏椅练习

骨盆卷起、简易版天鹅、单手俯卧撑、反向肩部下压、坐姿肱三头肌练习、俯卧肱三头肌练习、基础版天鹅（背部伸展）、上肢下压式、屈背卷上

颈椎管狭窄			
疾病	一般禁忌证和注意事项	常见问题	目标
椎管狭窄	· 谨慎进行颈椎伸展 · 如果有疼痛、麻木或刺痛，则应停止颈椎伸展	· 颈部、肩胛骨、手臂或手长期疼痛 · 姿势不良 · 一侧或双侧手臂麻木、刺痛或无力 · 颈部僵硬 · ROM 受限 · 头颈肩带无力 · 上斜方肌或肩胛提肌紧张	· 首先进行屈曲练习，待患者无症状后进阶至保持中立位置且轻柔地伸展 · 上肢上半部分再训练 · 增强颈部和肩胛骨稳定性 · 改善紧张的颈部和肩部肌肉的柔韧性 · 改善姿势 · 增强核心力量

推荐练习

垫上练习
骨盆卷起、单腿抬起、仰卧脊柱旋转式、胸部抬起（变式 2）、胸部抬起旋转式（变式 2）、预备版百次拍击（第 1 ~ 3 级）、简化版单腿伸展、平板支撑、平板腿拉伸、侧支撑伸展、狮身人面式、球门式

重组训练器练习
足部练习（将头枕立起且双手手掌向上握住木杆）、提臀、提臀腿伸展、手臂仰卧系列、屈背 AB 开合（变式）、髋关系练习系列（腿部使用脚蹬带）、坐姿肱二头肌练习、坐姿菱形肌练习 1、坐姿菱形肌练习 2、球门肩袖练习、双侧肩肱外旋、扩胸练习、抱树式、简易划船式、胸部扩展肩伸展、肩肱内旋、肩肱外旋、拔剑式、手臂上举式、跪姿手臂画圈、跪姿肱二头肌练习、四足式、反向四足式、四足式肱三头肌腱伸展、向上拉伸式 1、向上拉伸式 2、长背拉伸式、向上拉伸式 3、肩肘推拉式和肩肘平衡式

多功能器械训练台练习
卷腹杆骨盆卷起，推杆呼吸、髋部练习：仰卧双腿式中的辅助髋屈肌拉伸、泡沫轴脊柱练习，单腿侧卧系列，坐姿肩胛骨前伸回缩，坐姿推杆拉伸，站姿手臂练习系列

稳踏椅练习
骨盆卷起、单手俯卧撑、反向肩部下压、坐姿肱三头肌练习、俯卧肱三头肌练习、屈背卷上

胸廓出口综合征			
疾病	一般禁忌证和注意事项	常见问题	目标
胸廓出口综合征	· 胸廓出口区受压迫会加剧 · 患者手臂应避免任何会引起症状的姿势和动作	· 麻木、刺痛、疼痛 · 桡动脉搏动减弱 · 患侧手臂凉 · 姿势不良 · 斜角肌紧张或功能障碍 · 颈部或肩胛骨稳定性不足	· 减轻胸廓出口处压迫 · 增加柔韧性并恢复斜角肌的正常功能 · 上肢上半部分再训练 · 改善颈部和肩部肌肉的柔韧性 · 改善姿势 · 提升核心力量

推荐练习

垫上练习

骨盆卷起、单腿抬起、仰卧脊柱旋转式、胸部抬起（变式2）、胸部抬起旋转式（变式2）、预备版百次拍击（第1～3级）、简化版单腿伸展、平板支撑（变式）、平板腿拉伸（变式）、侧支撑伸展（使用手肘）、简化版背部伸展、狮身人面式、球门式

重组训练器练习

足部练习（将头枕立起且双手掌朝上握住木杆）、手臂仰卧系列、屈背AB开合（变式）、髋部练习系列（腿部使用脚蹬带）、坐姿菱形肌练习1、坐姿菱形肌练习2、球门肩袖练习、双侧肩肱外旋、扩胸练习、简易划船式、胸部扩展肩伸展、肩肱内旋、肩肱外旋、跪姿肱二头肌练习、四足式、反向四足式、四足式肱三头肌腿伸展、向上拉伸式2、长背拉伸式、向上拉伸式3、向下拉伸式、肩肘推拉式、肩肘平衡式、俯卧拉绳1、俯卧拉绳2

多功能器械训练台练习

卷腹杆骨盆卷起，推杆呼吸，髋部练习：仰卧双腿式中的辅助髋屈肌拉伸、泡沫轴脊柱练习，单腿侧卧系列，坐姿肩胛骨前伸回缩，坐姿推杆拉伸，站姿手臂练习系列中的站姿扩胸、站姿肱二头肌练习

稳踏椅练习

骨盆卷起、反向肩部下压、坐姿肱三头肌练习、俯卧肱三头肌练习、基础版天鹅（背部伸展）、上肢下压式

颈椎过度屈伸损伤			
疾病	一般禁忌证和注意事项	常见问题	目标
颈椎过度屈伸损伤	·避免使颈部肌肉紧张的姿势和动作	·颈部和上背部疼痛 ·头痛 ·上肢上半部分受抑制 ·上部脊柱不稳定 ·上斜方肌、肩胛提肌、胸锁乳突肌和斜角肌紧张 ·姿势不良(头部前伸、圆肩) ·双臂感觉障碍	·上肢上半部分再训练 ·增强颈部和肩胛骨稳定性 ·改善紧张的颈部和肩部肌肉的柔韧性 ·改善姿势 ·增强核心力量

推荐练习

垫上练习

单腿抬起、仰卧脊柱旋转式、预备版百次拍击（第 1～3 级）、简化版单腿伸展、平板支撑（变式）、平板腿拉伸（变式）、侧支撑伸展（使用手肘）、简化版背部伸展（变式）、狮身人面式、球门式

重组训练器练习

足部练习（双手掌朝上握住木杆）、手臂仰卧系列、屈背 AB 开合（变式）、髋部练习系列（腿部使用脚蹬带）、双侧肩肱外旋、扩胸练习、抱树式、简易划船式、胸部扩展肩伸展、肩肱内旋、肩肱外旋、跪姿肱二头肌练习、四足式、反向四足式、四足式肱三头肌腿伸展、向上拉伸式 1、向上拉伸式 2、长背拉伸式、腰方肌拉伸

多功能器械训练台练习

髋部练习：仰卧双腿式中的辅助髋屈肌拉伸、泡沫轴脊柱练习、单腿侧卧系列、坐姿肩胛骨前伸回缩、坐姿推杆拉伸、站姿手臂练习系列中的站姿扩胸、站姿抱树式、站姿肱二头肌练习

稳踏椅练习

骨盆卷起、单手俯卧撑（手膝跪位）、反向肩部下压、坐姿肱三头肌练习、俯卧肱三头肌练习、基础版天鹅（背部伸展）、梨状肌拉伸

骨质疏松症			
疾病	一般禁忌证和注意事项	常见问题	目标
骨质疏松症	· 避免脊柱屈曲 · 避免各种卷起和卷腹的动作 · 避免腹部侧向扭转练习 · 避免胸腔受压 · 避免颈椎或胸椎承重 · 限制脊柱扭转和侧屈 · 避免髋关节过度扭转	· 骨矿物质密度减少超过25%，导致骨折风险提高4～8倍 · 姿势不良 · 胸椎后凸 · 身高降低	· 利用承重练习提升骨矿物质密度 · 注重胸椎拉伸，改善姿势并降低骨折风险 · 上肢上半部分再训练 · 改善颈部和肩胛骨稳定性 · 改善紧张的颈部和肩部肌肉的柔韧性 · 改善平衡性和本体感觉（降低摔倒导致骨折的风险） · 增强核心力量

推荐练习

垫上练习

骨盆卷起、单腿抬起、仰卧脊柱旋转式（变式1和2）、胸部抬起（变式3）、预备版百次拍击（第1～3级）、简化版单腿伸展、平板支撑、平板腿拉伸、侧支撑伸展、简化版背部伸展、狮身人面式、球门式、游泳式

重组训练器练习

足部练习（使用大阻力弹簧且双手手掌朝上握住木杆）、手臂仰卧系列、屈背AB开合（变式）、髋部练习系列（腿部使用脚蹬带）、坐姿肱二头肌练习、坐姿菱形肌练习1、坐姿菱形肌练习2、球门肩袖练习、双侧肩肱外旋、扩胸练习、抱树式、简易划船式、胸部扩展肩伸展、肩肱内旋、肩肱外旋、拔剑式、手臂上举式、跪姿手臂画圈、跪姿肱二头肌练习、四足式（直背变式）、反向四足式（变式）、四足式肱三头肌腿伸展、向上拉伸式1、向上拉伸式2、长背拉伸式、向上拉伸式3、向下拉伸式、肩肱推拉式、肩肘平衡式、滑冰式、侧劈腿、伸膝练习（站姿）、腘绳肌屈膝练习（进阶式）、滑板车式（变式1）、站姿弓步、俯卧拉绳1、俯卧拉绳2

多功能器械训练台练习

卷腹杆骨盆卷起、髋部练习：双腿仰卧式中的辅助髋屈肌拉伸、泡沫轴脊柱练习、单腿侧卧系列、坐姿肩胛骨前伸回缩、辅助深蹲、阻力箭步蹲、站姿手臂练习系列

稳踏椅练习

简易版天鹅、单手俯卧撑、反向肩部下压、坐姿肱三头肌练习、俯卧肱三头肌练习、基础版天鹅（背部伸展）、上肢下压式、跟腱拉伸式、站姿压腿、前弓步、后弓步后腿下蹲、前弓步小腿下蹲

10

腰椎

下背部疼痛是一种非常常见的健康问题，可致人残疾且治疗代价很大。美国有 1/4 未进行物理治疗的患者都具有下背部疼痛。据估计，80% 的成年人在一生之中都经历过一次严重到暂时无法工作的背部疼痛（Limba da Fonseca，Magini & de Freitas，2009）。马查多等人（Machado et al.，2017）报告称 1/3 的患者都经历过复发性下背部疼痛，而其他研究者也称复发率高达 60% ～ 80%（Troup，Martin & Lloyd，1981）。目前没有证据表明常用的康复方法，如药物、超声波、激光、热疗和冰疗法、牵引或电疗等，能对下背部疼痛产生长期的实质效果。但是锻炼可以使经受下背部疼痛的人减轻疼痛和减少功能障碍。本书第 1 章已经说明，调查研究支持将普拉提方法作为下背部疼痛患者的锻炼选项。根据下背部疼痛的不同原因，患者可选择使用不同的练习。通过本章中的表格可了解针对下背部疼痛和腰椎的练习方法。

注意，这些表格仅表示通常哪些练习适用于具有相关诊断或疾病的患者。但每个人的表现不同并且问题不同，因此对每个患者进行单独评估，根据使用情况省略某些练习或选择正确的练习方式是至关重要的。如果患者没有足够的力量、柔韧性或控制力来正确地完成练习，则该练习不应包括在这位患者的治疗计划当中。

常见腰椎伤病的推荐练习

腰椎间盘病变			
疾病	**一般禁忌证和注意事项**	**常见问题**	**目标**
椎间盘 ·退变 ·突出 ·脱出	·避免深度屈曲 ·避免加压（垂直负重） ·避免剧烈扭转	·下背部疼痛 ·脊柱不稳 ·核心不稳 ·腘绳肌或髋屈肌紧张 ·姿势不良 ·周围区域症状（腿部疼痛、麻木或刺痛）	·腰间盘减压 ·伸展练习 ·稳定核心 ·提升力量 ·改善下肢柔韧性 ·改善姿势

推荐练习

垫上练习

骨盆卷起（仅中立位置变式）、单腿抬起、仰卧脊柱旋转式、胸部抬起（变式3）、胸部抬起旋转式（变式2）、预备版百次拍击（第1～3级）、简化版单腿伸展、预备版桥式、桥式、平板支撑、平板腿拉伸、侧支撑伸展（变式1）、简化版背部伸展、狮身人面式、球门式

重组训练器练习

足部练习、提臀（变式1）、提臀腿伸展（变式1）、手臂仰卧系列、交叉单臂协调、屈背AB开合（变式）、髋部练习系列（腿部使用脚蹬带）、内收肌拉伸、腘绳肌拉伸、坐姿肱二头肌练习（跪姿更佳）、坐姿菱形肌练习1（跪姿更佳）、坐姿菱形肌练习2（跪姿更佳）、双侧肩肱外旋（跪姿更佳）、扩胸练习（跪姿更佳）、抱树式（跪姿更佳）、简易划船式、胸部扩展肩伸展、拔剑式、跪姿手臂画圈、跪姿肱二头肌练习、四足式（直背变式）、反向四足式（变式）、四足式肱三头肌腱伸展、长背拉伸式、向下拉伸式、肩肘平衡式、滑冰式、侧劈腿、滑板车式（变式1）、站姿弓步、俯卧拉绳1、俯卧拉绳2、腰方肌拉伸、跳跃系列

多功能器械训练台练习

推杆呼吸（中立位置变式）、髋部练习系列：仰卧双腿式中的辅助髋屈肌拉伸、单腿侧卧系列、辅助深蹲、阻力箭步蹲、站姿手臂练习系列

稳踏椅练习

腘绳肌屈膝练习、简易版天鹅、单手俯卧撑、俯卧肱三头肌练习、基础版天鹅（背部伸展）、跟腱拉伸式、站姿压腿、前弓步、后弓步后腿下蹲、前弓步小腿下蹲

腰骶骨关节炎			
疾病	**一般禁忌证和注意事项**	**常见问题**	**目标**
骨关节炎 ·骨关节炎 ·退行性骨关节病 ·椎关节僵硬	·避免高强度运动 ·症状加剧时减弱练习强度	·疼痛 ·僵硬 ·ROM 受限 ·核心无力 ·姿势不良	·改善脊柱的灵活性 ·改善柔韧性 ·稳定核心 ·力量提升 ·改善姿势

推荐练习

垫上练习

骨盆卷起、单腿抬起、仰卧脊柱旋转式、胸部抬起、胸部抬起旋转式、预备版百次拍击（第 1～3 级）、简化版百次拍击、简化版单腿伸展、单腿伸展、预备版桥式、桥式、平板支撑、平板腿拉伸、侧支撑伸展、简化版背部伸展、狮身人面式、球门式

重组训练器练习

足部练习、提臀、提臀腿伸展、手臂仰卧系列、预备版百次拍击、百次拍击、协调练习、交叉单臂协调、屈背 AB 开合、髋部练习系列（腿部使用脚蹬带）、内收肌拉伸、腘绳肌拉伸、坐姿肱二头肌练习、坐姿菱形肌练习 1、坐姿菱形肌练习 2、双侧肩胛外旋、扩胸练习、抱树式、简易划船式、胸部扩展肩伸展（以长盒子变式为起始）、拔剑式、跪姿手臂画圈（以长盒子变式为起始）、跪姿肱二头肌练习（以长盒子变式为起始）、四足式、反向四足式、四足式肱三头肌腱伸展、向上拉伸式 1、向上拉伸式 2、向上拉伸式 3、向下拉伸式、滑冰式、侧劈腿、滑板车式、站姿弓步、俯卧拉绳 1、俯卧拉绳 2、腰方肌拉伸

多功能器械训练台练习

卷腹杆骨盆卷起、推杆呼吸、髋部练习：仰卧双腿式中的辅助髋屈肌拉伸、泡沫轴脊柱练习、单腿侧卧系列、坐姿推杆拉伸、辅助深蹲、阻力箭步蹲、站姿手臂练习系列

稳踏椅练习

骨盆卷起、腘绳肌屈膝练习、简易版天鹅、反向肩部下压、坐姿肱三头肌练习、俯卧肱三头肌练习、基础版天鹅（背部伸展）、梨状肌拉伸、站姿压腿

腰椎管狭窄症			
疾病	一般禁忌证和注意事项	常见问题	目标
腰椎管狭窄	·如腰椎伸展会带来疼痛、麻木或刺痛，则应避免	·背部、臀部或腿部长时间疼痛 ·臀部或腿部沉重、无力 ·小腿部麻木或刺痛 ·疼痛或直立行走会导致疼痛增加 ·僵硬 ·活动范围受限 ·防痛步态	·先进行屈曲练习，感觉无症状时再进阶至呈中立位置和柔和的伸展 ·改善下肢柔韧性 ·提升核心稳定性 ·提升力量 ·改善姿势

推荐练习

垫上练习

骨盆卷起、单腿抬起、仰卧脊柱旋转式、胸部抬起（变式1）、胸部抬起旋转式（变式1）、预备版百次拍击（第1～3级）、简化版百次拍击、简化版单腿伸展、预备版桥式、平板支撑、侧支撑伸展、狮身人面式（使用理疗球的变式）

重组训练器练习

足部练习、提臀、手臂仰卧系列（从任一练习的变式1或变式开始）、预备版百次拍击、协调练习、屈背AB开合、髋部练习系列（腿部使用脚蹬带）、内收肌拉伸、腘绳肌拉伸、坐姿肱二头肌练习、坐姿菱形肌练习1、坐姿菱形肌练习2、双侧肩肱外旋、扩胸练习、抱树式、简易划船式、胸部扩展肩伸展（变式1）、拔剑式、跪姿手臂画圈（变式）、跪姿肱二头肌练习（以长盒子变式为起始）、四足式（弓背变式）、反向四足式、四足式肱三头肌腱伸展、向上拉伸式1、向上拉伸式2、肩肘推拉式、滑冰式、滑板车式、腰方肌拉伸

多功能器械训练台练习

卷腹杆骨盆卷起、推杆呼吸、髋部练习：仰卧双腿式中的辅助髋屈肌拉伸、泡沫轴脊柱练习、坐姿推杆拉伸（仅第1部分）、辅助深蹲

稳踏椅练习

骨盆卷起、腘绳肌屈膝练习、单手俯卧撑、反向肩部下压、坐姿肱三头肌练习、梨状肌拉伸、站姿压腿、屈背卷上（变式1）

脊椎前移			
疾病	一般禁忌证和注意事项	常见问题	目标
脊椎前移	·避免拉伸 ·在终末端或运动过程中应小心	·脊柱不稳定 ·疼痛 ·僵硬 ·小腿阵痛 ·腘绳肌紧张 ·步态向前倾斜 ·核心无力 ·姿势不良	·稳定腰椎-骨盆 ·提升核心力量 ·始终在放松状态或中立位置下练习 ·改善姿势 ·提升力量

推荐练习

垫上练习

骨盆卷起、单腿抬起、仰卧脊柱旋转式、胸部抬起（变式1）、胸部抬起旋转式（变式1）、预备版百次拍击（第1～3级）、简化版百次拍击、百次拍击（变式）、单腿伸展、预备版桥式、平板支撑、侧支撑伸展、狮身人面式（仅使用理疗球的变式）

重组训练器练习

足部练习、提臀、手臂仰卧系列（任一练习的变式1或变式）、预备版百次拍击、协调练习、髋部练习系列（腿部使用脚蹬带）、内收肌拉伸、腘绳肌拉伸、坐姿肱二头肌练习、坐姿菱形肌练习1、坐姿菱形肌练习2、双侧肩肱外旋、扩胸练习、抱树式、简易划船式、胸部扩展肩伸展（变式1）、拔剑式、跪姿手臂画圆（变式）、跪姿肱二头肌练习（变式）、四足式（弓背变式）、反向四足式、四足式肱三头肌腿伸展、向上拉伸式1、向上拉伸式2、肩肘推拉式、滑冰式、滑板车式

多功能器械训练台练习

卷腹杆骨盆卷起、推杆呼吸、髋部练习：仰卧双腿式中的辅助髋屈肌拉伸、泡沫轴脊柱练习、坐姿推杆拉伸（仅第1部分）、辅助深蹲

稳踏椅练习

骨盆卷起、腘绳肌屈膝练习、单手俯卧撑（手膝跪位）、反向肩部下压、坐姿肱三头肌练习、梨状肌拉伸、站姿压腿、后弓步后腿下蹬

腰椎小关节紊乱综合征			
疾病	**一般禁忌证和注意事项**	**常见问题**	**目标**
腰椎小关节紊乱综合征	· 避免会产生疼痛的姿势	· 区域化，根据病变位置，某些部位的情况更糟 · ROM 受限 · 姿势不良 · 僵硬 · 肌肉紧张（背伸肌群）	· ROM 恢复正常 · 改善下肢柔韧性 · 改善核心稳定性 · 提升力量 · 改善姿势 · 改善脊柱关节运动

推荐练习

垫上练习

骨盆卷起、单腿抬起、仰卧脊柱旋转式、胸部抬起（以变式 1 为起始）、胸部抬起旋转式（以变式 1 为起始）、预备版百次拍击（第 1 ～ 3 级）、简化版百次拍击、百次拍击、简化版单腿伸展、单腿伸展、预备版桥式、桥式、平板支撑、平板腿拉伸、侧支撑伸展（注意：根据病变位置，可能产生疼痛）、简化版背部伸展、游泳式、狮身人面式、球门式

重组训练器练习

足部练习、提臀、提臀腿伸展、手臂仰卧系列、预备版百次拍击、百次拍击、协调练习、交叉单臂协调、屈背 AB 开合、髋部练习系列（腿部使用脚蹬带）、内收肌拉伸、腘绳肌拉伸、坐姿肱二肌练习、坐姿菱形肌练习 1、坐姿菱形肌练习 2、双侧肩肱外旋、扩胸练习、抱树式、简易划船式、胸部扩展肩伸展、拔剑式、跪姿手臂画圈、跪姿肱二头肌练习、四足式肱三头肌腿伸展、向上拉伸式 1、向上拉伸式 2、长背拉伸式、向上拉伸式 3、向下拉伸式、肩肘推拉式、滑冰式、侧劈腿、滑板车式、站姿弓步、俯卧拉绳 1、俯卧拉绳 2、腰方肌拉伸、跳跃系列

多功能器械训练台练习

卷腹杆骨盆卷起、推杆呼吸、髋部练习：仰卧双腿式的辅助髋屈肌拉伸、泡沫轴脊柱练习、单腿侧卧系列、坐姿推杆拉伸、辅助深蹲、站姿手臂练习系列

稳踏椅练习

骨盆卷起、腘绳肌屈膝练习、简易版天鹅、单手俯卧撑、反向肩部下压、坐姿肱三头肌练习、俯卧肱三头肌练习、基础版天鹅（背部伸展）、上肢下压式、梨状肌拉伸、站姿压腿

姿势性综合征			
疾病	一般禁忌证和注意事项	常见问题	目标
姿势性综合征	·无	·下背部疼痛 ·姿势不良 ·核心无力 ·腰骶部不稳定性 ·髋屈肌紧张 ·腘绳肌紧张 ·僵硬	·改善姿势 ·改善下肢柔韧性 ·稳定核心 ·提升力量 ·改善脊柱关节运动

推荐练习
全部

坐骨神经痛			
疾病	**一般禁忌证和注意事项**	**常见问题**	**目标**
坐骨神经痛 · 椎间盘突出、椎管狭窄或骨刺导致的坐骨神经压迫	· 禁忌证和注意事项取决于造成神经压迫的原因。最常见的原因是椎间盘病变，因此可遵循椎间盘注意事项 · 避免下背部屈曲过大、挤压（垂直负重）和剧烈扭转	· 下背部疼痛，可从臀部蔓延到大腿后部，从小腿蔓延到脚 · 脊柱不稳定 · 核心无力 · 腘绳肌和髋屈肌紧张 · 姿势不良 · 周围区域症状（腿部麻木和刺痛）	· 椎间盘减压 · 稳定核心 · 提升力量 · 改善下肢柔韧性 · 改善姿势

推荐练习

垫上练习

骨盆卷起（仅中立位置变式）、单腿抬起、仰卧脊柱旋转式、胸部抬起（变式 3）、预备版百次拍击（第 1～3 级）、简化版单腿伸展、预备版桥式、桥式、平板支撑、平板腿拉伸、侧支撑伸展（变式 1）、简化版背部伸展、狮身人面式、球门式、游泳式

重组训练器练习

足部练习、提臀（变式 1）、提臀腿伸展（变式 1）、手臂仰卧系列、交叉单臂协调、屈背 AB 开合（变式）、髋部练习系列（腿部使用脚蹬带）、内收肌拉伸、腘绳肌拉伸、坐姿肱二头肌练习、坐姿菱形肌练习 1、坐姿菱形肌练习 2、双侧肩肱外旋、扩胸练习、抱树式、简易划船式、胸部扩展肩伸展、拔剑式、跪姿手臂画圈、跪姿肱二头肌练习、四足式（直背变式）、反向四足式（变式）、四足式肱三头肌腿伸展、长背伸展、向下拉伸式、滑冰式、侧劈腿、滑板车式（变式 1）、站姿弓步、俯卧拉绳 1、俯卧拉绳 2、跳跃系列

多功能器械训练台练习

推杆呼吸（中立位置变式）、髋部练习：仰卧双腿式中的辅助髋屈肌拉伸、单腿侧卧系列、辅助深蹲、阻力箭步蹲、站姿手臂练习系列

稳踏椅练习

腘绳肌屈膝练习、简易版天鹅、单手俯卧撑、俯卧肱三头肌练习、基础版天鹅（背部伸展）、站姿压腿、前弓步、后弓步后腿下蹲

骶髂关节功能障碍			
疾病	一般禁忌证和注意事项	常见问题	目标
骶髂关节功能障碍 · 运动不足	· 发作时，避免单侧承重练习 · 急性期避免提臀或桥式练习	· 下背部和臀部区域疼痛，并常牵扯到腹股沟和大腿后侧 · 单侧承重时（单腿站立、行走、上下楼梯）疼痛加剧 · 腰骶部不稳定 · 腘绳肌、髋屈肌或梨状肌紧张 · 臀部肌肉无力	· 提升腰椎－骨盆稳定性 · 增强核心力量 · 增强臀部肌肉力量 · 改善姿势 · 改善下肢稳定性

推荐练习

垫上练习

单腿抬起、仰卧脊柱旋转式、胸部抬起、胸部抬起旋转式、预备版百次拍击（第 1～3 级）、（简化版）百次拍击、百次拍击、简化版单腿伸展、单腿伸展、平板支撑、平板腿拉伸、侧支撑伸展、简化版背部伸展、游泳式

重组训练器练习

足部练习、手臂仰卧系列、预备版百次拍击、百次拍击、协调练习、交叉单臂协调、屈背 AB 开合、髋部练习系列（腿部使用脚蹬带）、内收肌拉伸、腘绳肌拉伸、坐姿肱二头肌练习、坐姿菱形肌练习 1、坐姿菱形肌练习 2、双侧肩胛外旋、扩胸练习、抱树式、简易划船式、胸部扩展肩伸展、拔剑式、跪姿手臂画圈、跪姿肱二头肌练习、四足式、反向四足式、四足式肱三头肌腱伸展、向上拉伸式 1、向上拉伸式 2、长背拉伸式、向上拉伸式 3、向下拉伸式、肩肘推拉式、滑冰式[a]、俯卧拉绳 1、俯卧拉绳 2、腰方肌拉伸

多功能器械训练台练习

髋部练习：仰卧双腿式中的辅助髋屈肌拉伸、单腿侧卧系列、坐姿推杆拉伸、辅助深蹲、阻力箭步蹲[a]、站姿手臂练习系列

稳踏椅练习

腘绳肌屈膝练习、简易版天鹅、单手俯卧撑、反向肩部下压、坐姿肱三头肌练习、俯卧肱三头肌练习、基础版天鹅（背部伸展）、梨状肌拉伸、站姿压腿[a]、前弓步[a]、后弓步后腿下蹬[a]、屈背卷上

a 不适用于急性病例。

11

肩部

涉及肩关节复合体时，我们讨论的不仅是肩关节。我们必须将其视作一个整体：3块骨头（肱骨、锁骨和肩胛骨）、4个关节（盂肱关节、肩锁关节、胸锁关节和肩胛胸壁关节）及众多的肌肉。肩关节是人体中运动性最强的关节，该区域的复杂性和极端运动性使其稳定性不足，因此具有很高的受伤风险。肩带上所有肌肉必须协同工作才能产生协调的运动，这被称为肩肱节律。肩肱节律需要肩胛骨稳定发挥作用，三角肌抬高肱骨，并通过肩袖对三角肌产生反作用力，从而将肱骨头下压入肩关节以避免冲击。当这些动作都恰当地发生时，才能不会在手臂伸过头顶时感到疼痛。

如果没有正确的机制，则肩部的某一点或颈部、背部等相关区域就会发生问题，这些问题有可能是肌腱病变、肌肉撕裂、错位，也可能只是上斜方肌等其他肌群过劳，从而导致颈部或肩部紧张。正如第1章所述，很多研究都发现胸部姿势不良、肩部生物力学机制异常和肩胛骨不稳定通常和肩颈疾病互为因果。艾马里等人（Emery et al.，2010）的研究结果提供了证据：进行普拉提训练有助于预防此类疾病。

很多普拉提练习，尤其是一些高级项目对肩关节的要求都很高。因此，准确地理解肩部力学机制对正确教授这些练习、避免受伤是必不可少的。与此同时，很多普拉提练习都是闭链练习，有些甚至是单侧闭链练习，当正确运用普拉提时，可以有效提升肩胛骨稳定性，从而使肩部强健。通过本章中的表格可了解适用于肩部疾病患者的运动。

注意，这些表格仅表示通常哪些练习适用于具有相关诊断或疾病的患者。但每个人的表现不同、问题不同，因此对每个患者进行个性化评估，根据使用情况省略某些练习或选择经适当编改的练习版本是至关重要的。如果患者没有足够的力量、柔韧性或控制力来正确地完成练习，则该练习不应包括在这位患者的治疗计划当中。

常见肩部伤病的推荐练习

撞击综合征、滑囊炎和肌腱炎			
疾病	一般禁忌证和注意事项	常见问题	目标
肩部撞击综合征、滑囊炎、肌腱炎	· 避免伸手臂或抬高手臂超过头部	· 手臂向上、手臂超过头顶会引发疼痛 · 向后拉伸手臂会引发疼痛 · 姿势不良（头部前伸、圆肩） · 肩胛骨稳定性不良 · 肩关节活动范围超过正常关节活动范围 · 生物力学机制不良（肩肱节律机能不良）	· 加强肩胛稳定肌群的力量 · 加强肩袖肌群力量 · 改善姿势（加强使肩部向下、向后的肌肉的力量） · 拉伸向前拉肩部的肌肉 · 恢复正常的肩肱节律 · 加强核心力量

推荐练习

垫上练习

骨盆卷起、单腿抬起、仰卧脊柱旋转式、胸部抬起、胸部抬起旋转式、简化版百次拍击、百次拍击、单腿伸展、预备版桥式、桥式、平板支撑（变式）、平板腿拉伸（变式）、侧支撑伸展（使用手肘）、简化版背部伸展、狮身人面式

重组训练器练习

足部练习、提臀、提臀腿伸展、手臂仰卧系列、预备版百次拍击、百次拍击、协调练习、交叉单臂协调、屈背 AB 开合、髋部练习系列（腿部使用脚蹬带）、坐姿肱二头肌练习、坐姿菱形肌练习 1、坐姿菱形肌练习 2、双侧肩肱外旋、扩胸练习、抱树式、简易划船式、胸部扩展肩伸展、肩肱内旋、肩肱外旋、跪姿肱二头肌练习、四足式、反向四足式、四足式肱三头肌腱伸展、向下拉伸式、肩肘推拉式、肩肘平衡式、滑板车式、俯卧拉绳 1、俯卧拉绳 2

多功能器械训练台练习

卷腹杆骨盆卷起、泡沫轴脊柱练习、辅助深蹲、站姿手臂练习系列中的站姿扩胸、站姿抱树式、站姿肱二头肌练习

稳踏椅练习

骨盆卷起、单手俯卧撑、反向肩部下压、坐姿肱三头肌练习、俯卧肱三头肌练习、基础版天鹅（背部伸展）、上肢下压式、屈背卷上

肩袖伤病			
疾病	一般禁忌证和注意事项	常见问题	目标
肩袖伤病 ·肩袖撕裂 ·肩袖修复手术后 ·肩袖修复手术后，开始练习时，应遵循特定医嘱	·避免伸手臂或抬高手臂超过头部	·手臂向上伸过头部或向后伸会加剧肩部疼痛 ·夜间疼痛 ·疼痛蔓延至手臂外侧 ·肩部或手臂肌肉无力 ·头部前伸或圆肩姿势 ·肩胛骨稳定性不良 ·肩肱节律不良	·加强肩胛稳定肌群力量 ·改善姿势（加强使肩部向下、向后的肌肉的力量） ·拉伸使肩部向前的肌肉 ·加强肩袖肌群力量 ·恢复全关节活动范围 ·恢复正常的肩肱节律 ·加强核心力量

推荐练习

垫上练习

骨盆卷起、单腿抬起、仰卧脊柱旋转式、胸部抬起（变式 3）、胸部抬起旋转式（变式 2）、预备版百次拍击（第 1～3 级）、简化版百次拍击、百次拍击、单腿伸展、预备版桥式、桥式、平板支撑（变式）、平板腿拉伸（变式）、侧支撑伸展（使用手肘）、简化版背部伸展、狮身人面式、球门式

重组训练器练习

足部练习（双手手掌朝上握住木杆）、提臀、提臀腿伸展、手臂仰卧系列、预备版百次拍击、百次拍击、协调练习、交叉单臂协调、屈背 AB 开合、髋部练习系列（腿部使用脚蹬带）、坐姿肱二头肌练习、双侧肩肱外旋、扩胸练习、简易划船式、胸部扩展肩伸展、肩肱内旋、肩肱外旋、跪姿肱二头肌练习、四足式、反向四足式、四足式肱三头肌腿伸展、向下拉伸式、肩肘推拉式、肩肘平衡式、滑板车式、俯卧拉绳 1、俯卧拉绳 2

多功能器械训练台练习

卷腹杆骨盆卷起、泡沫轴脊柱练习、坐姿肩胛骨前伸回缩、辅助深蹲、站姿手臂练习系列中的站姿扩胸、站姿抱树式、站姿肱二头肌练习

稳踏椅练习

骨盆卷起、单手俯卧撑（手膝跪位）、反向肩部下压、坐姿肱三头肌练习、俯卧肱三头肌练习、基础版天鹅（背部伸展）

肩周炎			
疾病	一般禁忌证和注意事项	常见问题	目标
粘连性肩关节囊炎（肩周炎）	·避免所有引发疼痛的练习 ·不要强迫进行超出现有关节 ROM 的动作	·关节 ROM 极度受限（尤其是外旋和外展） ·肩部和手臂疼痛，且运动时加剧 ·肩关节僵硬 ·肩胛骨不稳定 ·圆肩，且头部常常前伸 ·肩部肌肉萎缩或无力 ·日常生活行动（如梳头或系内衣挂钩）困难或无能力	·提升肩胛骨稳定性 ·加强肩部肌肉力量并保证过程中无疼痛产生 ·改善姿势 ·关节活动范围和肩肱节律恢复正常 ·加强核心力量

推荐练习

垫上练习

骨盆卷起、单腿抬起、仰卧脊柱旋转式、胸部抬起（变式 3）、胸部抬起旋转式（变式 2）、简化版百次拍击、百次拍击、单腿伸展、预备版桥式、桥式、平板支撑（变式）、平板腿拉伸（变式）、简化版背部伸展、狮身人面式

重组训练器练习

足部练习（双手手掌朝上握住木杆）、提臀、提臀腿伸展、手臂仰卧系列（在舒适的活动范围内）、预备版百次拍击、百次拍击、协调练习、交叉单臂协调、屈背 AB 开合、髋部练习系列（腿部使用脚蹬带）、坐姿肱二头肌练习（双臂在舒适高度）、双侧肩肱外旋、简易划船式、胸部扩展肩伸展、肩肱内旋、肩肱外旋、四足式、反向四足式、四足式肱三头肌腿伸展、向下拉伸式、肩肘平衡式、滑板车式、站姿弓步、俯卧拉绳 1、俯卧拉绳 2

多功能器械训练台练习

卷腹杆骨盆卷起、泡沫轴脊柱练习、辅助深蹲、站姿手臂练习系列中的站姿扩胸；站姿肱二头肌练习

稳踏椅练习

骨盆卷起、反向肩部下压、坐姿肱三头肌练习、俯卧肱三头肌练习、基础版天鹅（背部伸展）

肩关节盂唇撕裂			
疾病	一般禁忌证和注意事项	常见问题	目标
肩关节盂唇撕裂致使肩部不稳	·与手臂举过头部练习的注意事项相同 ·易受伤姿势要小心，如外展和外旋组合的动作 ·避免长杠杆上的高级承重练习（如侧弯或向上拉伸式 3 或长背拉伸式）	·肩关节不稳定 ·运动或活动时肩部或手臂疼痛 ·肩胛稳定肌群无力 ·肩关节、肩锁关节或胸锁关节活动性过强 ·肩关节有半脱位的危险因素或历史 ·因受伤风险过高使肩部功能受限 ·肩关节运动时有弹响或锁定感 ·肩肱节律不良	·增强肩关节稳定肌群力量 ·加强肩袖肌群力量 ·大量需要协同收缩的闭链练习，由此提升关节稳定性 ·恢复正常的肩肱节律 ·加强核心力量

推荐练习

垫上练习

骨盆卷起、单腿抬起、仰卧脊柱旋转式、胸部抬起、胸部抬起旋转式、简化版百次拍击、百次拍击、单腿伸展、预备版桥式、桥式、平板支撑（变式）、平板腿拉伸（变式）、侧支撑伸展（变式）、简化版背部伸展、狮身人面式、球门式、游泳式

重组训练器练习

足部练习（变式）、提臀、提臀腿伸展、手臂仰卧系列、预备版百次拍击、百次拍击、协调练习、交叉单臂协调、屈背 AB 开合、坐姿肱二头肌练习、坐姿菱形肌练习 1、坐姿菱形肌练习 2、双侧肩肱外旋、扩胸练习、抱树式、简易划船式、胸部扩展肩伸展、肩肱内旋、肩肱外旋、拔剑式、手臂上举式、跪姿肱二头肌练习、四足式、反向四足式、四足式肱三头肌腱伸展、向上拉伸式 1、向上拉伸式 2、向下拉伸式、肩肘推拉式、肩肘平衡式、滑板车式、俯卧拉绳 1、俯卧拉绳 2

多功能器械训练台练习

卷腹杆骨盆卷起、推杆呼吸、泡沫轴脊柱练习、坐姿肩胛骨前伸回缩、辅助深蹲、阻力箭步蹲、站姿手臂练习系列

稳踏椅练习

骨盆卷起、简易版天鹅、单手俯卧撑（手膝跪位或半平板式）、反向肩部下压、坐姿肱三头肌练习、俯卧肱三头肌练习、基础版天鹅（背部伸展）、屈背卷上（变式 1）

12

髋部

髋关节是人体最大的关节之一，拥有身体中最强韧的韧带，与身体其他任何部分相比，其能够向股骨近端传递的负荷都更大。髋关节的结构及其强大但松弛的纤维囊使其成为我们身体中 ROM 第二大的关节，并且其能够支撑躯干、手臂和头部的重量。然而，随着我们年龄的增长，髋关节的 ROM 在逐渐下降。维持充分的髋关节 ROM 对完成日常简单的行动是非常必要的，例如，行走、跑步、上楼梯、坐下、从椅子上起立、从地板上捡起东西，以及系鞋带等。普拉提练习中的很多开链和拉伸练习（如髋部练习系列脚蹬绳）正是为了解决髋关节 ROM 下降的问题。

虽然髋关节伤病没有膝关节和腰椎问题常见，但髋部功能不良或无力经常会引发甚至导致其他身体部位的问题。例如，对于主要进行矢状面活动（跑步、自行车、游泳）的运动员，本书介绍的普拉提练习对他们尤其有益，因为这些练习可以锻炼到那些通常未充分使用或受到抑制的额状面肌肉（臀肌和内收肌）。

美国髋膝关节外科医师协会称，关节炎在老年人中更加常见。预计到 2030 年，美国的全髋关节置换需求就会增加 174%，达到 572 000 例（Kurtz et al.，2007）。但大多数专业人员认为，低损害性的治疗练习（普拉提）和充分的运动对减少疼痛、延迟髋关节置换需求非常有效。

适用于髋关节疾病患者的运动，请查看本章中的表格。注意，这些表格仅表示通常哪些练习适用于具有相关诊断或疾病的患者。但每个人的表现不同、问题不同，因此对每个患者进行个性化评估，根据使用情况省略某些练习或选择适当正确改编的练习版本是至关重要的。如果患者没有足够的力量、柔韧性或控制力来正确地完成练习，则该练习不应包括在这位患者的治疗计划当中。

常见髋部伤病的推荐练习

髋关节置换手术			
疾病	**一般禁忌证和注意事项**	**常见问题**	**目标**
髋关节置换手术（人工髋关节置换）术后状态	· 注意事项取决于髋关节置换手术和类型（方法）。最好咨询外科医生或遵循术后注意事项细节 · 近几年很多手术使用的技术都允许不设置承重状态预防措施且无禁忌姿势，但是传统技术的承重状态和禁忌为 6 周之内不可承重或仅可脚趾承重 · 向后方或侧后方做运动，髋关节屈曲应避免内旋、超过中立位置、外展大于 90 度 · 朝向前方的运动中，避免髋关节前伸和外旋的组合动作 · 所有练习中都应避免有推进力的练习和高强度的练习（不可使用跳板）	· ROM 受限 · 僵硬 · 肌肉紧张 · 肌肉（主要是外展肌和伸肌）较弱 · 核心无力 · 步态异常或有防痛步态 · 平衡性或本体感觉不良 · 疼痛	· 髋关节 ROM 恢复正常 · 增强下肢灵活性 · 加强髋部和下肢肌肉力量 · 改善平衡性和本体感觉 · 增强核心力量和稳定性 · 恢复正常步态 · 减少疼痛和肿胀

推荐练习

垫上练习

骨盆卷起、单腿抬起、仰卧脊柱旋转式（变式1和变式2）、简化版单腿伸展、单腿伸展、预备版桥式、桥式、平板支撑（变式）、平板腿拉伸（变式）、侧支撑伸展、游泳式

重组训练器练习

足部练习、提臀、提臀腿伸展、屈背AB开合、髋部练习系列（腿部使用脚蹬带）、内收肌拉伸、腘绳肌拉伸、四足式、向上拉伸式1、向上拉伸式2、向下拉伸式、伸膝练习、腘绳肌屈膝练习（当禁止髋关节屈曲大于90度时，使用进阶式）、滑冰式、侧劈腿、滑板车式、站姿弓步

多功能器械训练台练习

卷腹杆骨盆卷起；推杆呼吸；髋部练习：仰卧双腿式中的辅助髋屈肌拉伸；单腿侧卧系列；辅助深蹲（循序渐进地锻炼平衡性）；阻力箭步蹲；站姿手臂练习系列（循序渐进地锻炼平衡性）

稳踏椅练习

骨盆卷起、腘绳肌屈膝练习、跟腱拉伸式、站姿压腿、前弓步（使用变式3限制髋关节屈曲程度，从变式1、变式2或变式3开始）、后弓步后腿下蹬（变式1或变式2）、前弓步小腿下蹬（变式）

髋关节骨性关节炎			
疾病	**一般禁忌证和注意事项**	**常见问题**	**目标**
骨关节炎 ·骨关节病 ·退行性骨关节病	·避免单侧承重练习 ·避免高强度练习 ·避免髋关节负重过大	·髋关节、腹股沟、臀部或大腿疼痛 ·僵硬 ·ROM 受限 ·核心无力 ·早晨或长时间不运动后，行走时症状加剧 ·防痛步态 ·日常生活活动困难：深蹲、穿衣、上楼梯、进出汽车、从椅子或马桶上站起 ·体重越重，髋关节负重越大	·加强髋部和下肢肌肉力量 ·加强核心肌肉力量 ·提升整体柔韧性 ·减轻髋关节负重 ·活动髋关节（开链练习）

推荐练习

垫上练习

骨盆卷起、单腿抬起、仰卧脊柱旋转式（变式 1 或变式 2）、简化版单腿伸展、单腿伸展、预备版桥式、桥式、平板支撑、平板腿拉伸、侧支撑伸展、游泳式

重组训练器练习

足部练习、提臀、提臀腿伸展、屈背 AB 开合、髋部练习系列（腿部使用脚蹬带）、内收肌拉伸、腘绳肌拉伸、四足式、反向四足式、向上拉伸式 1（大象式变式）、向上拉伸式 2、向下拉伸式、肩肘推拉式、伸膝练习（变式）、腘绳肌屈膝练习（坐姿）

多功能器械训练台练习

卷腹杆骨盆卷起、推杆呼吸、髋部练习：仰卧双腿式中的辅助髋屈肌拉伸、单腿侧卧系列、辅助深蹲

稳踏椅练习

骨盆卷起、腘绳肌屈膝练习、梨状肌拉伸

股骨大粗隆滑囊炎			
疾病	一般禁忌证和注意事项	常见问题	目标
滑囊炎	· 避免向滑囊施加压力的姿势 · 大转子——不可侧躺 · 坐骨结节——不可坐立 · 髂腰肌——不可过度运动髋屈肌	· 疼痛 · 滑囊局部压痛 · ROM 受限 · 肌肉（通常为髂胫束和髋屈肌）紧张 · 下肢肌肉无力且失衡 · 核心无力	· 提升 LE 柔韧性 · 加强无力的髋关节力量和下肢肌肉（通常为臀肌）力量 · 提升核心力量和稳定性 · 改善平衡能力和本体感觉

推荐练习

垫上练习

骨盆卷起、单腿抬起、仰卧脊柱旋转式、简化版单腿伸展、单腿伸展、预备版桥式、桥式、平板支撑、平板腿拉伸、侧支撑伸展、游泳式

重组训练器练习

足部练习、提臀、提臀腿伸展、髋部练习系列（腿部使用脚蹬带）、内收肌拉伸、腘绳肌拉伸、四足式、反向四足式[a]、向上拉伸式 1、向上拉伸式 2、长背拉伸式、向上拉伸式 3、向下拉伸式、滑冰式、侧劈腿、伸膝练习[c]、腘绳肌屈膝练习[d]、滑板车式、站姿弓步、腰方肌拉伸[b]、跳跃系列

多功能器械训练台练习

卷腹杆骨盆卷起、推杆呼吸、髋部练习：仰卧双腿式中的辅助髋屈肌拉伸、单腿侧卧系列、辅助深蹲（进阶式 2～4）、阻力箭步蹲、站姿手臂练习系列（循序渐进地锻炼平衡性）

稳踏椅练习

骨盆卷起、腘绳肌屈膝练习、简易版天鹅、上肢下压式[a]、梨状肌拉伸、跟腱拉伸式、站姿压腿、前弓步、后弓步后腿下蹬、前弓步小腿下蹬、屈背卷上

---

a 不适用于髂腰肌疾病。

b 坐骨结节疾病仅使用站立姿势。

c 坐骨结节和髂腰肌问题仅可使用站姿。

d 不适用于大转子疾病。

梨状肌综合征			
疾病	**一般禁忌证和注意事项**	**常见问题**	**目标**
梨状肌综合征	· 如果症状已辐射至足部，则与腰椎间盘的注意事项一致	· 髋部或臀部疼痛，并向下辐射至大腿后侧 · 梨状肌局部压痛 · 臀部肌肉无力或不可运动 · 髋屈肌运动过度、紧张或缩短 · 髋屈肌紧张 · 矢状面肌肉（股四头肌、腘绳肌）占主导 · 核心无力 · 相应的骶髂关节功能障碍 · 足部过度内旋	· 提升力量和稳定性 · 加强臀部力量，减少对梨状肌的使用 · 加强髋部肌肉力量和神经肌肉控制力 · 减少坐姿总时长

推荐练习

垫上练习

骨盆卷起、单腿抬腿、仰卧脊柱旋转式、胸部抬起、胸部抬起旋转式、预备版百次拍击（第 1～3 级）、简化版单腿伸展、预备版桥式、桥式、平板支撑、平板腿拉伸、侧支撑伸展、游泳式

重组训练器练习

足部练习、提臀（变式 3）、提臀腿伸展（变式 3）、交叉单臂协调、预备版百次拍击、协调练习、屈背 AB 开合、髋部练习系列（腿部使用脚蹬带）、内收肌拉伸、腘绳肌拉伸、四足式、反向四足式、向上拉伸式 1（大象式变式）、向上拉伸式 2、长背拉伸式、向上拉伸式 3、向下拉伸式、滑冰式、侧劈腿、滑板车式、站姿弓步、腰方肌拉伸、跳跃系列

多功能器械训练台练习

卷腹杆骨盆卷起（变式 2）、推杆呼吸、髋部练习：仰卧双腿式中的辅助髋屈肌拉伸、单腿侧卧系列、辅助深蹲（进阶式 2～4）、阻力箭步蹲、站姿手臂练习系列（循序渐进地锻炼平衡性）。

稳踏椅练习

骨盆卷起（变式 2）、上肢下压式、梨状肌拉伸、站姿压腿、前弓步、后弓步后腿下蹲、前弓步小腿下蹲、屈背卷上

髋屈肌伤病			
疾病	一般禁忌证和注意事项	常见问题	目标
髋屈肌紧张	· 避免过度使用髋屈肌 · 避免久坐	· 髋部前侧疼痛，可能辐射至大腿前侧 · 疼痛随运动——朝向胸部提升膝关节加剧 · 跑步、跳跃、行走、上下楼梯都产生疼痛 · 髋屈肌紧张、收短 · 核心无力 · 骨盆前倾、腰椎前凸	· 增加臀部力量 · 提升髋屈肌柔韧性和增加肌肉长度 · 提升核心力量和稳定性 · 激活内收肌和盆底肌，减少髋屈肌负重 · 改善平衡性和本体感觉 · 减少坐姿总时长

推荐练习

垫上练习

骨盆卷起（变式 2）、仰卧脊柱旋转式（变式 1 或变式 2）、胸部抬起、胸部抬起旋转式、预备版百次拍击（第 1 ～ 3 级）、简化版百次拍击、简化版单腿伸展、预备版桥式、桥式、平板支撑、平板腿拉伸、侧支撑伸展、游泳式

重组训练器练习

足部练习、提臀（变式 3）、提臀腿伸展（变式 3）、协调练习、屈背 AB 开合、髋部练习系列（腿部使用脚蹬带）、内收肌拉伸、腘绳肌拉伸、四足式、向上拉伸式 1、向上拉伸式 2、向上拉伸式 3、向下拉伸式、滑冰式、侧劈腿、伸膝练习、腘绳肌屈膝练习（进阶式）、滑板车式、站姿弓步、腰方肌拉伸、跳跃系列

多功能器械训练台练习

卷腹杆骨盆卷起（变式 2）、推杆呼吸、髋部练习：仰卧双腿式中的辅助髋屈肌拉伸、单腿侧卧系列、辅助深蹲（进阶式 2 ～ 4）、阻力箭步蹲、站姿手臂练习系列（循序渐进地锻炼平衡性）

稳踏椅练习

骨盆卷起（变式 2）、腘绳肌屈膝练习、梨状肌拉伸、跟腱拉伸式、站姿压腿、前弓步、后弓步后腿下蹬、前弓步小腿下蹬、屈背卷上

髋关节盂唇伤病			
疾病	一般禁忌证和注意事项	常见问题	目标
关节盂唇撕裂或伤病 可能由以下原因产生 ·外伤 ·股骨髋臼撞击 ·关节囊松弛 ·发育异常 ·退化	·避免髋关节屈曲和内旋的组合进行 ·避免髋关节屈曲超过90度的髋屈肌练习 ·日常活动中避免久坐、跑步、髋关节扭转或上楼梯等 ·如果患者处于手术后阶段，应遵循医嘱，因为每个患者的注意事项因手术过程不同（关节镜切除、清创或截骨）而具有较大不同	·髋部前侧或腹股沟深层疼痛 ·髋屈肌不适 ·弹响、锁定感、束缚感、摩擦感 ·髋关节不稳定 ·轻微的髋关节ROM限制（大部分发生在扭转时） ·矢状面肌肉主导（股四头肌或腘绳肌） ·功能性运动中髋关节过度内收或内旋 ·盂唇撕裂是早发型骨关节炎的先兆	·在无痛姿势下稳定髋部、骨盆和核心 ·优化髋关节排列和关节运动精确度 ·恢复正常ROM ·加强髋关节肌肉力量和神经肌肉控制力 ·增强额状面和矢状面肌肉力量（髋外展肌、深层外旋肌、臀大肌和髂腰肌） ·改善平衡性和本体感觉 ·提升核心力量和稳定性 ·提升下肢肌肉柔韧性以防肌肉失衡 ·减少坐姿总时长

推荐练习

垫上练习

骨盆卷起、仰卧脊柱旋转式（变式 1 或 2）、胸部抬起、胸部抬起旋转式、预备版百次拍击（第 1～3 级）、单腿伸展、预备版桥式、桥式、平板支撑、平板腿拉伸、侧支撑伸展、游泳式

重组训练器练习

足部练习、提臀、提臀腿伸展、协调练习、屈背 AB 开合、髋部练习系列（腿部使用脚蹬带）（小 ROM）、内收肌拉伸、腘绳肌拉伸、四足式、反向四足式、向上拉伸式 1、向上拉伸式 2、长背拉伸式、向上拉伸式 3、向下拉伸式、滑冰式、侧劈腿、滑板车式、站姿弓步

多功能器械训练台练习

卷腹杆骨盆卷起、推杆呼吸、髋部练习：仰卧双腿式中的辅助髋屈肌拉伸、单腿侧卧系列、辅助深蹲（进阶式 2～4）、阻力箭步蹲、站姿手臂练习系列（循序渐进地锻炼平衡性）

稳踏椅练习

骨盆卷起、上肢下压式、站姿压腿、前弓步、后弓步后腿下蹬、前弓步小腿小蹬、屈背卷上

13

膝部

膝关节伤病在下肢伤病中占比最大，体力活动者尤其如此。膝关节的结构使其在本质上很不稳定，因此肌肉和韧带提供的动态稳定性就至关重要。与男性相比，由于解剖学上的差异因素，女性的肌肉力量更小、周长更短，且生物力学机制不同，因此膝关节创伤和过劳在女性中更加常见。

近年来，众所周知，近端因素对膝关节伤病有一定的影响。生物运动学家、物理治疗师、在该领域领先的研究者克里斯托弗·鲍尔斯（Christopher Powers，2010）博士进行的一项关于生物力学和临床研究的报告指出，髋部、骨盆和躯干肌肉控制力受损会影响胫股关节和髌股关节在多个平面的运动。鲍尔斯还特别给出证据表明髋关节障碍可能造成前交叉韧带撕裂、髂胫束综合征和髌股关节疼痛。因此，他将骨盆和躯干稳定性以及髋关节动态控制方面的生物力学论证融入了膝关节康复计划。因为所有的普拉提练习都涉及骨盆和躯干稳定性的协同运作，以及髋部力量的控制，我发现普拉提对于正在经受膝关节病痛折磨的患者是非常理想的练习。

接受膝关节手术后的患者通常在4周内有不承重或部分承重限制。在重组训练器上以仰卧姿势进行足部练习，器械能够提供零重力弹簧阻力，因此此练习可以渐进地增加负重，并在手术后康复阶段提供早期功能性再训练。可以通过深蹲、弓步等安全姿势学习神经肌肉再训练和功能模式，因此等到去除承重限制后，患者已经学会了这种运动。研究表明，这种方式可以将康复期缩短4周，在手术后的前2个月即可看到最大成效（Mętel，Milert & Szczygieł，2012）。适用于膝关节疾病患者的运动，请参看本章中的表格。

注意，这些表格仅表示通常哪些练习适用于具有相关诊断或疾病的患者。但每个人的表现不同，问题不同，因此对每个患者进行单独评估，根据使用情况省略某些练习或选择正确的练习方式是至关重要的。如果患者没有足够的力量、柔韧性或控制力来正确地完成练习，则该练习不应被包括在这位患者的练习计划当中。

常见膝部伤病的推荐练习

膝关节炎			
疾病	一般禁忌证和注意事项	常见问题	目标
骨关节炎 ·骨关节病 ·退行性骨关节病	·避免单侧承重练习 ·膝关节不可负重过大 ·避免跪立姿势	·膝部疼痛 ·膝部僵硬 ·ROM 缩小 ·肿胀 ·负重会造成疼痛加剧 ·早晨醒来后或长时间坐立后疼痛加剧 ·膝关节周围肌肉力量不足 ·防痛步态 ·日常生活活动困难：深蹲、穿衣、上下楼梯、上下汽车、从椅子或马桶上站起 ·体重越重，膝关节承受的身体重量越多	·通过低负重和开链运动，增强下肢肌肉力量 ·增强核心肌肉力量 ·改善下肢柔韧性 ·减轻膝部负重（减重）

推荐练习

垫上练习

骨盆卷起、单腿抬起、简化版单腿伸展、单腿伸展、预备版桥式、桥式、平板支撑（变式）、平板腿拉伸（变式）、侧支撑伸展（使用手肘的变式）、游泳式

重组训练器练习

足部练习（使用阻力较弱的弹簧，如果有疼痛感，则不可进行单侧练习）、提臀、提臀腿伸展、协调练习、交叉单臂协调、屈背 AB 开合、髋部练习系列（腿部使用脚蹬带）、内收肌拉伸、腘绳肌拉伸、伸膝练习（变式）、腘绳肌屈膝练习（坐姿）

多功能器械训练台练习

卷腹杆骨盆卷起、推杆呼吸、髋部练习：仰卧双腿式中的辅助髋屈肌拉伸、单腿侧卧系列、辅助深蹲

稳踏椅练习

骨盆卷起、腘绳肌屈膝练习、梨状肌拉伸

膝关节置换手术			
疾病	一般禁忌证和注意事项	常见问题	目标
全膝关节置换手术 ·膝关节置换手术后（人工膝关节置换手术） ·膝关节部分置换（单踝）	·避免高强度运动 ·避免膝关节深度弯曲 ·避免跪立姿势 ·注意事项根据外科治疗师或置换手术类型而异。最好咨询外科医生，并遵循其嘱咐	·ROM 受限（尤其是弯曲动作） ·膝关节僵硬 ·膝关节肿胀 ·下肢肌肉紧张 ·肌肉（股四头肌、腘绳肌、小腿、臀大肌）无力 ·核心无力 ·步态异常或防痛步态 ·平衡性和本体感觉较差 ·疼痛	·恢复膝关节 ROM ·增强下肢柔韧性 ·提升下肢肌肉力量 ·改善平衡性和本体感觉 ·增强核心力量和稳定性 ·恢复正常步态 ·缓解疼痛和肿胀 ·在部分承重下对功能性模式进行再训练，使患者在可完全承重时已经学会这些动作

推荐练习

垫上练习

骨盆卷起、单腿抬起、简化版单腿伸展、单腿伸展、预备版桥式、桥式、平板支撑、平板腿拉伸、侧支撑伸展（变式的变式）、游泳式

重组训练器练习

足部练习（将脚踏杆的位置设得较高，以增加膝部屈曲程度）、提臀、提臀腿伸展、协调练习、交叉单臂协调、屈背 AB 开合、髋部练习系列（腿部使用脚蹬带）、内收肌拉伸、腘绳肌拉伸、滑冰式、侧劈腿、伸膝练习、腘绳肌屈膝练习、滑板车式、站姿弓步（膝下放垫子）

多功能器械训练台练习

卷腹杆骨盆卷起、推杆呼吸、髋部练习：仰卧双腿式中的辅助髋屈肌拉伸、单腿侧卧系列、辅助深蹲（循序渐进地锻炼平衡性）、阻力箭步蹲、站姿手臂练习系列（循序渐进地锻炼平衡性）

稳踏椅练习

骨盆卷起、腘绳肌屈膝练习、跟腱拉伸式（膝下放垫子）、站姿压腿、前弓步（仅变式 4 限制膝关节屈曲程度，从变式 1、变式 2 或变式 3 开始）、后弓步后腿下蹲（变式 1 或变式 2）、前弓步小腿下蹲（变式 1 或变式 2）

半月板损伤			
疾病	**一般禁忌证和注意事项**	**常见问题**	**目标**
半月板撕裂 · 部分撕裂 · 完全撕裂 · 关节镜手术后	· 避免膝关节过度弯曲 · 避免跪立姿势 · 患者在手术后的阶段应遵循外科医生的负重预防措施和特定医嘱	· 膝部疼痛 · 坐立容忍度受限 · 承重动作（深蹲、行走、跑步）、跪立和负重扭转时加剧 · 锁定感、弹响感 · 膝部局部压痛 · 膝关节 ROM 受限 · 防痛步态 · 平衡性和本体感觉减退	· 加强膝关节周围和支撑膝关节的所有肌肉的力量 · 恢复正常 ROM · 改善平衡性和本体感觉 · 恢复正常步态

推荐练习

垫上练习

骨盆卷起、单腿抬起、简化版单腿伸展、单腿伸展、预备版桥式、桥式、平板支撑、平板腿拉伸、侧支撑伸展、游泳式

重组训练器练习

足部练习（将脚踏杆的位置设得较低）、提臀、提臀腿伸展、协调练习、交叉单臂协调、屈背 AB 开合、髋部练习系列（腿部使用脚蹬带）、内收肌拉伸、腘绳肌拉伸、向上拉伸式 1、向上拉伸式 2、长背拉伸式、向上拉伸式 3、滑冰式、侧劈腿、伸膝练习、腘绳肌屈膝练习、滑板车式、站姿弓步（膝下放垫子）

多功能器械训练台练习

卷腹杆骨盆卷起、推杆呼吸、髋部练习：仰卧双腿式中的辅助髋屈肌拉伸、单腿侧卧系列、辅助深蹲（循序渐进地锻炼平衡性）、阻力箭步蹲、站姿手臂练习系列（循序渐进地锻炼平衡性）

稳踏椅练习

骨盆卷起、腘绳肌屈膝练习、跟腱拉伸式（膝下放垫子）、站姿压腿、前弓步（仅变式 4 限制膝关节屈曲程度，如有需要，从变式 1、变式 2 或变式 3 开始）、前弓步小腿下蹬

前交叉韧带（ACL）损伤			
疾病	**一般禁忌证和注意事项**	**常见问题**	**目标**
ACL 损伤 · ACL 部分或完全撕裂 · ACL 修复后期	· 不可进行膝关节负重状态下的开链运动 · 手术后前几个月不可进行扭转练习 · 根据外科医生和手术方式不同（会有负重的注意事项及重返高强度活动的具体说明）而不同，应遵医嘱	· 膝部疼痛 · 膝部不稳定 · ROM 下降 · 肿胀 · 膝关节周围肌肉力量不足 · 股四头肌力量或控制力下降 · 平衡性或本体感觉较差 · 术后重返运动和康复所需过程较长	· 缓解肿胀 · 膝关节 ROM 恢复正常 · 加强膝关节周围和支撑膝关节的所有肌肉的力量 · 在部分承重状态下进行功能性模式再训练，使患者在可完全承重时，已经学会这些动作 · 促进膝关节稳定性（闭链运动） · 增强核心肌肉力量 · 改善平衡性和本体感觉 · 加强股四头肌肌力和控制力

推荐练习

垫上练习

骨盆卷起、简化版单腿伸展、单腿伸展、预备版桥式、桥式、平板支撑、平板腿拉伸、侧支撑伸展、游泳式

重组训练器练习

足部练习、提臀、提臀腿伸展、协调练习、交叉单臂协调、屈背 AB 开合、髋部练习系列（腿部使用脚蹬带）、内收肌拉伸、腘绳肌拉伸、向上拉伸式 1（大象式变式）、向上拉伸式 2、滑冰式、侧劈腿、伸膝练习、腘绳肌屈膝练习、滑板车式、站姿弓步、跳跃系列 [a]

多功能器械训练台练习

卷腹杆骨盆卷起、推杆呼吸、髋部练习：仰卧双腿式中的辅助髋屈肌拉伸、单腿侧卧系列、辅助深蹲（循序渐进地锻炼平衡性）、阻力箭步蹲、站姿手臂练习系列（循序渐进地锻炼平衡性）

稳踏椅练习

骨盆卷起、腘绳肌屈膝练习、跟腱拉伸式、站姿压腿、前弓步（从变式 1、变式 2 或变式 3 开始）、后弓步后腿下蹬（从变式 1 或变式 2 开始）、前弓步小腿下蹬（从变式开始）

---

a 坚持遵循医生的原则，以确定患者何时可以恢复高强度运动。

髌骨疼痛综合征			
疾病	一般禁忌证和注意事项	常见问题	目标
髌骨疼痛综合征	·避免膝关节过度弯曲（尤其是负重时） ·跪立和手膝跪位时会给膝部带来很大压力，因此需要注意 ·避免长时间屈膝坐立	·膝部前侧疼痛 ·屈膝坐立、蹲起、跳跃、上下台阶（尤其是下台阶）时疼痛加剧 ·行走或进行膝关节开链屈伸时，有卡顿、弹响、摩擦感 ·下肢肌肉失衡（臀中肌无力导致髌骨轨迹不正常） ·腘绳肌、髂胫束或小腿肌肉紧张 ·髋、膝、踝不在一条直线上或生物力学机制不良 ·膝关节周围肌肉无力 ·股四头肌肌力或控制力不足	·加强膝关节周围和支撑膝关节的所有肌肉的力量 ·加强额状面肌肉力量（主要是臀中肌），以恢复髋部和骨盆的正常生物力学机制，由此改善髌骨轨迹 ·加强核心肌肉力量 ·牵拉腘绳肌、小腿、髂胫束 ·改善平衡性和本体感觉 ·提升股四头肌肌力和控制力

推荐练习

垫上练习

骨盆卷起、单腿伸展、预备版桥式、桥式、平板支撑、平板腿拉伸、侧支撑伸展、游泳式

重组训练器练习

足部练习、提臀、提臀腿伸展、协调练习、屈背 AB 开合、髋部练习系列（腿部使用脚蹬带）、内收肌拉伸、腘绳肌拉伸、向上拉伸式 1（大象式变式）、向上拉伸式 2、滑冰式、侧劈腿、伸膝练习、腘绳肌屈膝练习、滑板车式、站姿弓步（膝下放垫子）、跳跃系列 [a]

多功能器械训练台练习

卷腹杆骨盆卷起、推杆呼吸、髋部练习：仰卧双腿式中的辅助髋屈肌拉伸、单腿侧卧系列、辅助深蹲（循序渐进地锻炼平衡性）、阻力箭步蹲、站姿手臂练习系列（循序渐进地锻炼平衡性）

稳踏椅练习

骨盆卷起、腘绳肌屈膝练习、梨状肌拉伸、跟腱拉伸式、站姿压腿、前弓步（变式 4；如有需要，从变式 1、变式 2、变式 3 开始）、后弓步后腿下蹲（从变式 1 或变式 2 开始）、前弓步小腿下蹲

a 症状不再严重，患者可重返运动时。

髂胫束综合征			
疾病	一般禁忌证和注意事项	常见问题	目标
髂胫束综合征	·避免高强度运动（跳跃、跑步等）	·膝部外侧疼痛 ·随运动（跑步、跳跃）加剧，且随着时间加剧 ·膝部外侧不稳定 ·下肢肌肉失衡（主要是矢状面） ·髋外展肌（主要是臀中肌）无力 ·足部过度内旋 ·腘绳肌、髂胫束或小腿肌肉紧张	·加强额状面肌肉（主要是臀中肌）力量 ·加强膝关节周围和支撑膝关节的所有肌肉的力量 ·加强核心肌肉力量 ·牵拉腘绳肌、小腿、股四头肌 ·改善平衡性和本体感觉 ·提高膝关节稳定性（闭链运动）

推荐练习

垫上练习
骨盆卷起、单腿伸展、预备版桥式、桥式、平板支撑、平板腿拉伸、侧支撑伸展、游泳式

重组训练器练习
足部练习、提臀、提臀腿伸展、协调练习、屈背 AB 开合、髋部练习系列（腿部使用脚蹬带）、内收肌拉伸、腘绳肌拉伸、四足式、向上拉伸式 1（大象式变式）、向上拉伸式 2、向上拉伸式 3、滑冰式、侧劈腿、伸膝练习、腘绳肌屈膝练习、滑板车式、站姿弓步、腰方肌拉伸

多功能器械训练台练习
卷腹杆骨盆卷起、推杆呼吸、髋部练习：仰卧双腿式中的辅助髋屈肌拉伸、单腿侧卧系列、辅助深蹲（循序渐进地锻炼平衡性）、阻力箭步蹲、站姿手臂练习系列（循序渐进地锻炼平衡性）

稳踏椅练习
骨盆卷起、腘绳肌屈膝练习、梨状肌拉伸、跟腱拉伸式、站姿压腿、前弓步、后弓步后腿下蹲、前弓步小腿下蹲

髌腱炎			
疾病	一般禁忌证和注意事项	常见问题	目标
髌腱炎 ·肌腱炎（急性、炎症） ·肌腱变性（慢性、退行性）	·避免高强度运动（跳跃、跑步等）	·膝部前侧疼痛（仅膝关节下方） ·随运动（跑步、跳跃）加剧 ·股四头肌或腘绳肌紧张 ·小腿紧张或无力 ·骨盆或髋部不在一条竖直线上或生物力学机制不良 ·髋关节外展肌（主要是臀中肌）无力	·增强股四头肌肌力和控制力 ·加强小腿肌肉力量(帮助减轻跳跃和着地时髌腱上的压力) ·恢复髋部和骨盆正常位置及生物力学机制（加强臀中肌力量） ·加强核心肌肉力量 ·改善平衡性和本体感觉 ·肌腱变性：加强股四头肌肌力

推荐练习

垫上练习
骨盆卷起、简化版百次拍击、百次拍击、单腿伸展、预备版桥式、桥式、平板支撑、平板腿拉伸、侧支撑伸展、游泳式

重组训练器练习
足部练习（在足跟、脚趾均平行的姿势下，向外伸出两条腿但仅将患病的腿返回原位，可着重锻炼离心力量）[a]、提臀、提臀腿伸展、协调练习、屈背 AB 开合、髋部练习系列（腿部使用脚蹬带）、内收肌拉伸、腘绳肌拉伸、向上拉伸式 1（大象式变式）、向上拉伸式 2、向上拉伸式 3、滑冰式、侧劈腿、伸膝练习、腘绳肌屈膝练习、滑板车式、站姿弓步（膝下放垫子）、腰方肌拉伸

多功能器械训练台练习
卷腹杆骨盆卷起、推杆呼吸、髋部练习：仰卧双腿式中的辅助髋屈肌拉伸、单腿侧卧系列、辅助深蹲（循序渐进地锻炼平衡性）、阻力箭步蹲、站姿手臂练习系列（循序渐进地锻炼平衡性）

稳踏椅练习
骨盆卷起、腘绳肌屈膝练习、梨状肌拉伸、跟腱拉伸式、站姿压腿、前弓步[a]（从变式 1、变式 2、变式 3 开始）、后弓步后腿下蹬（从变式 1 或 2 开始）、前弓步小腿下蹬（从变式开始）

---

a 急性肌腱炎不适用。

14

足踝

　　足踝的大部分伤病都是跑步、跳跃等高强度运动中急停造成的劳损和外伤。因此，在足踝关节康复的早期阶段，普拉提是一项非常有效的治疗性运动，能在足踝康复期间维持全身力量和整体状态。即使脚上带着夹板或固定物，患者仍可完成大部分项目。在足踝康复的后期，普拉提的足部和跳跃系列练习是患者恢复运动之前进行正确的神经肌肉模式再学习和功能性再训练的绝佳工具。作为一名 PT，德博拉·柯赞（Deborah Cozen）在她 2001 年发表的题为"普拉提在足踝康复中的应用"的文章中指出，通过将普拉提融入康复计划，患者在康复过程中能够取得显著的进步。她认为普拉提是一项功能性的练习，因为普拉提结合了多个平面的运动，而且她指出这项运动强调肌肉之间及身体左右两侧肌肉之间的平衡性。

　　恰当的足踝力量和运动性当然是运动员进行跑步、跳跃、急停的必要条件，而且简单的日常生活活动，如行走、单脚平衡、从椅子上站起或坐下等对其也有要求。在行走中，小腿肌肉最重要的功能就是离心收缩或减速制动。因此，我发现对于功能性再训练，普拉提是比传统体育运动更好的方法，因为传统体育运动仅强调运动中的向心收缩阶段。此外，我们大部分的日常活动既包含开链运动，也包含闭链运动。例如行走，腿站立时是闭链运动，摆动时就是开链运动。普拉提练习，如滑板车式（第 155 页）和站姿压腿（第 212 页）就模仿了这种类型的动作，从而使其成为很好的功能性锻炼方式。

　　和膝部伤病一样，对于足踝伤病来说，近端（髋部、骨盆和躯干）稳定肌群的力量和神经肌肉的控制非常重要。我们必须有足够的近端稳定性才能使远端肢体发挥出其最佳功能。与传统的物理治疗或体育运动不同，普拉提综合提升了躯干、骨盆和髋部的稳定性，因此通过普拉提我们不仅可以加强远端肢体（足部）的力量，也能够加强整个下半身动力链的力量（图 14.1）。

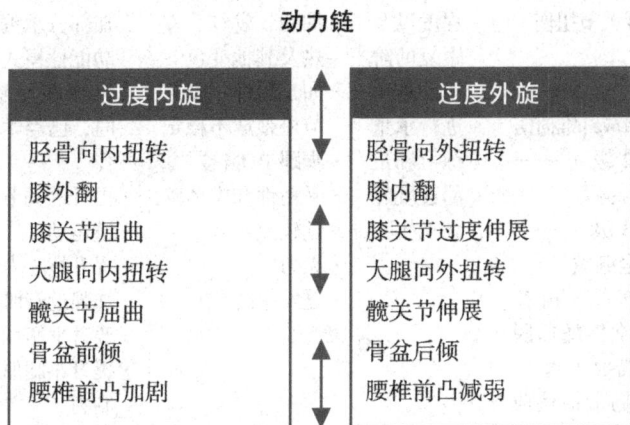

动力链

过度内旋	过度外旋
胫骨向内扭转	胫骨向外扭转
膝外翻	膝内翻
膝关节屈曲	膝关节过度伸展
大腿向内扭转	大腿向外扭转
髋关节屈曲	髋关节伸展
骨盆前倾	骨盆后倾
腰椎前凸加剧	腰椎前凸减弱

图 14.1 下半身动力链

　　适用于足踝疾病患者的运动，请参看本章中的表格。注意这些表格提供的信息常常适用于具有相关诊断或疾病的患者。但每个人的表现不同，问题不同，因此对每个患者进行单独评估，根据情况省略某些练习或选择正确的练习方式是至关重要的。如果患者没有足够的力量、柔韧性或控制力来正确地完成练习，则该练习不应被包括在患者的治疗计划当中。

常见足踝伤病的推荐练习

踝关节韧带损伤（踝关节扭伤）			
疾病	一般禁忌证和注意事项	常见问题	目标
踝关节扭伤 ·踝外侧或踝内侧扭伤（85%的踝关节扭伤）可能为 ◇轻度（1级）——轻微拉伸造成纤维损伤 ◇中度（2级）——韧带部分撕裂 ◇重度（3级）——韧带完全撕裂 ·内侧扭伤（三角韧带），通常伴随撕脱性骨折，需要手术 ·胫腓联合韧带损伤或高位踝关节扭伤（康复时间延长2～3倍）	·根据扭伤的位置和程度以及康复的阶段，避免进行承重练习和足部过度外翻或内翻	·如是急性：疼痛、肿胀、僵硬、抽动、发红、发热及其他变色 ·如是慢性：踝关节松弛或不稳定 ·脚踝ROM受限 ·平衡性和本体感觉较差 ·无力 ·复发率高（70%）	·缓解肿胀和疼痛 ·踝关节ROM恢复正常 ·在部分承重状态下进行功能性模式再训练，使患者在能够完全承重时，已经学会了这些动作 ·提升踝关节稳定性（闭链运动） ·提升核心力量 ·加强近端肌肉力量 ·改善平衡性和本体感觉 ·提升小腿肌肉力量和控制力

推荐练习

垫上练习
骨盆卷起、简化版单腿伸展、预备版桥式、桥式、平板支撑、平板腿拉伸

重组训练器练习
足部练习[a]、提臀[b]、提臀腿伸展[b]、髋部练习系列（腿部使用脚蹬带）、内收肌拉伸、腘绳肌拉伸、向上拉伸式1[b]（大象式变式）、肩肘推拉式[b]、滑冰式[b]、伸膝练习（急性阶段则仅变式）、腘绳肌屈膝练习（急性阶段则仅坐姿）、滑板车式[b]、站姿弓步[b]、跳跃系列（重返运动时）

多功能器械训练台练习
卷腹杆骨盆卷起、髋部练习系列：仰卧双腿式中的辅助髋屈肌拉伸、单腿侧卧系列、辅助深蹲（循序渐进地锻炼平衡性）、阻力箭步蹲、站姿手臂练习系列（循序渐进地锻炼平衡性）

稳踏椅练习
骨盆卷起、腘绳肌屈膝练习、梨状肌拉伸、跟腱拉伸式（急性阶段使用阻力极弱的弹簧）、站姿压腿、前弓步、后弓步后腿下蹲、前弓步小腿下蹲、屈背卷上

---

a 急性阶段的患者可用跳板代替脚踏杆进行足部练习。

b 不适用于急性扭伤或手术后不可承重或部分承重状态的患者。

阿基里斯肌腱病			
疾病	一般禁忌证和注意事项	常见问题	目标
阿基里斯肌腱病 ·肌腱炎（急性、炎症） ·肌腱变性（慢性、退行性）	·避免跑步、跳跃或其他高强度练习	·肌腱炎：疼痛、肿胀、明显压痛、发红、发热 ·肌腱变性：慢性疼痛、局部肌腱变厚、结构不规则、运动时持续疼痛 ·由于供血不足而恢复缓慢 ·踝关节 ROM 受限 ·平衡性和本体感受较差 ·肢体近端肌肉无力 ·小腿肌肉短缩或紧张 ·小腿肌肉无力 ·过度内旋	·缓解肿胀和疼痛 ·踝关节 ROM 恢复正常 ·轻柔拉伸腓肠肌和比目鱼肌 ·提升踝关节稳定性（闭链运动） ·加强近端肌肉力量 ·提升核心力量 ·改善平衡性和本体感觉 ·提升小腿肌肉力量和控制力 ·肌腱变性：小腿肌肉力量加强

推荐练习

垫上练习
骨盆卷起、预备版桥式、桥式、平板支撑、平板腿拉伸

重组训练器练习
足部练习（抬腿姿势，可下压双腿，但仅降低患侧的腿，以着重加强离心力量）ᵃ、提臀、提臀腿伸展、髋部练习系列（腿部使用脚蹬带）、内收肌拉伸、腘绳肌拉伸、向上拉伸式 1（大象式变式）、向上拉伸式 2、长背拉伸式、向上拉伸式 3、向下拉伸式、肩肘推拉式、滑冰式、侧劈腿、伸膝练习、腘绳肌屈膝练习、滑板车式、站姿弓步

多功能器械训练台练习
卷腹杆骨盆卷起、髋部练习：仰卧双腿式中的辅助髋屈肌拉伸、单腿侧卧系列、辅助深蹲（循序渐进地锻炼平衡性）、阻力箭步蹲、站姿手臂练习系列（循序渐进地锻炼平衡性）

稳踏椅练习
骨盆卷起、腘绳肌屈膝练习、梨状肌拉伸、跟腱拉伸式（急性阶段使用阻力极弱的弹簧）、站姿压腿、前弓步、后弓步后腿下蹬、前弓步小腿下蹬ᵃ、屈背卷上

ᵃ 不适用于急性肌腱炎。

胫骨疼痛症候群			
疾病	**一般禁忌证和注意事项**	**常见问题**	**目标**
过劳性胫骨痛 · 内侧胫骨应力综合征	· 避免高强度运动（跑步、跳跃、跳舞）	· 胫骨下部内侧疼痛 · 高强度运动开始时疼痛，但患者持续运动时会减轻 · 偶见明显的肿块或肿胀 · 小腿肌肉缩短或紧张 · 小腿前侧肌肉相对无力 · 过度内旋 · 近端（髋部肩袖肌群或外展肌）无力 · 未处理的胫骨疼痛症候群可能导致应力性骨折	· 增强小腿前侧肌肉力量和控制力 · 通过加强支持足弓的肌肉（胫骨后肌和腓骨长肌）的力量减轻功能性过度内旋 · 提升核心力量 · 加强近端肌肉（髋部肩袖肌群或外展肌）力量

推荐练习

垫上练习
骨盆卷起、预备版桥式、桥式、平板支撑、平板腿拉伸

重组训练器练习
足部练习、提臀、提臀腿伸展、髋部练习系列（腿部使用脚蹬带）、内收肌拉伸、腘绳肌拉伸、向上拉伸式1（大象式变式）、长背拉伸式、向下拉伸式、肩肘推拉式、滑冰式、侧劈腿、伸膝练习、腘绳肌屈膝练习、滑板车式、站姿弓步

多功能器械训练台练习
卷腹杆骨盆卷起、髋部练习：仰卧双腿式中的辅助髋屈肌拉伸、单腿侧卧系列、辅助深蹲（循序渐进地锻炼平衡性）、阻力箭步蹲、站姿手臂练习系列（循序渐进地锻炼平衡性）

稳踏椅练习
骨盆卷起、腘绳肌屈膝练习、梨状肌拉伸、跟腱拉伸式、站姿压腿、前弓步、后弓步后腿下蹲、前弓步小腿下蹲

足底筋膜炎			
疾病	一般禁忌证和注意事项	常见问题	目标
足底筋膜炎	·避免高强度运动（跑步、跳跃、跳舞）	·足底或足弓疼痛 ·早晨疼痛加剧 ·行走、跑步或长时间站立时疼痛加剧 ·足底受到刺激并肿胀 ·生物力学机制错误，如过度内旋或足弓增高 ·小腿肌肉缩短或紧张	·通过加强支持足弓的肌肉（胫骨后肌和腓骨长肌）的力量以减轻功能性过度内旋 ·加强近端肌肉（髋部肩袖肌群或外展肌）力量，预防足部过度内旋 ·加强核心力量 ·改善平衡性和本体感觉

推荐练习

垫上练习

骨盆卷起、预备版桥式、桥式、平板支撑、平板腿拉伸

重组训练器练习

足部练习（强调抓握姿势）、提臀、提臀腿伸展、髋部练习系列（腿部使用脚蹬带）、内收肌拉伸、腘绳肌拉伸、跪姿手臂画圈、跪姿肱二头肌练习、向上拉伸式1（大象式变式）、向上拉伸式2、长背拉伸式、向上拉伸式3、向下拉伸式、肩肘推拉式、滑冰式、侧劈腿、伸膝练习、腘绳肌屈膝练习、滑板车式、站姿弓步

多功能器械训练台练习

卷腹杆骨盆卷起、髋部练习：仰卧双腿式中的辅助髋屈肌拉伸、单腿侧卧系列、辅助深蹲（循序渐进地锻炼平衡性）、阻力箭步蹲、站姿手臂练习系列（循序渐进地锻炼平衡性）

稳踏椅练习

骨盆卷起、腘绳肌屈膝练习、梨状肌拉伸、跟腱拉伸式、站姿压腿、前弓步、后弓步后腿下蹲、前弓步小腿下蹲、屈背卷上

参考文献

Abe, T., N. Kusuhara, N. Yoshimura, T. Tomita, and P.A. Easton. 1996. Differential respiratory activity of four abdominal muscles in humans. *Journal of Applied Physiology* 80 (April): 1379–89.

Adler, S., D., Beckers, and M. Buck. 1993. *PNF in practice: an illustrated guide*. Berlin Heidelbeg: Spring-Verlag. p. 131.

Akbas, E., and E. U. Erdem. 2016. Does Pilates-based approach provide additional benefit over traditional physiotherapy in the management of rotator cuff tendinopathy? A randomized controlled trial. *Annals of Sports Medicine and Research* 3(6): 1083.

Alfredson, H., and R. Lorentzon. 2000. Chronic Achilles tendinosis: Recommendations for treatment and prevention. *Sports Medicine* 29: 135–46.

Alves de Araujo, M.E., E. Bezerra da Silva, M. Bragade Mello, S.A. Cader, A. Shiguemi Inoue Salgado, and E.H. Dantas. 2012. The effectiveness of the Pilates method: reducing the degree of non-structural scoliosis, and improving flexibility and pain in female college students. *Journal of Bodywork and Movement Therapies* 16(2): 191–8.

Anderson, B., and A. Spector. 2000. Introduction to Pilates-based rehabilitation. *Orthopedic Physical Therapy Clinics of North America* 9 (September): 395–410.

Bahr, R., B. Fossan, S. Loken, and L. J. Engebretsen. 2006. Surgical treatment compared with eccentric training for patellar tendinopathy (jumper's knee): A randomized, controlled trial. *Journal of Bone and Joint Surgery American volume* 88 (8): 1689–98.

Bullock, J., J. Boyle, and M. Wang. 2001. Muscle contraction. In NMS *physiology*, 37–56. 4th ed. Baltimore: Lippincott Williams and Wilkins.

Brourman, S. 2010. Workshop: Using yoga therapeutically. San Pedro, CA.

Cala, S. J., J. Edyvean, and L. A. Engel. 1992. Chest wall and trunk muscle activity during inspiratory loading. *Journal of Applied Physiology* 73 (December): 2373–81.

Campos de Oliveira L, R. Gonçalves de Oliveira, D.A. Pires-Oliveira. 2015. Effects of Pilates on muscle strength, postural balance and quality of life of older adults: a randomized, controlled, clinical trial. *Journal of Physical Therapy Science* 27(3):871–76.

Celik, D., and N. Turkel. 2017. The effectiveness of Pilates for partial anterior cruciate ligament injury. *Knee Surgery, Sports Traumatology, Arthroscopy* 25 (8): 2357–64.

Childs, M.J., J.M. Fritz, S.R. Piva, and J.M. Whitman. 2004. Proposal of a classification system for patients with neck pain. *Journal of Orthopaedic and Sports Physical Therapy* 34 (11): 686–700.

Comerford, M. J., and S. L. Mottram. 2001. Functional stability re-training: Principles and strategies for managing mechanical dysfunction. *Manual Therapy* 6 (1): 3–14.

Cote, P., G. van der Velde, J. D. Cassidy, L. J. Carroll, S. Hogg-Johnson, L. W. Holm, et al. 2008. The burden and determinants of neck pain in workers: Results of the Bone and Joint Decade 2000–2010 Task Force on Neck Pain and its Associated Disorders. *Spine* 33: S60–74.

Cozen, D. M. 2001. Use of Pilates in foot and ankle rehabilitation. *Sports Medicine and Arthroscopy Review* 8 (October–December): 395–403.

De Troyer, A., M. Estenne, V. Ninane, D. Van Gansbeke, and M. Gorini. 1990. Transversus abdominis muscle function in humans. *Journal of Applied Physiology* 68 (March): 1010–16.

Donatelli, R. 2009. Golf: Conditioning for the hip/trunk and compensatory swing mechanics. Educata online seminars. http://www.educata.com/professorprofile. aspx?i=11.

Dunleavey, K., K. Kava, A. Goldberg, M. H. Malek, S. A. Talley, V. Tutag–Lehr, and J. Hildreth. 2016. Comparative effectiveness of Pilates and yoga group exercise interventions for chronic mechanical neck pain: Quasi–randomised parallel controlled study. *Physiotherapy* 102: 236–42.

Ekstrom, R. A., R. A. Donatelli, and K. C. Carp. 2007. Electromyographic analysis of core trunk, hip, and thigh muscles during 9 rehabilitation exercises. *Journal of Orthopaedic and Sports Physical Therapy* 37 (12): 754–61.

Emery, K., S. J. De Serres, A. McMillan, and J. N. Cote. 2010. The effects of a Pilates training program on arm–trunk posture and movement. *Clinical Biomechanics* 25: 124–30.

Endleman, I., and D. J. Critchley. 2008. Transversus abdominis and obliquus internus activity during Pilates exercises: Measurement with ultrasound scanning. *Archives of Physical Medicine and Rehabilitation* 89: 2205–12.

Ferreira, P.H, M.L. Ferreira, C.G. Maher, R.D. Herbert, and K. Refshauge. 2006. Specific stabilization exercise for spinal and pelvic pain: a systematic review. Australian Journal of Physiotherapy 52(2): 79–88.

Geriland, J. 1996. Go with the flow (Mihaly Csikzentmihaly interview). Wired. September 1, 196. https://www.wired.com/1996109/czik/. Accessed March 19, 2018.

Herrington, L., and R. Davies. 2005. The influence of Pilates training on the ability to contract the transversus abdominis muscle in asymptomatic individuals. *Journal of Bodywork and Movement Therapies* 9 (1): 52–57.

Hides, J. A., C. A. Richardson, and G. A. Jull. 1996. Multifidus muscle recovery is not automatic after resolution of acute, first–episode low back pain. *Spine* 21 (23): 2763–69.

Hides, J., W. Stanton, M. D. Mendis, and M. Sexton. 2011. The relationship of transversus abdominis and lumbar multifidus clinical muscle tests in patients with chronic low back pain. *Manual Therapy* 16 (6): 573–77.

Hodges, P. W., and S. C. Gandevia. 2000. Changes in intra–abdominal pressure during postural and respiratory activation of the human diaphragm. *Journal of Applied Physiology* 89 (September): 967–76.

Hodges, P. W., and C. A. Richardson. 1996. Inefficient muscular stabilization of the lumbar spine associated with low back pain. A motor control evaluation of transversus abdominis. *Spine* 21 (November): 2640–50.

Hodges, P. W., and C. A. Richardson. 1998. Delayed postural contraction of transversus abdominis in low back pain associated with movement of the lower limb. *Journal of Spinal Disorders* 11 (February): 46–56.

Hodges, P. W., and C. A. Richardson. 1999. Transversus abdominis and the superficial abdominal muscles are controlled independently in a postural task. *Neuroscience Letters* 265 (2): 91–94.

Hoy, D., L. March, A. Woolf, F. Blyth, P. Brooks, E. Smith, et al. 2014. The global burden of neck pain: Estimates from the global burden of disease 2010 study.

Annals of the Rheumatic Diseases 73: 1309–15.

Isacowitz, R. 2005. *Body Arts and Science International movement analysis workbooks (reformer, wunda chair and ladder barrel, Cadillac, auxiliary, mat).* Costa Mesa, CA: Body Arts and Science International.

Isacowitz, R. 2006. *Achieving core strength at every level of the Pilates repertoire. Workshop handout.* Ventura, CA.

Isacowitz, R. 2006. *Pilates, biomechanics and reality. Positive biomechanical concepts can transform into negative movement patterns. Workshop handout.* Costa Mesa, CA.

Isacowitz, R. 2008. *Comprehensive course study guide.* Costa Mesa, CA: Body Arts and Science International.

Isacowitz, R. 2009. *The Mentor Program course manual.* Costa Mesa, CA: Body Arts and Science International.

Isacowitz, R. 2014. *Pilates.* 2nd ed. Champaign, IL: Human Kinetics.

Isacowitz, R., and K. Clippinger. 2011. *Pilates anatomy.* Champaign, IL: Human Kinetics.

Jull, G. A., S. P. O'Leary, and D. L. Falla. 2008. Clinical assessment of the deep cervical flexor muscles: The craniocervical flexion test. *Journal of Manipulative Physiological Therapeutics* 31 (7): 525–33.

Jull, G. A., and C. A. Richardson. 2000. Motor control problems in patients with spinal pain: A new direction for therapeutic exercise. *Journal of Manipulative Physiological Therapy* 23(February): 115–17.

Jull, G. A., P. Trott, H. Potter, G. Zito, K. Niere, D. Shirley, J. Emberson, I. Marschner, and C. Richardson. 2002. A randomized controlled trial of exercise and manipulative therapy for cervicogenic headache. *Spine* 27: 1835–43.

Kamkar, A., J.J. Irrgang, and S.L. Whitney. 1993. Nonoperative management of secondary shoulder impingement syndrome. *Journal of Orthopaedic and Sports Physical Therapy* 17(5):212–24.

Kao, Y. H., T. H. Liou, Y. C. Huang, Y. W. Tsai, and K. M. Wang. 2015. Effects of a 12–week Pilates course on lower limb muscle strength and trunk flexibility in women living in the community. *Health Care for Women International* 36 (3): 303–19.

Klein, G. R., B. R. Levine, W. J. Hozack, E. J. Strausse, J. A. D'Antonio, W. Macaulay, and P. E. Di Cesare. 2007. Return to athletic activity after total hip arthroplasty. Consensus guidelines based on a survey of the Hip Society and American Association of Hip and Knee Surgeons. *Journal of Arthroplasty* 22: 171–75.

Kloubec, J. A. 2010. Pilates for improvement of muscle endurance, flexibility, balance and posture. *Journal of Strength and Conditioning Research* 24 (March): 661–67.

Kolar, P., J. Sulc, M. Kyncl, J. Sanda, O. Cakrt, R. Andel, K. Kumagai, and A. Kobesova. 2012. Postural function of the diaphragm in persons with and without chronic low back pain. *Journal of Orthopaedic and Sports Physical Therapy* 42 (4): 352–62.

Kuo, Y. L., E. A. Tully, and M. P. Galea. 2009. Sagittal spinal posture after Pilates-based exercise in healthy older adults. *Spine* 34 (May): 1046–51.

Kurtz S., K. Ong, E. Lau, F. Mowat, and M. Halpern. 2007. Projections of primary and revision hip and knee arthroplasty in the United States from 2005 to 2030. *Journal of Bone and Joint Surgery. American Volume* 89(4): 780–5.

Lee S., C. Lee, D. O'Sullivan, J. Jung, and J. Park. 2016. Clinical effectiveness of a

Pilates treatment for forward head posture. *Journal of Physical Therapy Science* 28 (7): 2009–13.

Levine, B., B. Kaplanek, and W. L. Jaffe. 2009. Pilates training for use in rehabilitation after total hip and knee arthroplasty: A preliminary report. *Clinical Orthopaedics and Related Research* 467: 1468–75.

Limba da Fonseca, J., M. Magini, and T. de Freitas. 2009. Laboratory gait analysis in patients with low back pain before and after a Pilates intervention. *Journal of Sport Rehabilitation* 18: 269–82.

Lugo–Larcheveque, N., L. S. Pescatello, T. W. Dugdale, D. M. Veltri, and W. O. Roberts. 2006. Management of lower extremity malalignment during running with neuromuscular retraining of the proximal stabilizers. *Current Sports Medicine Reports* 5 (May): 137–40.

Lumley, M. A., J. L. Cohen, G. S. Borszcz, A. Cano, A. M. Radcliffe, L. S. Porter, et al. 2011. Pain and emotion: A biopsychosocial review of recent research. *Journal of Clinical Psychology* 67: 942–68.

Machado G.C., C.G. Maher, P.H. Ferreira, J. Latimer, B.W. Koes, D. Steffens, and M.L. Ferreira. 2017. Can recurrence after an acute episode of low back pain be predicted? *Physical Therapy.* 97 (9): 889–895.

Mafi, N., R. Lorentzon, and H. Alfredson. 2001. Superior short–term results with eccentric calf muscle training compared to concentric training in a randomized prospective multicenter study on patients with chronic Achilles tendinosis. *Knee Surgery, Sports Traumatology, Arthroscopy* 9: 42–47.

Metel, S., A. Milert, and E. Szczygieł. 2012. Pilates based exercise in muscle disbalances prevention and treatment of sports injuries: An international perspective on topics in sports medicine and sports injury. K. R. Zaslav (Ed.). *InTech*, doi:10.5772/25557.

Moffett J. and S. McLean. 2006. The role of physiotherapy in the management of non–specific back pain and neck pain. *Rheumatology* 45: 371–78.

Natour, J., L. Araujo Cazotti, L.H. Ribeiro, A. S. Baptista, and A. Jones. 2015. Pilates improves pain, function and quality of life in patients with chronic low back pain: A randomized controlled trial. *Clinical Rehabilitation* 29 (1): 59–68.

Oliveira, L. C., C.A. Guedes, F.J. Jassi, F.A.N. Martini, and R.G. Oliveira. 2016. Effects of the Pilates method on variables related to functionality of a patient with a traumatic spondylolisthesis at L4–L5: A case study. *Journal of Bodywork and Movement Therapies* 20 (January): 123–31.

Orozco–Levi, M., J. Gea, J. Monells, X. Aran, M.C. Aguar, and J.M. Broquetas. 1995. Activity of latissimus dorsi muscle during inspiratory threshold loads. *European Respiratory Journal* 8: 441–45.

Page, P., C. Frank, and R. Lardner. 2010. *Assessment and treatment of muscle imbalance: the Janda approach.* Champaign, IL: Human Kinetics.

Page, P. 2011. Cervicogenic headaches: An evidence–led approach to clinical management. *International Journal of Sports Physical Therapy* 6 (3): 254–66.

Paine, R., and M. L. Voight. 2013. The role of the scapula. *International Journal of Sports Physical Therapy* 8 (5): 617–29.

Pilates, J. H. 1945. *Return to life through contrology.* Miami, FL: Pilates Method Alliance.

Powers, C. 2010. The influence of abnormal hip mechanics on knee injury: A biomechanical perspective. *Journal of Orthopaedic and Sports Physical Therapy*

40 (February): 42–51.

Richardson, C. A., C.J. Snijders, J.A. Hides, L. Damen, M.S. Pas, and J. Storm. 2002. The relation between the transversus abdominis muscles, sacroiliac joint mechanics and low back pain. *Spine* 27 (4): 339–405.

Richardson, C., G. Jull, and P. Hodges. 2004. *Therapeutic exercise for spinal segmental stabilization.* 2nd ed. London: Churchill Livingstone.

Rydeard, R., A. Leger, and D. Smith. 2006. Pilates–based therapeutic exercise: Effect on subjects with nonspecific chronic low back pain and functional disability: A randomized controlled trial. *Journal of Orthopaedic and Sports Physical Therapy* 36 (July): 472–84.

Sapsford, R.R., P.W.Hodges, C.A. Richardson, D.H. Cooper, S.J. Markwell, and G.A. Hull. 2001. Co–activation of the abdominal and pelvic floor muscles during voluntary exercises. *Neurourology and Urodynamics* 20 (1): 31–42.

Seeto, W. 2011. Pilates for injury recovery. *Advance for Physical Therapy and Rehab Medicine.* http://physical–therapy.advanceweb.com/Features/Articles/Pilates–for–Injury–Recovery.aspx (Last updated July 15, 2011).

Segal, N. A., J. Hein, and J. R. Basford. 2004. The effects of Pilates training on flexibility and body composition: An observational study. *Archives of Physical Medicine and Rehabilitation* 85 (December): 1977–80.

Sekendiz, B., O. Altun, F. Korkusuz, and S. Akin. 2007. Effects of Pilates exercise on trunk strength, endurance and flexibility in sedentary adult females. *Journal of Bodywork and Movement Therapies* 11 (October): 318–26.

Troup J.D., J.W. Martin, and D.C. Lloyd. 1981. Back pain in industry. A prospective survey. *Spine* 6 (1): 61–9.

Tsao, H., and P. W. Hodges. 2007. Immediate changes in feedforward postural adjustments following voluntary motor training. *Experimental Brain Research* 181 (4): 537–46.

Urquhart, D. M., P. W. Hodges, T. J. Allen, and I. H. Story. 2005. Abdominal muscle recruitment during a range of voluntary exercises. *Manual Therapy* 10: 144–53.

Viera, F. T., L. M. Faria, J. I. Wittmann, W. Teixeira, and L. A. Nogueira. 2013. The influence of Pilates method in quality of life of practitioners. *Journal of Bodywork Movement Therapies* 17: 483–87.

Wells, C., G. Kolt, P. Marshall, B. Hill, and A. Bialocerkowski. 2014. The effectiveness of Pilates exercise in people with chronic low back pain: A systematic review. *PLoS ONE* 9 (7): e100402. doi:10.1371/journal.pone.0100402.

Wilson, D. 2005. A kinder, gentler rehab: Pilates provides effective rehabilitation for both body and mind. *Advance for Physical Therapists and PT Assistants* 16 (18) (August) 37.

Withers, G. and B. Bryant. 2011. *Introducing APPI Pilates for rehabilitation: Matwork level 1 course workbook.* Fresno, CA.

Wood, S. 2004. A cash–based Pilates niche can boost your bottom line. Advance for Physical Therapists. 15(10) (April 26, 2004): 49.

Zazulak, B.T, T. E. Hewett, N. P. Reeves, B. Goldberg, and J. Cholewicki. 2007. Deficits in neuromuscular control of the trunk predict knee injury risk: A prospective biomechanical–epidemiologic study. *American Journal of Sports Medicine* 35 (7): 1123–30.

关于作者

萨曼莎·伍德（Samantha Wood），MPT、MBA、PMA-CPT、RYT，是一名注册物理治疗师、普拉提技术联盟（Pilates Method Alliance）认证普拉提教练、瑜伽联盟（Yoga Alliance）认证教练，并且是BASI普拉提的助理教员。她于1997年成为美国物理治疗协会（American Physical Therapy Association，APTA）的成员，并于2010年加入普拉提技术联盟和瑜伽联盟。她在加利福尼亚州有一家健康中心，在这里，她和员工将普拉提纳入物理治疗，并将其应用于各年龄段和能力水平

照片由凯利·M.托马斯（Kelly M. Thomas）摄影公司提供

的人群。她的临床经验包括基于普拉提的康复治疗、瑜伽疗法、骨科、运动疗法及功能性康复。

伍德于1991年在南加利福尼亚大学获得了运动科学学士学位，在那里她执教了几乎所有项目的运动队，尤其是排球、足球和径赛。毕业之后，她在一家水疗中心担任健身教练。两年之后，她获得了健康科学西部大学的物理治疗硕士学位。此外，她还获得了南加利福尼亚大学的工商管理硕士学位。她一直与许多名人和职业运动员一起工作。在亚利桑那州一家健康中心工作期间，她担任菲尼克斯太阳队、菲尼克斯郊狼队、菲尼克斯水星队和亚利桑那响尾蛇队的物理治疗师。2010年，她被选为EAS不可阻挡巡演（EAS Unstoppable Tour）的物理治疗师，主要职责是保证萨姆·迪克（Sam Tickle）在30天、30个城市的30场运动旅程中保持最佳状态。

2001年，伍德和雷尔·伊萨科维茨开始了普拉提研究，并参加了伊萨科维茨的很多高级课程。她为BASI普拉提开创并教授了两门高级教育课程，分别名为"针对伤病的普拉提"（面向普拉提教师）和"普拉提：与治疗实践的整合"（面向康复专业人员）。她从2010年开始教授这两门课程，并参与世界各地的普拉

提会议。

　　Pilates Style 期刊的"专家咨询"专栏曾对伍德进行介绍，她还撰写了一篇题为"接受（损伤）康复治疗"的文章。此外，她还为 *Advance for Physical Therapists* 撰写过关于将普拉提融入物理治疗实践的文章。

关于译者

汪敏加，北京体育大学运动康复博士、博士后，康复治疗师；成都体育学院运动医学与健康学院副教授、硕士研究生导师、运动康复系主任；中国康复医学会康复医学教育专业委员会第一届青年委员会常务委员，中国康复医学会物理治疗专业委员会运动康复物理治疗学组常委，中国老年学和老年医学学会运动健康科学分会青年委员；美国运动医学会认证生理学家（ACSM-EPC），世界物理治疗师联盟（WCPT）中国物理治疗师资专业化认证；中国体育科学学会认证运动处方师、体能训练师授课导师，美国运动医学会－中国运动医学会私人教练认证（ACSM-CASM CPT）授课导师；主持、参与国家击剑队、射击射箭队等多支队伍的多项科技服务项目；参编、参译专业图书 10 本，主持、参与科研课题 12 项，发表国际、国内学术论文 10 多篇；主要研究方向为女性康复与健康、运动损伤的预防与康复及全民健身与运动处方。

张婷，T.T. Pilates 创始人；Polestar Pilates 培训导师；GYROTONIC Pre-Trainer® 婵柔培训导师、托马斯（Thomas）解剖列车运动肌筋膜整合手法治疗者、孕产期训练导师；Lululemon 品牌形象大使。